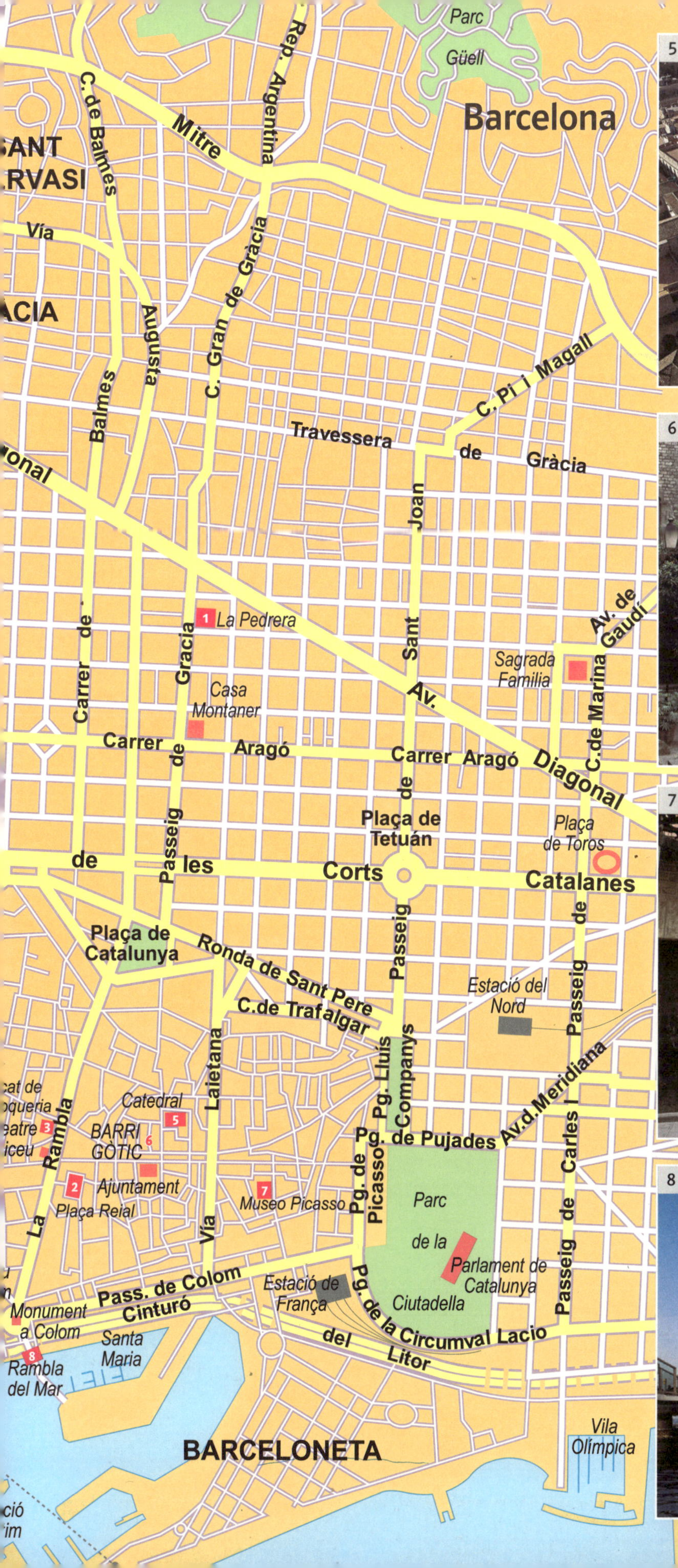
Barcelona
Parc Güell
Mitre
Rep. Argentina
C. de Balmes
SANT
RVASI
Vía
CIA
Augusta
C. Gran de Gràcia
Balmes
Travessera de Gràcia
C. Pi i Magall
onal
Joan
Sant
La Pedrera
Sagrada Familia
Av. de Gaudi
Carrer de
Gracia
Casa Montaner
Av. Diagonal
Carrer
Aragó
Carrer Aragó
C. de Marina
de
Plaça de Tetuán
Plaça de Toros
de les Corts Catalanes
Passeig de
Passeig
Plaça de Catalunya
Ronda de Sant Pere
C.de Trafalgar
Estació del Nord
Passeig de Carles I
Pg. Lluís Companys
Av.d.Meridiana
Laietana
Catedral
BARRI GÒTIC
cat de
oqueria
eatre
iceu
La Rambla
Ajuntament
Plaça Reial
Museo Picasso
Via
Pg. de Picasso
Pg. de Pujades
Parc de la Ciutadella
Parlament de Catalunya
Pass. de Colom
Cinturó
Estació de França
Pg. de la Circumval Lacio
del Litor
Monument a Colom
Santa Maria
Rambla del Mar
BARCELONETA
Vila Olímpica
ció
im

5

6

7

8

Peter Bade
Margit Dietz
Mechthild Honer-Henkel
Christel Hörner-Steim
Josefa Jimeno Patrón
María Engracia López Sánchez
Javier Navarro González
Christiane Peck
Pilar Pérez Cañizares
Matthias Ruiz Holst
Beate Stascheit
Ina Steggewentz
María Suárez Lasierra

# Línea verde 2

Ernst Klett Verlag
Stuttgart · Leipzig

**Línea verde 2**

**Autorinnen und Autoren:** Peter Bade, Prisdorf; Margit Dietz, Bielefeld; Mechthild Honer-Henkel, München; Christel Hörner-Steim, Stuttgart; Josefa Jimeno Patrón, Madrid; María Engracia López Sánchez, Tübingen; Javier Navarro González, Erlangen; Christiane Peck, Tübingen; Pilar Pérez Cañizares, München; Matthias Ruiz Holst, Berlin; Beate Stascheit, Berlin; Ina Steggewentz, Hannover; María Suárez Lasierra, Ostfildern.

Wir danken der Ruta Quetzal BBVA für die freundliche Unterstützung.

Zusatzmaterialien für Schülerinnen und Schüler zu diesem Band:
Cuaderno de actividades, Klett-Nr. 535931
Cuaderno de actividades mit Lernsoftware (CD-ROM), Klett-Nr. 535941
Grammatisches Beiheft, Klett-Nr. 535935
Schüler-Audio-CD, Klett-Nr. 535933
Vokabellernheft, Klett-Nr. 535936

**1. Auflage** 1 8 7 6 5 4 | 2016 15 14 13 12

Alle Drucke dieser Auflage sind unverändert und können im Unterricht nebeneinander verwendet werden.
Die letzte Zahl bezeichnet das Jahr dieses Druckes.


Internetadresse: www.klett.de

**Redaktion:** Josefa Díaz, Doris Wieser, Noemi Zach
**Gestaltung:** Thomas Gremmelspacher
**Umschlaggestaltung:** Anne Bäßler

**Illustrationen:** Beate Klauder, Esslingen; Sabine Koch, Stuttgart
Franziska Rosentreter (Karten Spanien + Lateinamerika)
**Umschlagfotos:** Steve Geer; Marc Javierre Kohan, Barcelona
**Reproduktion:** Meyle + Müller GmbH & Co. KG, Pforzheim
**Druck:** Druckhaus Götz GmbH, Ludwigsburg

Printed in Germany
ISBN 978-3-12-535930-7

9 783125 359307

# Inhalt

# Inhalt

## Un paso más 3



## Anhang



## Karten und Pläne

Hola, soy Pablo. Éstos son mis amigos Miguel, Montse, Carme y Jordi. Hace poco que Carme y yo andamos juntos, pero no la voy a poder ver durante un tiempo porque me voy a Perú. Creo que el viaje va a ser muy interesante, y voy a ver y aprender muchas cosas nuevas. ¡A lo mejor viviré también alguna que otra aventura!
Vosotros me acompañaréis este año. ¡No os perdáis la oportunidad de conocer un poco más de nosotros! Seguramente vais a aprender cosas estupendas.

¡Vamos! ¡Venid conmigo!
Pablo

## Wegweiser durch Línea verde 2

### Zeichenerklärungen

- Auf der CD (Klett-Nr. 535933) findet ihr eine Aufnahme des Textes.
- Dies ist eine Hörverstehensübung. Den Hörtext spielt euch euer Lehrer / eure Lehrerin vor.
- Diese Symbole kennzeichnen Übungen für Partner- oder Gruppenarbeit. Unter den Partnerübungen sind auch Aufgaben, bei denen die Partner abwechselnd in ihrer Spalte die Lösung vor sich haben. So könnt ihr gegenseitig kontrollieren, ob ihr den Stoff gut beherrscht.
- Übungen mit diesem Zeichen eignen sich besonders zur schriftlichen Bearbeitung.
- In diesen Übungen könnt ihr selbst Gesetzmäßigkeiten der spanischen Sprache erkennen und Regeln formulieren. Eure Ergebnisse könnt ihr im Grammatischen Beiheft (Klett-Nr. 535935) überprüfen.
- Hier übt ihr wichtige Lern- und Arbeitstechniken, die euch das Spanischlernen erleichtern. Auch Lerntipps sind so gekennzeichnet. Ausführliche Erklärungen zu den Lern- und Arbeitstechniken stehen auf den Seiten 105–116 unter der Überschrift *Estrategias*.
- In so gekennzeichneten Übungen könnt ihr alles anwenden, was ihr bisher gelernt habt.
- Diese Übungen eignen sich besonders gut dafür, eure Resultate zu sammeln und in einer eigenen Mappe abzuheften. In diesem *Portfolio* könnt ihr im Laufe der Zeit euren Lernfortschritt erkennen und anderen zeigen, wie gut ihr bereits Spanisch sprecht und schreibt.
- [ ] Dieses Symbol kennzeichnet Buchteile, die durchgenommen werden können, die aber auch entfallen können.

### Andere Kennzeichnungen

(§ + *Zahl*) hinter den Titeln der Übungen verweist auf den Paragraphen mit dieser Nummer im Grammatischen Beiheft. Dort könnt ihr Erklärungen zu der grammatischen Struktur, die hier besonders geübt wird, nachlesen.

Auf den Anfangsseiten der Lektionen und in den Übungen stehen des Öfteren farbige Kästchen mit Wortschatzangaben. Die verschiedenen Farben bedeuten dabei Folgendes:

- Die Vokabeln und Ausdrücke in den Kästchen mit dieser Farbe sind Lernwortschatz. Sie sind im lektionsbegleitenden Vokabular verzeichnet und werden in den folgenden Lektionen vorausgesetzt.
- Diese Kästchen fassen bereits bekannten und für das Lösen der Aufgabe besonders wichtigen oder nützlichen Wortschatz zusammen.
- Diese Kästchen enthalten für die jeweilige Aufgabe hilfreiche zusätzliche Wörter und Ausdrücke. Sie sind fakultativ, d. h., sie werden in den folgenden Lektionen nicht vorausgesetzt und müssen nicht alle gelernt werden. Ihr solltet euch aber diejenigen merken, die für euch besonders wichtig sind, um über euch selbst Auskunft zu geben.

### Weitere Rubriken

*Mirada afuera:* Jede Lektion enthält eine Sektion mit authentischen Materialien und Aufgaben. Darin enthalten sind interessante Sachtexte, Statistiken, Gedichte, Lieder, Comics und literarische Texte.

*Un paso más:* Im Anschluss an die Lektionen 4, 6 und 9 befinden sich jeweils drei Seiten mit Texten und Aufgaben zur Wiederholung des bisherigen Lernstoffs. Die Texte enthalten außerdem weiterführende Informationen zu Peru und Spanien.

Das *Vocabulario* (S. 12 – 158) verzeichnet alle neuen Vokabeln, nach Lektionen geordnet und in der Reihenfolge ihres Vorkommens. Es enthält auch Verweise auf ähnliche Wörter in anderen Sprachen, bereits bekannte spanische Wörter aus der gleichen Wortfamilie, Synonyme und Antonyme (Wörter mit der gleichen oder entgegengesetzten Bedeutung) sowie Beispielsätze. Diese solltet ihr immer mitlernen, denn im Satzzusammenhang prägt man sich die Wörter besser ein.

Im lektionsbegleitenden Vokabular stehen auch Übersichts-Kästchen zu allen grammatischen Strukturen. Angegeben ist auch der Paragraph im Grammatischen Beiheft, in dem ihr die Regeln nachlesen könnt.

Das *Diccionario* (S. 159 – 188) listet den gesamten Lernwortschatz aus den Lektionen, d. h. alle Wörter aus dem *Vocabulario*, noch einmal in alphabetischer Reihenfolge auf (Spanisch-Deutsch und Deutsch-Spanisch). Es enthält zusätzlich weitere Wörter aus den Übungen, die ihr nur erkennen und verstehen solltet. Dort könnt ihr also nachschlagen, wenn ihr die Bedeutung eines Wortes vergessen habt oder nicht sicher seid, ob ihr es richtig verstanden habt.

# Postales del verano

Hello, colega:

¿Qué tal Londres? Te mando un poco de sol en esta postal. ¡Qué verano más guay, tío! Como todos los años han estado aquí mis primos y con la gente de Figueres hemos salido un par de fines de semana. Nos lo hemos pasado muy bien con la tabla en la playa. Pero ya se han ido y Roses empieza a quedarse vacío.

Pablo

Julián Garrido
80 Strand
London, WC2R 0RL
Gran Bretaña

## Postales del verano

Elegid una de las postales. Imaginad que estáis allí y describid un día de vuestras vacaciones.

**Imagino que estoy en ...**

Estoy con ...
- mis padres
- mis hermanos
- mis primos
- algunos amigos

- Por la mañana / tarde / noche ...
- Primero ...
- Después ...
- Más tarde ...
- A la una ...
- A las ocho, nueve ...

- conocer lugares nuevos
- hacer deporte
- jugar al fútbol, tenis
- visitar a alguien
- ir a ver un museo
- divertirse

# Pablo en Roses

Para Pablo, este verano en Roses ha sido el mejor de su vida. En julio conoció a un grupo de chicos y chicas de Figueres y se lo pasaron genial. Hicieron muchísimas cosas: salieron mucho, jugaron al voleiplaya, fueron a conciertos al aire libre y una noche hicieron todos juntos una fiesta en la playa. En agosto además llegaron sus primos Mario y Cristina de Valladolid. Se quedaron casi hasta el final del mes. Una semana más tarde se fueron también los amigos de Figueres. Y desde el día doce de septiembre Pablo tiene clases.

Esta mañana Pablo se ha levantado tarde. Después de hacer los deberes, decide llamar a su primo Mario.

**Mario**: Hola, Pablo, ¡qué sorpresa! ¿Cómo te va todo?

**Pablo**: Regular.

**Mario**: ¿Qué pasa? ¿No te va bien?

**Pablo**: Ya sabes que en otoño el pueblo está muerto. Aquí ya no hay nadie, sólo turistas mayores con más de sesenta años.

**Mario**: Bueno, pero tú conoces a mucha gente. ¿No sales con tus amigos del instituto?

**Pablo**: Sí, claro, pero siempre veo las mismas caras y vamos a los mismos lugares. Yo aquí me aburro. No sé, prefiero las ciudades. Creo que quiero irme de aquí. En el futuro quiero vivir en Girona o … en Barcelona, sobre todo en Barcelona.

**Mario**: ¿Y por qué no haces otras cosas?

**Pablo**: Bueno, este año me voy a apuntar a un gimnasio …

**Mario**: Claro, es una idea muy buena.

**Pablo**: Ya. También quiero escribir un trabajo.

**Mario**: ¿De qué hablas? ¿Para qué quieres escribir un trabajo?

**Pablo**: Para ir a Latinoamérica. Tengo que hacer un proyecto sobre algún tema y mandarlo a Madrid, pero todavía no sé si quiero hacerlo. Y también quiero apuntarme a un curso para ser profesor de surf en verano.

**Mario**: Vamos, primo, me estás contando simplemente que sigues sin novia.

**Pablo**: Pues sí … bueno … por eso te llamo …

**Mario**: Venga, cuenta.

**Pablo**: Hace una semana quedé con Jordi, Montse y los otros chicos que conociste aquí. Fuimos todos juntos a Barcelona a las Festes de la Mercè. ¿Te acuerdas de ellos?

**Mario**: Claro.

**Pablo**: Pues vinieron con una amiga. Se llama Carme y también es de Figueres.

**Mario**: ¿Y?

**Pablo**: Bailamos juntos, nos lo pasamos bien y … he quedado con ella para el próximo sábado.

**Mario**: Bueno, bueno, eso suena bien.

**Pablo**: Sí. ¿Y a ti cómo te va?

**Mario**: Pues no muy bien. Laura se fue a Berlín y … ¡adiós! Simplemente se ha olvidado de mí. Hace poco le ha escrito a Cristina y le ha contado que ahora tiene novio. En fin, todo mal.

**Pablo**: Venga, primo, supongo que en Valladolid hay más chicas, ¿o no?

**Mario**: Sí, claro, ya lo sé.

**Pablo**: Pues anímate, hombre.

**Mario**: Ya, ya. Mira, ahora tengo que irme, pero te llamo el domingo y me cuentas lo de tu cita con Carme. Me lo cuentas, ¿eh? Y un abrazo, chaval.

**Pablo**: Sí, un abrazo.

## 1 Una conversación telefónica

**a** Ordenad estos puntos según la conversación entre Pablo y Mario.

Mario y Laura • el verano • la Fiesta de la Merced
proyectos para el invierno • Roses en septiembre

**b** Elegid una de las siguientes *(folgenden)* tareas:

1. Haced una tabla en vuestro cuaderno con los temas del ejercicio 1a y escribid al menos dos frases sobre cada tema.

2. Contestad las siguientes preguntas según el texto.
- ¿Por qué este verano ha sido para Pablo el mejor de su vida?
- ¿Qué no le gusta a Pablo de Roses en otoño?
- ¿Qué va a hacer este otoño e invierno?
- ¿Qué hizo hace unos días?

**La Fiesta de la Merced**

*Las Festes de la Mercè* – como se llaman en catalán – son las fiestas en honor a la Virgen de la Merced que se celebran en muchos pueblos y ciudades de Cataluña y Valencia.

## 2 ¿Ya es tan tarde? (§ 1)

Escuchad el cedé y tomad nota de lo que ha hecho Pablo hoy.

## 3 La Fiesta de la Merced (§ 2)

Aquí tenéis parte del programa de fiestas. Con la información del texto y del programa escribid lo que hicieron Pablo y sus amigos en Barcelona. Elegid las actividades. Imaginad que estuvieron juntos desde las 11 de la mañana hasta las 9 de la noche.

**Las lenguas de España**

¿Se dice «Carme» o «Carmen»?
Pablo es de Cataluña, donde casi todos hablan catalán. El castellano es la lengua oficial de toda España, pero en algunas regiones hay otras lenguas cooficiales: el catalán, el valenciano, el gallego y el vasco.
Por eso Pablo dice «Carme» y «Mercè», en catalán, y Mario dice «Carmen» y «Merced», en español.
Leed más sobre el catalán en la página 44.

### 24 DE SEPTIEMBRE

▶ **Gran Circo de la Ciutadella**
Lugar: Parque de la Ciutadella
El negro y el flaco (Cataluña, circo sobre ruedas)
Horario: 12:30–14:00
Tot Circ (Cataluña, circo)
Horario: 17:00–18:30
Daniel Raffell (Francia, títeres)
Horario: 20:00–21:15

▶ **Gran Discoteca**
Lugar: Paseo del Puerto, playa
DJ: Djey, JPie/20:00–3:00

▶ **Castellers**
Lugar: Paseo de Gracia
Grupos de Cataluña y Valencia
Horario: Todo el día de 12:00–21:00

▶ **Mercè de cuento**
Lugar: Casa Milà, La Pedrera
Teatre Nens: «La niña y el dragón»
Horario: 11:00–13:00
Teatre Nens: «Los raperos del lugar»
Horario: 17:00–18:15

▶ **Conciertos – Arte de la Calle**
Lugar: La Rambla de las Flores
Grupos: Têtaclack, Fanfare
Horario: de 11:00 a 14:00
Grupos: Catjazz, Cuarteto Casals
Horario: 17:00–21:00

▶ **Las bodas del mar**
Lugar: Puerto Deportivo, playa
«El fuego y el mar» (Espectáculo de fuegos artificiales y música)
Horario: 24:00–24:30

▶ **Encuentros de Artistas de la Calle**
Lugar: Mercado de Santa Caterina
Los mimos Mimoscat
Horario: 10:30–11:30
Los payasos Paispayat
Horario: 18:00–20:00

▶ **Gran Baile tradicional**
Lugar: Pueblo español
20:00–1:00

## 4 Actividades y más actividades (§§ 1, 2, 3)

**a** ¿Y vosotros? ¿Qué habéis hecho este verano? Trabajad en parejas. Elegid algunas de estas preguntas o inventad otras y haced una entrevista a vuestro compañero / vuestra compañera. Tomad nota de todo.

- ¿Qué tal el verano pasado?
- ¿Qué hiciste en julio o en agosto?
- ¿Has conocido a gente nueva este verano?
- ¿Qué vas a hacer el próximo fin de semana?
- ¿Tienes planes nuevos para este curso?

| Para hablar del pasado | | | Para hablar del futuro | |
|---|---|---|---|---|
| hoy<br>este mes / año …<br>esta semana<br>alguna vez | | *pretérito perfecto* | voy a<br>quiero<br>pienso | *+ infinitivo* |
| en verano / julio …<br>la semana<br>el mes<br>el verano | pasado, -a | *indefinido* | | |

**b** Cambiad de pareja y con ayuda de vuestras notas del ejercicio 4a contad al nuevo compañero / a la nueva compañera lo que ha dicho vuestra pareja.

**Ejemplo:** Yo he hablado con Heike de … y me ha dicho que …
Le he preguntado también si … y me ha contestado que …

## 5 ¿Sí? ¿Y qué cuenta? (§ 4)

Cuando llega Cristina a casa, Mario le cuenta su conversación con Pablo. Haced el diálogo. Usad el estilo indirecto.

**Ejemplo:** Pablo dice que … / Alba me ha contado que …

**Mario:** Mario sagt, dass er gerade mit Pablo gesprochen hat.

**Cristina:** Cristina möchte wissen, was er ihm erzählt hat, wie es Pablo geht.

**Mario:** Pablo sagt, dass er sich sehr langweilt, aber viele Pläne hat; er will einen Surflehrerkurs machen und sich fürs Fitnessstudio anmelden; er hat auf der Fiesta de la Merced ein Mädchen kennengelernt.

**Cristina:** Will wissen, ob Mario ihn gefragt hat, wie das Mädchen heißt und woher es kommt.

**Mario:** Ja, Pablo hat ihm erzählt, dass sie Carmen heißt und aus Figueres kommt. Er hat sich mit ihr für Samstag verabredet.

**Cristina:** Cristina findet, dass es ihm dann wohl nicht schlecht geht. Sie hat gerade mit ihrer Freundin Alba telefoniert und fragt Mario, ob er sich erinnere, dass Albas Familie nach Madrid umgezogen ist.

**Mario:** Mario erinnert sich nicht und fragt, von welcher Alba sie spricht.

**Cristina:** Cristina wird ein bisschen sauer und antwortet, dass Alba ihre beste Freundin ist.

**Mario:** Mario erinnert sich jetzt und fragt, was Alba in Madrid macht.

**Cristina:** Alba hat erzählt, dass sie in einer Straße mit vielen Autos wohnt und es keinen Park in der Nähe gibt. Sie fragt Mario, ob er überhaupt zuhöre.

**Mario:** Mario bejaht. Cristina habe gesagt, dass Alba nach Barcelona gezogen ist. Er erkundigt sich, wie es Alba in der Schule geht und ob sie Probleme mit dem Katalanischen hat.

**Cristina:** Cristina wiederholt, dass Alba nach Madrid gezogen ist. Alba hat ihr gesagt, dass die Klasse sehr groß ist und die Lehrer streng wirken. Alba hat aber auch erzählt, dass sie schon ein paar Freundinnen hat. Cristina fragt nochmals, ob Mario zuhört.

**Mario:** Mario bejaht wieder und sagt: Alba hat viele Freundinnen und alle sprechen mit ihr Spanisch. Aber jetzt ruft ihn seine Mutter.

## 6 ¡Qué fiestas!

El ayuntamiento de Barcelona quiere saber si el programa de fiestas ha sido un éxito. Por eso hacen una entrevista a diferentes personas. Escuchad atentamente y contestad:

1. ¿A quiénes preguntan?
2. ¿Les gustan las fiestas? ¿Por qué?
3. ¿En qué han participado o qué han hecho?

**Lerntipp**

Euer Hörverstehen könnt ihr systematisch trainieren und verbessern. Tipps dazu findet ihr auf der Seite 118.

## 7 Al final de la noche (§ 5)

**a** Éstos son Carme, Montse, Pablo y Jordí antes y después de las fiestas. En grupos de cuatro elegid cada uno un personaje y preguntad quién tiene vuestras cosas. Haced al menos cuatro preguntas.

A: ¿Quién tiene mi / mis …? / ¿Dónde está mi …? / ¿Sabe alguien dónde están mis …? / ¿Quién ha visto mi …?

B: Lo / la / los / las tengo yo. Tómalo/-la/-los/-las.
Sí, lo / la / los / las he visto yo. Lo / la / los/ las tiene …

**Recordad: los pronombres de objeto directo**

| | |
|---|---|
| me | mich |
| te | dich |
| la / lo | sie / ihn / es / Sie |
| nos | uns |
| os | euch |
| las / los | sie / Sie |

**b** Los chicos se preguntan cómo han podido confundir *(verwechseln)* tanto sus cosas. En parejas haced un diálogo en el que hablan Pablo y Jordi sobre sus cosas y las de Montse y Carme. Utilizad frases con los pronombres de la casilla e inventad los lugares o buscadlos según vuestra solución al ejercicio 3.

A: ¿Cuándo le he dado mi jersey a Montse? / ¿Cuándo te di mi jersey? / ¿Cuándo me dio Montse su …?

B: Se la has dado en … / Te lo he dado en … / Se lo … / Te las has olvidado en …

**Recordad: los pronombres de objeto indirecto**

| | |
|---|---|
| me | mir |
| te | dir |
| le | ihr / ihm / Ihnen |
| nos | uns |
| os | euch |
| les | ihnen / Ihnen |

**¡Ojo!: dos pronombres de objeto con el verbo**
le / les + lo / la / los / las → **se** lo / la / los / las

## 8 ¿Y cómo es? (§ 6)

**a** Al día siguiente Carme piensa en Pablo, ese chico nuevo que ha conocido y que no sabe cómo es. Escribid un texto en el que contáis cómo es Pablo, qué hace, cómo es su estado de ánimo *(Laune)* en estos momentos y por qué.

Para describir personas podéis utilizar el siguiente esquema y alguno de los adjetivos de la casilla.

**Ejemplo:** Yo creo que Pablo es un chico muy alegre, pero ahora está bastante nervioso porque ha conocido a ...

aspecto — persona — carácter
persona — estado

| | | | |
|---|---|---|---|
| • alegre | • moreno | • enamorado | • impresionado |
| • contento | • rubio | • nervioso | • convencido (de) |
| • amable | • divertido | • animado | • preocupado |
| • alto | • deprimido | • triste | |
| • bajo | • enfadado | • aburrido | |

**b** En parejas, comparad vuestras descripciones.

**Invierno en la Costa Brava**

El Ministerio de Asuntos Sociales apoya la infraestructura turística española en invierno y ofrece viajes muy baratos para jubilados españoles. Por eso Pablo dice que sólo hay personas mayores de 60 años en Roses.

## 9 El ambiente de Roses (§ 6)

**a** Roses es un pueblo muy turístico de la Costa Brava y su ambiente cambia mucho en verano e invierno. Describid Roses y comparadlo en verano y en invierno. Enumerad al menos tres aspectos positivos y dos negativos de cada foto.

verano

invierno

**b** Ahora contad vuestra experiencia: Describid cómo cambia vuestra vida en primavera, verano, otoño e invierno. ¿Qué estación *(Jahreszeit)* os gusta más y por qué?

| | | | |
|---|---|---|---|
| la nieve | der Schnee | la niebla | der Nebel |
| la lluvia | der Regen | la nube | die Wolke |
| el viento | der Wind | la tormenta | das Gewitter |

## 10 ¿Es que ya te has olvidado de tus amigos de Valladolid?

Elegid uno de los dos ejercicios:

**a** Escribid la carta que Laura le ha escrito a Cristina. Inventad cómo sigue la vida de Laura en Berlín.

**b** Después de hablar con Pablo, Mario decide escribir a Laura. Escribid un correo electrónico o una carta.

## Fiestas españolas

# FIESTAS ESPAÑOLAS

### *La Fiesta de la Merced*

La Fiesta de la Merced se celebra en muchos pueblos de Cataluña y la Comunidad Valenciana. En Barcelona incluso es la fiesta más importante de la ciudad. Cuenta la leyenda que, durante la guerra contra los musulmanes, el 24 de septiembre de 1218, tres personas vieron a la Virgen María. Esta Virgen de la Merced salvó siglos después la ciudad de Barcelona de una plaga de langosta.
La fiesta se celebra durante la semana del 24 de septiembre. Barcelona durante estos días vive sus tradiciones: en los barrios, catalanes y turistas pueden bailar bailes tradicionales catalanes como las *sardanes* (sardanas) o ver grupos de *castellers* (castillos) que vienen a hacer sus torres humanas.

### *Los Sanfermines*

Es la fiesta española más conocida fuera de España. Se celebra en Pamplona, comienza el día 6 de julio y dura una semana. Todas las mañanas tienen lugar los encierros: a las ocho de la mañana sueltan toros bravos por unas calles de la ciudad y los jóvenes pamplonicas, vestidos con pantalón, camisa blanca y el tradicional pañuelo rojo al cuello, corren delante de ellos y los llevan a la plaza de toros.
Durante esta semana miles de personas visitan los espectáculos, los bailes, los desfiles y los toros.

### *Los carnavales*

Los carnavales se celebran en muchas ciudades de España, pero entre los más famosos están los de Santa Cruz de Tenerife. Miles de personas salen a la calle a participar. Es un carnaval con grandes desfiles, mucha gente con disfraces y mucho baile.
El sábado tocan grupos latinos en diferentes plazas y la ciudad entera baila hasta el día siguiente. La fiesta termina con el Entierro de la Sardina, un desfile en el que la sardina representa la fiesta que se acaba y la gente la entierra como a una persona.

### *Moros y Cristianos*

La fiesta de Moros y Cristianos más famosa se celebra en Alcoy (Alicante) del 22 al 24 de abril. Esta fiesta tiene su origen en las guerras entre cristianos y musulmanes. La fiesta representa una de las luchas de la Reconquista. El pueblo entero de Alcoy se viste con la ropa de la época de la Reconquista y revive la toma de la ciudad.
Los distintos grupos de cristianos y moros hacen desfiles, llevan trajes preciosos y participan también animales como caballos, elefantes e incluso dromedarios. Un día toman la ciudad los moros y otro día los cristianos. Con la reconquista de la ciudad se acaba la fiesta.

---

**una guerra** ein Krieg – **una plaga de langosta** eine Heuschreckenplage – **una torre** ein Turm – **soltar (-ue-) algo** etw. loslassen – **un toro** ein Stier – **bravo, -a** wild – **un pañuelo** ein Halstuch – **un desfile** ein Umzug – **un disfraz** ein Kostüm – **un entierro** eine Beerdigung – **un moro** ein Maure – **un cristiano** ein Christ – **un musulmán** ein Moslem – **una lucha** ein Kampf – **la Reconquista** die Wiedereroberung – **una toma** eine Eroberung

## 1 ¿Qué dice el texto?

En grupos de cuatro personas elegid cada uno una fiesta, leed el texto de vuestra fiesta y después contadla a los otros compañeros. Hacedles un resumen en alemán. Contestad estas preguntas:

**Lerntipp**

Wie ihr in einem Text Antworten auf konkrete Fragen findet, könnt ihr auf Seite 113 nachlesen.

**a** ¿Dónde se celebra? ¿Cuándo? ¿Cuál es su origen?

**b** ¿Qué actividades organiza la ciudad durante esos días? Enumerad algunas.

## 2 Tradiciones

Contadle a un español / una española algo de vuestro país o región. Describid una fiesta o tradición.

## 3 Fiestas y más fiestas

Buscad más información en Internet sobre alguna fiesta de España o Hispanoamérica.

- Fiestas de España
- Fiestas de Hispanoamérica
- La Semana Santa, Sevilla
- Las Fallas, Valencia
- El Carnaval, Cádiz
- El Rocío
- La Feria de Sevilla
- El Día de los Muertos, México

---

## Taller: Creo que quiero irme de aquí

Pablo quiere irse de Roses, piensa que en una ciudad puede vivir mejor. Elegid una de las siguientes actividades:

**a** En grupos de cuatro personas, imaginad que sois una familia. Dos son los padres y dos son los hijos. Los padres quieren irse del pueblo y los hijos quieren quedarse.

- Buscad argumentos a favor de iros (padres) y argumentos en contra (hijos).
- Después haced un diálogo y grabadlo (en el mp3 o en un casete) y presentadlo a vuestros compañeros.
- Decid qué os ha gustado de los diálogos de los otros grupos. Utilizad frases como:
  Vuestro diálogo me ha gustado porque …
  El diálogo me ha gustado, pero …

**So kann ich auf Spanisch diskutieren**

**… Meinung äußern und erfragen**
- Creo / pienso que …
- Me parece que …
- ¿Qué pensáis?
- ¿No os parece?

**… zustimmen**
- Sí, yo también pienso así.
- Tienes razón.
- Es verdad.

**… Vermutungen anstellen**
- Supongo que …
- No sé si …

**… ablehnen**
- Pienso que eso no es así.
- Creo que no tienes razón.
- No veo las cosas como tú.

**… Unsicherheit ausdrücken**
- No sé.
- Ni idea.

**b** ¿Cómo tiene que ser vuestra ciudad / vuestro pueblo ideal? Buscad fotos y haced un póster. Después presentadlo a vuestros compañeros. Éstos, después, os dicen qué les ha gustado de vuestro póster. Utilizad frases como:
Vuestra ciudad / vuestro pueblo ideal me ha gustado porque …
Vuestra presentación me ha gustado, pero …

# Migraciones

## Comunidad Autónoma de Cataluña – Comunitat Autònoma de Catalunya

**Habitantes**
casi 7 millones

**Lenguas oficiales**
castellano, catalán

**Industria**
- química
- automovilística
- turismo
- vinícola (vino y cava)
- central nuclear

**Habitantes de Barcelona**
nacidos en …

Fuente: Ayuntamiento de Barcelona. Departamento de Estadística (enero 2005)

## 1 Gente de Cataluña

**a** Escuchad a estas cuatro personas: ¿de dónde son y por qué están en Cataluña?

**b** Escuchad ahora a las tres últimas personas. ¿En qué trabajan?

**c** Buscad en el mapa los símbolos de las empresas donde *(die Unternehmen, in denen)* trabajan las personas. ¿En qué parte de Cataluña viven?

# En casa de Carme

Hoy Pablo ha ido a comer a casa de Carme porque después quiere ayudarla con una exposición para la clase de Geografía e Historia. Es la primera vez que visita a los padres, unos andaluces muy alegres, y por eso le ha llevado un ramo de flores a la madre. La madre ha preparado comida típica andaluza: gazpacho y boquerones con ensalada. Después de la comida se sientan en la sala de estar y Braulio, el padre de Carme, le enseña el álbum de fotos a Pablo.

**Braulio:**

Así es Marinaleda, ¿ves, Pablo? Un pueblecito blanco con el campo lleno de olivos. Para un andaluz, éste es el paisaje más bonito que hay. Pero, ¿qué te voy a contar? Como los olivos eran todos del Duque, para los otros no había casi ningún buen trabajo. Así era en muchas partes de Andalucía. Unos pocos latifundistas poseían casi todas las tierras y mucha gente sólo encontraba trabajo durante la cosecha. Por eso nuestra familia se mudó primero a Barcelona y, en 1971, cuando yo tenía diez años, a Figueres. En Cataluña, los niños de la escuela a veces se burlaban de mi dialecto porque yo hablaba andaluz como mis padres y lo sigo hablando hasta hoy.

Y mira aquí, el niño de la foto soy yo. ¡Cómo me divertía en el pueblo! Nosotros antes íbamos todos los veranos, durante las vacaciones, y del pueblo me gustaba todo menos la siesta, porque me obligaban. Como hacía tanto calor, había que echarse la siesta, lo que me aburría muchísimo.

Mira esta otra foto: aquí estamos Pilar y yo cuando éramos novios, en las vacaciones de 1985. ¿Te acuerdas de nuestro vecino Ricardo, Pilar? Ricardo tocaba la guitarra y bailábamos sevillanas en el patio de su casa. Yo era un desastre, pero tú bailabas muy bien, Pilar. No sé por qué lo has dejado.

Y, mira, Pablo, esta chiquilla tan morena, ésta es Carmencita. ¡Qué salero tenías, hija! De niña eras más graciosa que un gatito juguetón. Allí, en el pueblo, todos te querían. Y, cuando llegábamos, tú te ibas con la abuela y estabais juntas todo el tiempo y os reíais de alegría. ¡Ya no te separabas de ella! ¿Te acuerdas, Carmen?

Carme mira a Pablo y le dice con los ojos: «Vámonos ya a preparar la exposición, porque mi padre puede hablar del pueblo durante horas».

## 1 La visita

**a** Ordenad los dibujos según el texto.

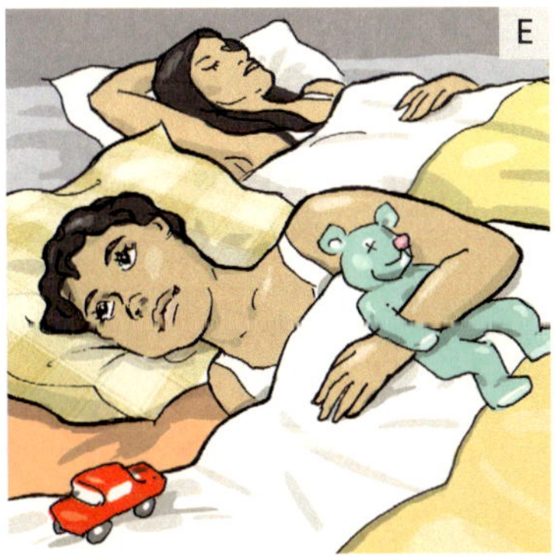


**b** Eligid una de estas dos actividades:

1. Describid cada dibujo y contad qué pasa después, según el texto. Hablad en primera persona.
2. Contestad las siguientes preguntas según el texto:

- ¿Por qué está Pablo en casa de Carme?
- ¿Por qué la familia de Braulio se mudó a Cataluña?
- ¿Se divertía Braulio los veranos en el pueblo? ¿Cuándo no y por qué?
- ¿Quién era Ricardo y qué hacía?

## 2 Pregunta busca palabra

**a** Buscad la palabra.

- ¿Cómo se llaman las personas que viven en Andalucía?
- ¿Qué no le gustaba a Braulio de pequeño?
- ¿Qué tocaba Ricardo?
- ¿Dónde bailaban los padres de Carme?
- ¿Qué le lleva Pablo a la madre de Carme?

✎ **b** ¡Ahora vosotros! Buscad palabras nuevas en el texto de la unidad y haced preguntas que después tiene que contestar vuestro compañero / vuestra compañera. Podéis hacer las preguntas en el presente.

# La exposición de Carme: Andalucía

Bienvenidos a Andalucía. En los próximos minutos vamos a salir de la clase y vamos a viajar por el sur de España.

Mirad el mapa. Andalucía está en el sur de la Península Ibérica y limita con Portugal, con el océano Atlántico y con el mar Mediterráneo. Los dos mares se encuentran en el Estrecho de Gibraltar. Aquí en el mapa podéis ver también el río Guadalquivir, que es el río más importante de Andalucía, y más a la derecha, bueno, quiero decir al este, está Sierra Nevada, las montañas más altas de la Península.

Andalucía es la comunidad autónoma española con más habitantes: unos ocho millones. Tiene ocho provincias y su capital es Sevilla, una ciudad con más de setecientos mil habitantes.

Comenzamos nuestro viaje en Sevilla con un poco de historia. En los siglos XVI y XVII Sevilla era una ciudad riquísima, porque por aquí pasaba todo el comercio con las colonias de América. Importantes personajes de la cultura española como el escritor Góngora o el pintor Velázquez vivieron aquí, y también mi personaje de ficción favorito: Carmen. Ella era una bella gitana que trabajaba en una fábrica de tabaco. Un día, cuando paseaba por la calle, un sargento la vio y se enamoró locamente de ella. Tiempo después, cuando Carmen ya estaba con el sargento, conoció a otro hombre, a un guapo torero y... bueno, para saber el final tenéis que leer la novela o ver la ópera.

Ahora subimos al autobús y nos vamos a Córdoba con su mezquita. Esta ciudad era en los siglos X y XI la capital de la España árabe, es decir, del famoso «Califato de Córdoba». Algunos escritores dicen que tenía casi un millón de habitantes y que era en esa época la ciudad más grande de Europa. Aquí convivieron también, más o menos en paz, las tres culturas: árabes, cristianos y judíos.

Plaza de España en Sevilla

La Mezquita de Córdoba

Y ahora llegamos a Granada, donde vamos a visitar la Alhambra. ¡Es verdaderamente un palacio de «Las mil y una noches»! En enero de 1492 terminó la Reconquista cuando los Reyes Católicos entraron en Granada, que era la última ciudad de los árabes en la Península. En esa época Cristóbal Colón buscaba otro camino para llegar a la India y, entonces, los Reyes Católicos le dieron el dinero para el viaje. Fue el comienzo de una nueva época para España: el descubrimiento y la conquista de América.

¡Por fin llegamos al mar! ¡Adiós al calor del autobús! El turismo de la costa ha sido en las últimas décadas motor de la economía andaluza. Los turistas no sólo vienen por el sol y la playa, aquí encuentran, entre otras cosas, también paisajes preciosos, flamenco, una cocina riquísima y la simpatía de los andaluces. Pero, en muchos lugares, por desgracia, el turismo también trae problemas.

No podemos terminar este viaje sin visitar el campo andaluz. Yo, de niña, sólo veía el lado alegre de estos pueblos blancos porque en mi familia no hablábamos nunca de los problemas sociales. Para mí, el pueblo de mis padres era el paraíso. Pero el latifundio existe en Andalucía desde la época de la Reconquista. La versión moderna del latifundio son los enormes invernaderos de la costa, donde trabajan muchos inmigrantes, muchas veces como ilegales.

Ése es ahora el mayor problema social de Andalucía. En la frontera entre España y Marruecos existe el mayor contraste del mundo entre los diferentes niveles de desarrollo humano: esperanza de vida, alfabetización, etc. La renta per cápita en España es quince veces más alta que en Marruecos. Por eso cada año llegan más africanos a las costas andaluzas para buscar una vida mejor. Y por desgracia muchos de ellos no terminan su viaje... Bueno, aquí terminamos. Esperabais un final más alegre de mi exposición, lo sé, pero hay que ver también el lado menos alegre de Andalucía.

¿Tenéis preguntas? ¿No? Entonces, muchas gracias por vuestra atención.

La Alhambra de Granada

Invernaderos en Andalucía

## 1 El viaje de la clase por Andalucía

En grupos, elegid una de las dos actividades:

**a** Carme ha escrito el esquema de su presentación en la pizarra. Con los recursos de la página 27 continuad el esquema en vuestro cuaderno.

> **Lerntipp**
>
> Wie man einen Text mit Hilfe übergeordneter Begriffe strukturiert und stichwortartig zusammenfasst, findet ihr auf den Seiten 115–116.

**Ejemplo:** **Andalucía**

...
- Historia:
  *Sevilla: capital;*
  *siglos XVI y XVII: comercio con las colonias...*

**b** Carme compara su exposición con un viaje. ¿Por dónde pasa? En vuestro cuaderno haced un mapa de Andalucía y apuntad con palabras clave la información que Carme da. Podéis consultar el mapa de la contraportada *(Umschlagdeckel)*.

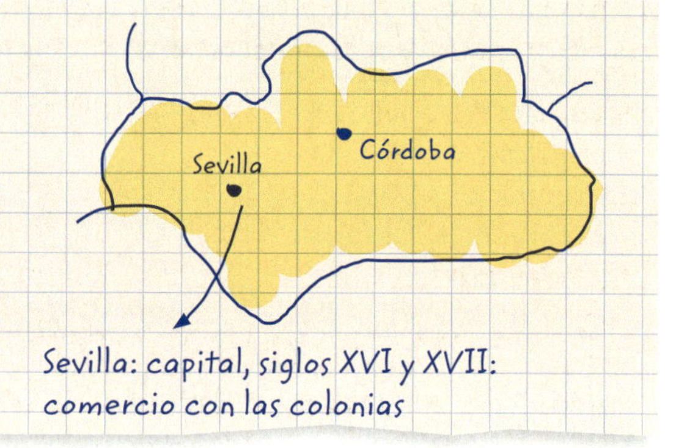


## 2 ¿Andalucía?

En parejas haced un concurso *(Wettbewerb)*. Dividid el texto en dos partes y preparad por escrito cinco o seis preguntas que vuestro compañero / vuestra compañera tiene que contestar de forma oral. ¿Quién sabe contestar más preguntas del texto?

## 3 Es un lugar donde ... (§ 12)

**a** Aquí tenéis las definiciones de algunas palabras que aparecen en el texto. ¿Qué palabras son? Escribidlas en vuestro cuaderno. Después, comparad los resultados con vuestro compañero / vuestra compañera.

1. Es una persona que visita una ciudad o un país por un tiempo y no vive allí.
2. Es una casa muy grande y bonita donde viven los reyes.
3. Es el lugar adonde Colón quería llegar en su viaje.
4. Es el dibujo de un país, por ejemplo, donde están dibujados los ríos, las ciudades más importantes, etc.
5. Es lo que decimos cuando alguien llega a un sitio.
6. 100 años.
7. Es un sinónimo de «empezar». / Es lo contrario de «terminar».
8. Significa casi lo mismo que «muy conocido».

**b** Elegid ocho palabras y definidlas. Haced al menos cuatro frases con *cuando* y *donde*.

| | |
|---|---|
| el contrario | das Gegenteil |
| un sinónimo | ein Synonym |
| parecido a | ähnlich wie |

**Para definir palabras**

- Es el contrario de ...
- Significa casi lo mismo que ... / Es un sinónimo de ...
- Es lo que decimos cuando ...
- Es algo parecido a ...

| | | | | | |
|---|---|---|---|---|---|
| • Es | una persona<br>una cosa<br>una palabra | que ... | • Es | un lugar<br>el momento/la época | donde ...<br>adonde ...<br>cuando ... |

## 4 Andalucía, su gente y sus monumentos

En su exposición Carme habla de monumentos importantes y de personajes famosos de la cultura española, algunos andaluces y otros no. ¿Sabéis algo de ellos? ¿Dónde están los monumentos? ¿Cómo son? ¿Quiénes son los personajes?

En grupos haced una lista y elegid cinco temas. En el *Glosario cultural* de las páginas 119 – 127 o en unas enciclopedias buscad información y escribid sobre cada tema un texto pequeño como en el ejemplo. Después, en grupo, presentad los resultados.

**Ejemplo:** La Alhambra es un palacio donde vivieron / vivían los reyes árabes en Granada.

**Lerntipp**

Weitere Tipps dazu, wo ihr Informationen zur spanischsprachigen Welt finden könnt, findet ihr auf Seite 109.

## 5 Arabismos

**a** Aquí tenéis una lista de arabismos *(palabras de origen árabe)*. Leedlas y traducidlas.

| | | | | | |
|---|---|---|---|---|---|
| aduana | aceituna | álgebra | zanahoria | algoritmo | alquimia |
| barrio | azafrán | azúcar | alcalde | cifra | alcachofa |

**b** Agrupad las palabras en tres grupos y buscad un hiperónimo *(Oberbegriff)* para cada grupo.

**c** Discutid por qué creéis que los arabismos provienen de estos campos semánticos *(Wortfelder)*.

## 6 Carmen no quería, pero pasó (§ 13)

Aquí tenéis en dos dibujos lo que cuenta Carme de su personaje favorito: Carmen.

A

B

¿Qué cuenta Carme de su personaje? Mirad otra vez el texto de la unidad y copiad las frases en vuestro cuaderno. Haced dos columnas: en la primera escribid las frases que describen la situación (dibujo A) y en la segunda las frases en las que aparece la acción (dibujo B). Después, contestad:

¿Qué tiempo se utiliza para describir una acción? ¿Qué tiempo se utiliza para describir una situación / las circunstancias? Formulad una regla.

## 7 **Sueños *(Träume)*** (§ 13)

Contad las circunstancias *(Umstände)* y lo que pasó en los siguientes dibujos.

- Colón ser navegante *(Seefahrer)* de Génova
- tener un sueño: ir a las Indias por el Oeste
- nadie creerle
- la gente pensar
- ser un loco …

- pero un día visitar a Isabel la Católica
- darle dinero para su sueño

- vivir en Mali
- vender pequeñas cosas en las plazas
- nadie comprar nada
- no ganar mucho dinero
- soñar con una casa
- las casas ser muy caras

- así que una noche subir a una patera e irse a España

- Los abuelos de Carme: vivir en Marinaleda
- tener 3 hijos
- los dos trabajar en el campo
- no siempre haber trabajo
- no tener dinero para vivir …

- pero un día …

## 8 ¿Qué tal en la feria? (§ 13)

En parejas completad los diálogos con la forma correcta de los verbos en imperfecto o indefinido.

**Pilar**

¡Hola! ¿Cómo estás? ¿Qué te ha pasado?

¡Ah, ayer! **Estaba** muy cansado por el examen, pero no **podía** dormir, así que me **levanté** para beber un vaso de agua. **Entraba** mucha luz de la calle, pero no **vi** un armario abierto y me **dio** con la puerta en la cabeza. ¡Un desastre!
¿Y vosotros? ¿**Fuisteis** a la feria?

No, es que **8** **(estar)** en casa con mis padres y **9** **(llegar)** Pedro para enseñarme las fotos del fin de semana. **10** **(estar – él)** muy triste y **11** **(ir – nosotros)** al parque para hablar un poco porque no **12** **(querer – él)** ir a la feria.

Pues nosotros sí, pero Ana **se** fue enseguida porque **tenía** que ayudar a su madre. Además el ambiente no **era** muy bueno: como **hacía** frío, **había** muy poca gente y nos **fuimos**. ¿Quieres venir hoy?

Lo siento, pero no puedo. Ayer cuando **19** **(estar)** en el parque con Pedro, **20** **(llegar)** Marta y nos **21** **(invitar – ella)** a su cumpleaños. Tío, **22** **(estar – ella)** guapísima …

Ya, ya. Tú y Marta …

**Paco**

¡Hola! ¿Cómo estás? ¿Qué te ha pasado?

¡Ah, ayer! **1** **(Estar)** muy cansado por el examen, pero no **2** **(poder)** dormir, así que **3** **(levantarse)** para beber un vaso de agua. **4** **(entrar)** mucha luz de la calle, pero no **5** **(ver – yo)** un armario abierto y me **6** **(dar)** con la puerta en la cabeza. ¡Un desastre! ¿Y vosotros? ¿**7** **(Ir – vosotros)** a la feria?

No, es que **estaba** en casa con mis padres y **llegó** Pedro para enseñarme las fotos del fin de semana. **Estaba** muy triste y **fuimos** al parque para hablar un poco porque no **quería** ir a la feria.

Pues nosotros sí, pero Ana **13** **(irse)** enseguida porque **14** **(tener)** que ayudar a su madre. Además el ambiente no **15** **(ser)** muy bueno: como **16** **(hacer)** frío, **17** **(haber)** muy poca gente y **18** **(irse – nosotros)**. ¿Quieres venir hoy?

Lo siento, pero no puedo. Ayer cuando **estaba** en el parque con Pedro, **llegó** Marta y nos **invitó** a su cumpleaños. Tío, **estaba** guapísima …

Ya, ya. Tú y Marta …

## 9 Anécdotas cotidianas (§ 13)

**a** Elegid una de las fotos y haced un texto en pasado en el que contáis la historia de lo que pasó. Las siguientes preguntas pueden ayudaros:

¿Qué tiempo hacía? ¿Dónde estaban? ¿Qué hacían?
¿Cómo se sentían? ¿Qué pasó?, ¿y después?

A

B

C

**b** ¡Ahora vosotros! Contad algo que os pasó.

## 10 Después de la exposición ... ¡para Andalucía! (§ 14)

La exposición de Carme ha gustado mucho a toda la clase así que, ahora, todos sueñan con viajar a Andalucía. ¿Qué van a hacer? Leed el texto y completadlo con *por* o *para*.

Después de la exposición, la clase estaba tan interesada que han decidido hacer un viaje 1 conocer mejor Andalucía. Quieren pasear 2 la Alhambra, andar 3 las calles de Córdoba y Sevilla ... 4 abril ya hace buen tiempo. Pero ellos no van sólo 5 el sol, la playa y los monumentos, quieren ver también los invernaderos. Han quedado después de clase. En el instituto se ven 6 hablar del viaje, 7 repartir tareas. 8 la semana que viene tiene que estar todo listo. El profesor ya propone algo: 9 un anuncio en el periódico sabe que hay una oferta 10 350 €, el vuelo 11 Sevilla es muy caro. «Si cambiamos vuelo 12 autocar podemos conseguirlo 13 menos dinero». 14 algunos 350 € es demasiado caro y quieren ir 15 el centro de Figueres a otras agencias de viajes y preguntar 16 ofertas más baratas.

## 11 Andalucía, ¡ven a descubrirla!

Estáis en España con vuestros padres. Escucháis en la radio una entrevista a un grupo de jóvenes que han hecho un viaje por Andalucía. Con la ayuda del mapa de la página 29 escuchad atentamente y para vuestros padres resumid en alemán lo que cuentan sobre el viaje.

## 12 La Andalucía atlántica (§ 15)

Carme ha escrito este texto de la exposición pero faltan los adjetivos. Ayudad a Carme y completad el texto con la forma correcta de los adjetivos. Prestad atención a la posición del adjetivo.

| | |
|---|---|
| En la parte del Atlántico se encuentra una de las zonas más bonitas y poco conocidas de Andalucía. En Cádiz y Huelva todavía quedan **pueblos**, ? | muy pequeño |
| con **casas**, sin rascacielos y todo esto en la costa, con **playas de arena**. | bajo, grande |
| Pero su **atractivo** no está sólo en la playa y el sol. Aquí encontramos **pueblos de pescadores** | turístico, viejo |
| con mucha historia como la **ciudad de Sanlúcar de Barrameda**, | famoso |
| donde buscaron a sus hombres de mar **personajes de la Historia Universal** como | importante |
| Magallanes y El Cano o Colón. El **navegante** salió desde aquí para América en | último |
| su **viaje**. | tercer(o) |
| Otro **pueblo turístico** es Almonte. Su **romería del Rocío** nos muestra el | importante, bellísimo |
| **sentimiento religioso** de los andaluces. | alegre |
| Y por último, cuando el río Guadalquivir llega al Atlántico, encontramos la | mayor |
| **reserva natural** de pájaros de Europa: Doñana. Doñana es un **Parque Natural** | enorme |
| donde hay muchos tipos de plantas y animales que no vemos en otros lugares. Hay **centros de información** que acercan el parque y sus animales a los visitantes. | interesante |

## La sevillana

### ¡VENID A BAILAR SEVILLANAS!

La sevillana es un estilo de música muy alegre y el baile flamenco más popular. Sevillana quiere decir «de Sevilla» y es que durante las fiestas de Sevilla, la Feria de Abril, suenan por todas partes. Por todas las calles y las casetas podemos ver a grupos de personas vestidas con los trajes tradicionales que bailan y se divierten. Pero las sevillanas no se bailan sólo en Andalucía, en toda España podemos encontrar academias que enseñan este baile, incluso en las discotecas se puede practicar, pero esto sólo pasa en Andalucía.

Aquí tenéis un precioso fragmento de este baile andaluz … tan español. Leed el texto y describid en vuestras propias palabras lo que transmite *(übermittelt)* para vosotros.

### ¡A BAILAR Y A BAILAR!

*[…]*
*¡A bailar!, ¡a bailar!, ¡a bailar alegres sevillanas!*
*¡ven conmigo a bailar!*
*¡A bailar!, ¡a bailar!, ¡a bailar!*
*¡ven conmigo a bailar!*

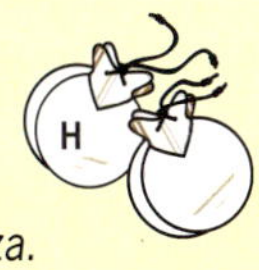


*La Feria se ilumina con su belleza.*
*Baila, dime que tú me quieres,*
*Que de pena mueres, si no estás conmigo.*
*Te digo este piropo, porque ya estoy loco.*
*Y es que sueño siempre contigo.*

*Baila, derrama tu salero*
*por todo el albero de la feria mía.*
*Y que digan tus manos:*
*¡A la Gloria vamos!,*
*llevando la gracia prendida.*
*¡Olé! ¡La noche está embrujada,*
*niña enamorada, sobre Andalucía!*
*¡Que viva la alegría de mi gente*
*y de mi pueblo!*
*¡Vamos a bailar!*
*[…]*

A bailar y a bailar
K/T: P. González / M. Melado © La Punta del Lápiz

**a** Mirad las parejas que están bailando más arriba. ¿Qué ropa llevan? Buscad los nombres en la casilla. Después comparad vuestros resultados con un compañero / una compañera.

| | |
|---|---|
| 1. el traje de flamenca | 5. el sombrero rociero |
| 2. los zapatos de baile | 6. el pantalón |
| 3. la flor | 7. la camisa |
| 4. las castañuelas | 8. la chaqueta |

**b** Los andaluces bailan sevillanas también en las discotecas. ¿Pasa esto también en vuestro país con algún baile popular? ¿Os gustan los bailes de salón *(Standardtänze)* o sólo los bailes de moda?

Haced un pequeño texto para unos amigos españoles en el que les contáis si os gusta bailar, si vais a una escuela de baile, dónde bailáis los bailes de salón, si vais a una discoteca, qué música ponen, qué música os gusta bailar, etc.

**una caseta** ein kleines Festzelt – **tradicional** traditionell – **se bailan** man tanzt – **una mano** eine Hand – **iluminar algo** etw. beleuchten – **la belleza** die Schönheit – **la pena** der Kummer – **morir** sterben – **un piropo** ein Kompliment – **derramar algo** etw. ausschütten – **el albero** der Boden – **la mano** die Hand – **la gloria** der Ruhm, die Freude – **la gracia** die Anmut – **prender algo** etw. nehmen, packen – **embrujado, -a** verhext, verzaubert

## Saber más de España

Elegid uno de los siguientes ejercicios.

**a** Haced una exposición sobre un personaje o sobre algo que os interese de España.

- La Alhambra de Granada
- La Mezquita de Córdoba
- Velázquez
- musulmanes, judíos y cristianos en España (las tres culturas)
- fiestas en Andalucía
- otra comunidad autónoma
- ...

**Lerntipp**

Tipps zum Vortragen von Arbeitsergebnissen findet ihr auf den Seiten 116-117.

Para estructurar la exposición, además de los recursos que utiliza Carme, podéis usar:

**So kann ich auf Spanisch ein Referat strukturieren**

**Einleitung**
- En los próximos minutos voy a hablaros de ...
- El tema de mi exposición es ...
- Quiero hablaros de ...
- En primer lugar quiero ...

**Beispiele anführen**
- Por ejemplo, ...
- Como ejemplo ...
- Es decir, ...

**zu einem neuen Thema überleiten**
- Ahora paso a hablar de ...
- Ahora voy a tratar ...
- Además de todo esto es importante también ...
- Por otra parte ...

**Schluss**
- Quiero terminar con ...
- Y para terminar ...
- Eso es todo. ¿Tenéis alguna pregunta? / ¿Hay alguna duda?
- Esto es todo. Gracias por vuestra atención.

**b** Buscad información sobre algunas ciudades de Andalucía (Sevilla, Córdoba, Granada ...) o del resto de España y haced una pequeña presentación en la que contáis: ¿Dónde está la ciudad? ¿Qué monumentos importantes tiene? ¿Por qué la habéis elegido? o imaginad una excursión por ella.

# Un poco de arte

## 1 Pintores y sus cuadros

**a** Aquí tenéis obras de arte *(Kunstwerke)* de Picasso, Dalí y Miró. Mirad los cuadros y buscad palabras para describirlos.

A

B

C

**El Surrealismo**

El Surrealismo es un movimiento artístico europeo de los años 20 del siglo XX. Intenta representar el inconsciente y muestra cosas reales en circunstancias poco comunes. El Surrealismo no sólo existe en el mundo de la pintura, sino también en el cine, la fotografía, el teatro, la literatura …

| | | | |
|---|---|---|---|
| **un pájaro** | ein Vogel | **un reloj** | eine Uhr |
| **un animal** | ein Tier | **un árbol** | ein Baum |
| **la luna** | der Mond | **una estrella** | ein Stern |
| **una mujer** | eine Frau | **el cielo** | der Himmel |

**b** ¿Qué información corresponde *(gehört zu)* a qué cuadro? Indicad *(gebt an)* el número.

1 *La musa*, Centro de Arte Georges Pompidou, París.
Picasso pintó en 1935 este cuadro en el que aparecen dos mujeres: una pintora y una modelo.

2 *Constelación: despertando al amanecer*, Colección privada, Nueva York.
En este cuadro encontramos los colores que siempre usa Joan Miró: rojo, negro, amarillo, azul y verde. Representa a personas y animales bajo el cielo.

3 *La persistencia de la memoria*, Museo de Arte Moderno, Nueva York.
Es un cuadro que Dalí pintó en 1931. En él aparecen por primera vez sus famosos relojes blandos.

**c** ¿Cuál de los cuadros *(welches der Bilder)* os gusta más? Elegid y describid. ¿Qué veis? ¿Cuántas personas hay? ¿Dónde están? ¿Cómo son? Explicad también por qué habéis elegido el cuadro. En la casilla hay palabras que, a lo mejor, vais a necesitar.

**Hablar de arte**

- Se trata de un cuadro / una obra de arte de Picasso / Dalí / Miró.
- En el cuadro hay / está …
- El cuadro representa …

| | | | |
|---|---|---|---|
| • En primer / segundo plano<br>• Al fondo<br>• En el centro | hay<br>se encuentran<br>aparecen | varias personas. | |
| • Encima de / debajo de<br>• Junto a / al lado de<br>• Delante de / detrás de<br>• Enfrente de<br>• A la derecha / izquierda de | la/s persona/s | hay<br>vemos | varios animales. |
| • El aspecto de la/s persona/s es … | agradable / desagradable<br>serio, -a / alegre<br>desesperado, -a<br>contento, -a / feliz | | |
| • Los colores son … | alegres<br>claros | | |
| • Me parece … | precioso / aburrido / extraño / impresionante / genial / fenomenal / interesante / divertido porque… | | |
| • Me imagino que … | | | |

## 2 Saber más de las obras

Elegid uno de estos dos ejercicios (a o b):

**a** Buscad más información sobre uno de los cuadros y sobre el artista *(Künstler)* y describid: ¿qué representa el cuadro?, ¿quién es el artista y cuándo vivió? Escribid un pequeño texto.

**b** Ahora vivís en los tiempos de Picasso / Dalí / Miró. El artista acaba de presentar su obra. ¿Qué preguntáis? Escribid la entrevista.

# En Barcelona con Carme

Durante el recreo, Pablo y su amigo Marc están en la cafetería del instituto.

—¿Por qué has llegado tan tarde esta mañana a clase de Física? —pregunta Marc.

—Tío, es que ayer volví de Barcelona muy tarde porque había una manifestación y no había autobuses —contesta Pablo.

—¿Al final fuiste con Carme?

—Sí.

El camarero les pregunta qué quieren tomar. Marc pide un refresco y un bocadillo de chorizo, y Pablo un agua mineral y una tapa de tortilla.

—¿Y qué tal con ella? ¿Qué hicisteis?

—Con Carme muy bien. —Pablo continúa hablando: —Fuimos a Barcelona con todo el grupo: Montse, Jordi, Miguel, Carme y yo. Primero, Montse, Jordi y Miguel querían ver unas tiendas, y Carme y yo fuimos solos al Parque Güell. Yo ya había estado otras veces, pero ya sabes que a mí me gusta el Modernismo y quería sacar fotos.

—Venga, Pablo, que yo no soy tonto. Tú querías estar con Carme y sacarle fotos a ella. ¿Y os lo pasasteis bien?

—La verdad es que sí. Antes, cuando iba con mis padres a Barcelona y visitábamos monumentos como la Pedrera o la Sagrada Familia, siempre me aburría. Ayer con Carme fue diferente. Primero hablamos sobre Miró y luego sobre Gaudí y su vida tan difícil y también sobre el amor entre Dalí y Gala. Y ya hemos quedado para ir el próximo domingo al Museo Dalí en Figueres.

Marc, que está comiendo su bocadillo, le pregunta con la boca llena:

—¿Y eso fue todo?

—No, claro que no. Después nos sentamos en una terraza. Mientras tomábamos algo, le conté mis planes para participar en el programa Ruta Quetzal para ir a Latinoamérica. En Internet encontré algunos trabajos de otras personas que los habían escrito hace años, y ahora ya tengo una idea para el mío. A Carme le gustó: es sobre la mitología de los incas. ¿Te lo he contado ya?

Marc asiente con la cabeza y Pablo continúa:

—Bueno, luego, hacia las ocho, nos encontramos con todo el grupo y nos fuimos juntos por las Ramblas hacia el puerto donde no había estado

Carme, Montse, Pablo y Jordi en las Ramblas

Carme, Miguel, Pablo, Jordi y Montse en el puerto

antes. Había mucha gente y al principio nos divertimos mucho, pero …

—¿Qué pasó?

—Tío, la verdad es que yo quería estar solo con Carme. Montse, Jordi y los otros son mis amigos, sí, pero sobre todo son los suyos. Y yo creo que a Miguel antes le gustaba Carme, y ahora, como está saliendo conmigo …

—¿De verdad? —pregunta Marc y por primera vez escucha sin comer.

—Que sí, tío, que sí. Entre Miguel y yo saltan chispas cuando nos encontramos. Miguel, que al principio había estado muy divertido, estuvo al final sencillamente insoportable —dice Pablo alterado, —insoportable. Yo se lo dije a Carme directamente: «Miguel no sólo es un problema tuyo, sino de los dos. Y él y yo vamos a terminar mal».

—¿Y qué te respondió?

—Ella dice que también es su problema y que no quiere tener que elegir entre sus amigos y yo. En fin, que la tarde no fue fácil.

—Tío, tú tranquilo. Anda, come algo, que todavía no has probado tu tapa.

—Es que, cuando pienso en Miguel, se me quita el hambre.

—¿Me como yo tu tortilla?

—¡En fin, no quiero hablar de él! —continúa Pablo, que sólo está pensando en sus cosas:

—¿Sabes lo que me gusta de las grandes ciudades como Barcelona? Que siempre pasa algo especial. Por ejemplo ayer, imagínate: nos habíamos sentado en la terraza cerca de las Ramblas cuando llegó una manifestación de trabajadores, con la policía, periodistas y todo. Además, estaban nada menos que los del grupo musical «Estopa»…

—¡Oye, tío, esa tortilla es mía! —grita Pablo, que ha visto que Marc había cogido su tapa: —¡No sé dónde metes lo que comes!

## 1 Pablo y Carme en Barcelona

**a** ¿Cuáles de las frases os parecen correctas? Buscad en el texto de esta unidad las frases que justifican vuestra opinión.

| | |
|---|---|
| Miguel y Pablo no están muy contentos siempre que se ven porque … | Miguel y Pablo están muy contentos siempre que se ven porque … |
| A Pablo le fascinan las grandes ciudades como Barcelona porque … | A Pablo no le gustan las grandes ciudades como Barcelona porque … |

**b** Formulad cinco frases más con *porque*. Vuestro compañero / vuestra compañera continúa. Después, comparad vuestros resultados. ¿Quién tiene los mejores argumentos?

## 2 Detalles, detalles

Explicad las frases con otras palabras.

1. Entre Miguel y yo saltan chispas cuando nos encontramos.
2. Cuando pienso en Miguel, se me quita el hambre.
3. Marc asiente con la cabeza.
4. ¡No sé dónde metes lo que comes!

## 3 Discutiendo con Miguel (§ 16)

En las Ramblas, donde Pablo ha estado con sus amigos de Figueres, Pablo y Miguel nunca están de acuerdo en nada *(sind sich in nichts einig)*. Imaginaos que sois Pablo y Miguel. Trabajad en parejas y haced el diálogo como en el ejemplo. Indicad también por qué preferís la cosa indicada.

**Ejemplo:**
**Pablo:** mi lugar favorito de Barcelona – las Ramblas /
**Miguel:** mi <u>lugar favorito</u> – el Puerto.
↓
**Pablo:** Mi lugar favorito de Barcelona son las Ramblas.
**Miguel:** ¿Ah, sí? El mío no. Realmente, no me gustan nada. El mío es el puerto porque …

1. **Pablo:** mis pintores favoritos – Picasso, Miró /
   **Miguel:** mis <u>pintores favoritos</u> – Dalí y Velázquez
2. **Miguel:** tu instituto en Roses – aburrido /
   **Pablo:** mi <u>instituto</u> – animado
3. **Pablo:** nuestra casa – cerca de la playa /
   **Miguel:** nuestra <u>casa</u> – enfrente de la playa
4. **Pablo:** mis deportes favoritos y los de Carme – el fútbol, el tenis /
   **Miguel:** los <u>deportes favoritos</u> (de ella) – el baloncesto, el voleiplaya
5. **Miguel:** tu móvil – un poco antiguo /
   **Pablo:** tu <u>móvil</u> – más antiguo aún
6. **Pablo:** mis amigos y yo – comida favorita – paella /
   **Miguel:** mis amigos y yo – <u>comida favorita</u> – pizza

## 4 Miguel, Miguel y otra vez Miguel (§ 16)

**a** La tarde ha terminado y Pablo y Carme hablan, sobre todo de Miguel. En parejas, completad el diálogo con los pronombres y adjetivos posesivos correctos.

| Pablo |
|---|
| ¿Qué podemos hacer con Miguel? ¿Todavía es [1] amigo, ¿no? |
| Sí, todavía es **mi** amigo. Eso es uno de **mis** problemas más grandes, pero es sólo problema **mío**. |
| No sólo es problema [5], también [6]: es problema [7]. No podemos encontrarnos más con él. |
| Pero Miguel todavía es amigo mío y más tarde seguro que también amigo tuyo. |
| No sé. Oye, Carme, todavía no conoces a [10] amigos, y a [11] padres tampoco. Los [12] son muy simpáticos. |
| Los **tuyos** también, seguro. |
| ¿Cuándo vas a venir a Roses? Así puedes conocer también a [14] padres y a Marc, uno de [15] mejores amigos. |
| Ah sí, es verdad, un viaje a Roses es una idea muy buena. |

| Carme |
|---|
| ¿Qué podemos hacer con Miguel? ¿Todavía es **tu** amigo, ¿no? |
| Sí, todavía es [2] amigo. Eso es uno de [3] problemas más grandes, pero es sólo problema [4]. |
| No sólo es problema **tuyo**, también **mío**: es problema **nuestro**. No podemos encontrarnos más con él. |
| Pero Miguel todavía es amigo [8] y más tarde seguro que también amigo [9]. |
| No sé. Oye, Carme, todavía no conoces a **mis** amigos, y a **mis** padres tampoco. Los **tuyos** son muy simpáticos. |
| Los [13] también, seguro. |
| ¿Cuándo vas a venir a Roses? Así puedes conocer a **mis** padres y también a Marc, uno de **mis** mejores amigos. |
| Ah sí, es verdad, un viaje a Roses es una idea muy buena. |

**b** Al día siguiente, Miguel piensa otra vez en Pablo y en el día en Barcelona y, finalmente, escribe un e-mail a Enrique, un amigo. Imaginad que sois Miguel y escribid el e-mail. Contad todo lo que pasó en Barcelona y lo que pensáis sobre Pablo.

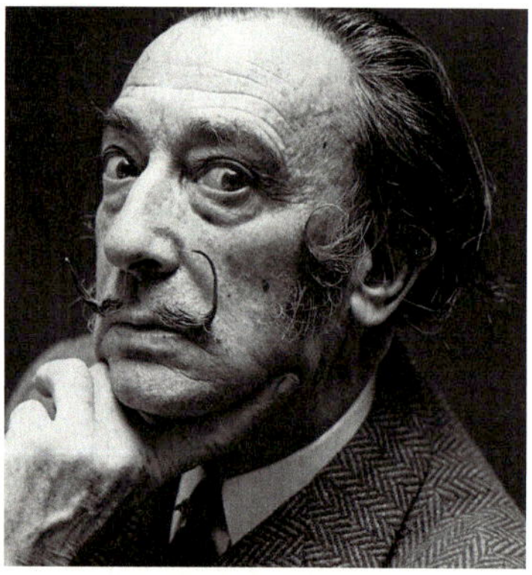

## 5 ¿Sabes que ...? (§ 13)

Pablo ha buscado información sobre Gaudí y Dalí en Internet y en unas enciclopedias. Aquí tenéis los apuntes *(Notizen)* que ha tomado. Trabajad en parejas. Contad la vida de los artistas. Uno / una prepara un texto sobre Gaudí, el otro / la otra sobre Dalí. Usad el pasado. ¡Ojo con el tiempo de los verbos!

Gaudí: * Reus 1852 – † 1926 Barcelona
familia sin mucho dinero
Gaudí: niño con problemas de salud
Barcelona: con 17 años
universidad: Arquitectura
Cataluña: región industrial y rica
1882 Sagrada Familia
trabajar para la familia Güell, familia rica de Barcelona
premio a sus trabajos
1936 guerra civil, no terminar los planos de la Sagrada Familia

Dalí: * Figueras 1904 – † 1989 Figueres
1920 estudios en Madrid
amigos: Federico García Lorca y Luis Buñuel
1929 película con Buñuel «Un perro andaluz»
1929 Cadaqués: su amor Gala, 11 años mayor que Dalí, mujer de Paul Eluard, tener una hija
1936 guerra civil, Dalí en Estados Unidos hasta 1948
trabajar con Alfred Hitchcock, Walt Disney, también en el mundo de la moda
1974 Teatro – Museo Dalí en Figueras

## 6 Un día especial (§ 17)

**a** Leed lo que dice Jordi y completad con la forma verbal correcta. Después, mirad los dibujos. Escribid un pequeño texto y contad cómo continúa la historia. Describid a las personas y las situaciones. Usad los tiempos del pasado y las conjunciones de la casilla.

- porque
- cuando
- después
- mientras

**Jordi**: «El domingo yo había pensado ir al museo Picasso, pero hacía muy buen tiempo y decidí no ir. Preferí tomar un poco el sol en una terraza de las Ramblas. Me llevé un libro, me senté y le pedí un refresco al camarero. [1] **(estar)** leyendo tranquilamente cuando, de repente, [2] **(yo / oír)** decir a un hombre sentado dos mesas delante de mí: «¡La cuenta, por favor!» …

**b** ¿Cómo creéis que termina la historia? Escribid al menos ocho frases más para el final.

## 7 Pablo no había estado antes en el Puerto (§ 18)

Leed este texto que Carme ha escrito en su diario y completadlo *(vervollständigt ihn)* con la forma adecuada del pretérito pluscuamperfecto.

*El domingo Pablo, yo y los demás fuimos a Barcelona. Yo, la verdad, no lo [1] (pensar), pero hubo muchos problemas entre él y Miguel. Primero Pablo y yo fuimos solos al Parque Güell. Él ya lo [2] (visitar) otras veces, pero quería sacar unas fotos. Después nos sentamos en una terraza. Allí hablamos un rato y después nos fuimos porque [3] (quedar) con los otros. Ellos no [4] (querer) venir al parque; [5] (ir) a ver unas tiendas y [6] (comprar) algunas cosas. ¡Ah! y por lo visto Miguel ya [7] (decidir) entonces hacernos la vida imposible. Fuimos todos juntos al Puerto y a Pablo, que no [8] (estar) todavía allí, le gustó mucho. ¡Ah, y lo mejor del día! ¡Los Estopa! Pablo y yo les contamos a los demás que los [9] (ver) en las Ramblas. Yo no los [10] (ver) nunca en persona, sólo en la televisión. ¡Son guapísimos! Cuando se lo dijimos a Miguel, él empezó a decir que [11] (estar) en un concierto, que [12] (hablar) con ellos al final y que después [13] (comprarse) todos sus cedés. La verdad es que Miguel estuvo muy raro, parecía enfadado o deprimido.*

## 8 Una visita a Barcelona

Carme y Pablo han pasado todo el día en Barcelona. En grupos describid la visita y decidid: ¿qué visitaron?, ¿en qué orden?, ¿cuánto tiempo necesitaron? Con la ayuda del plano de Barcelona en la contraportada *(Umschlagdeckel)* describid el día en Barcelona.

## 9 El catalán

**a** En la oficina de turismo de Barcelona, Pablo y Carme han encontrado algunas indicaciones en catalán. ¿Las entendéis? Intentad traducirlas al español *(sie auf Spanisch zu übersetzen)*.

**La lengua catalana**

El catalán es una lengua románica, es decir, proviene del latín, como el español, el francés, el italiano … Entre cuatro millones y medio y siete millones y medio de personas hablan catalán. Se habla en Andorra, Cataluña, en algunas regiones del sur de Francia y en la ciudad italiana de Alguer, en Cerdeña. En la Comunidad Valenciana se habla el valenciano y en las Islas Baleares el mallorquín, ambos son muy parecidos al catalán.

**b** Aquí hay un par de frases más en catalán. Traducidlas en castellano.

- Barcelona és la capital de Catalunya.
- Barcelona té un clima mediterranei.
- És una ciutat a la costa i té més de quatre quilòmetres de platjas.
- Els seus habitants parlen en català, la seva llengua pròpia, i castellà.
- Molts entenen una mica d'anglès i de francès.

**c** En grupos describid en qué se diferencia *(sich unterscheidet)* el catalán del castellano. Dad ejemplos en ambas lenguas *(auf beiden Sprachen)*.

## 10 Las noticias de Cataluña

**a** Leed el artículo de abajo e intentad comprenderlo. Haced una tabla con las palabras que todavía no habéis aprendido pero que comprendéis.

**Lerntipp**

Um einen fremden Text zu verstehen, müsst ihr nicht jedes Wort gelernt haben. Oft könnt ihr unbekannte Wörter durch bereits bekannte erschließen. Wie man dies macht, findet ihr auf den Seiten 111–112.

**Ejemplo:**

| | | |
|---|---|---|
| el/la trabajador/a | der Arbeiter / die Arbeiterin | trabajar (sp.), travailler (frz.) |
| protestar | | to protest (engl.), protestieren (dt.) |
| terminar | | terminer (frz.) |
| ... | | |

**MANIFESTACIONES DEL SECTOR INDUSTRIAL**

### Obreros se levantan contra la falta de humanidad

(**Barcelona**) Miles de trabajadores, empleados del sector industrial, se manifestaron ayer por el centro de Barcelona para protestar contra la reducción de empleos. En total quieren despedir a 1.346 trabajadores, es decir, cerca del 2 % de las personas que trabajan en este sector.
La manifestación empezó a las cinco de la tarde en la Plaza de España y después de recorrer la Gran Vía, terminó en la Plaza de Cataluña. Al terminar la marcha, los hermanos Muñoz del grupo de música Estopa, ex-trabajadores de SEAT, participaron también en la manifestación y leyeron un manifiesto en la Plaza de Cataluña.

**b** Ahora escuchad el texto del cedé. En grupos o con toda la clase apuntad la información y las palabras que todavía no conocéis pero que ya habéis entendido.

**c** Escuchad de nuevo la grabación e intentad entender más. Completad los apuntes del ejercicio 10b con ayuda de las preguntas de la casilla:

• ¿quién(es)? • ¿qué? • ¿dónde? • ¿cuándo? • ¿por qué?

## Música en Barcelona: Los Estopa

### Mediterráneo

Quizá porque mi niñez
sigue jugando en tu playa
y escondido tras las cañas
duerme mi primer amor,
llevo tu luz y tu olor
por donde quiera que vaya,
y amontonado en tu arena
guardo amor, juegos y penas.

Yo,
que en la piel tengo el sabor
amargo del llanto eterno
que han vertido en ti cien
pueblos
de Algeciras a Estambul,
para que pintes de azul
sus largas noches de invierno.

A fuerza de desventuras
tu alma es profunda y oscura.
A tus atardeceres rojos
se acostumbraron mis ojos
como el recodo al camino.

Soy cantor, soy embustero,
me gusta el juego y el vino,
tengo alma de marinero.

¿Qué le voy a hacer si yo
nací en el MEDITERRÁNEO?
Nací en el MEDITERRÁNEO.
[...]



**Estopa**

Los hermanos David y José Muñoz son de Cornellà, una ciudad cerca de Barcelona, hijos de emigrantes andaluces. Trabajaban en la fábrica de automóviles SEAT hasta que en el año 2000 grabaron su primer disco. Actualmente son uno de los grupos más famosos de España.

**a** Buscad las frases correctas e indicad *(gebt an)* las palabras de la canción que lo justifican *(bestätigen)*.

1. El «yo» de la canción nació en el Mediterráneo.
2. Es marinero.
3. El «yo» se siente muy triste porque ha vivido cosas malas en esta región.
4. Está muy contento porque nació en esta región y tiene muy buenos recuerdos de su niñez.
5. Al «yo» de la canción no le gusta el Mediterráneo porque los inviernos son duros.

**b** Elegid uno de estos dos ejercicios:

1. Haced un dibujo que corresponde al texto de la canción y describidlo. Elegid un título y explicad por qué lo habéis escogido.
2. ¿Qué dice el grupo «Estopa» sobre el mar y sobre su región / ciudad y qué piensa Pablo sobre Roses? Comparad el texto de la canción Mediterráneo con el texto de la unidad «Pablo en Roses» (pág. 10).

**quizá** vielleicht – **la niñez** die Kindheit – **esconder (-ie-)** verstecken, verbergen – **tras las cañas** hinter den Halmen – **el olor** der Geruch, Duft – **por donde quiera que vaya** wohin auch immer ich gehe – **amontonar** anhäufen – **la arena** der Sand – **la pena** der Kummer – **tengo el sabor amargo del llanto eterno** ich trage den bitteren Geschmack des endlosen Weinens – **verterse (-ie-)** schütten – **para que pintes de azul** damit du blau färbst – **a fuerza de desventuras** durch das Unglück – **el alma** die Seele – **profundo, -a** tief – **el atardecer** die Abenddämmerung – **acostumbrarse** sich gewöhnen – **el recodo** die Biegung – **el embustero** der Lügner – **¿Qué le voy a hacer?** *hier:* Was kann ich dafür?

## Un fin de semana en Barcelona

**a** Toda la clase va a pasar un fin de semana en Barcelona.
Preparad la visita y haced un plan. En grupos de cuatro, buscad al menos cinco lugares de Barcelona. Escribid un pequeño texto informativo sobre cada uno e indicad qué hay que ver y por qué queréis ir.

**Ejemplo:**

Las Ramblas

La Sagrada Familia

Port Vell

*Aquí hay las Ramblas. Es una serie de calles de 1.5 km de largo, que comienza en la Plaza de Cataluña y termina en el Portal de la Pau. Es el punto de encuentro en Barcelona y hay bares, restaurantes y vendedores de libros, flores y artesanía …*

**b** Hablad con alumnos de otros grupos y proponedles vuestro plan. Cada alumno tiene que encontrar a otros dos con los mismos intereses.

**So kann ich auf Spanisch …**

| … einen Vorschlag machen | … zustimmen | … ablehnen |
|---|---|---|
| • ¿Tienes ganas de …? | • Vale. | • Es que … |
| • ¿Qué te parece si …? | • De acuerdo. | • Lo siento, pero … |
| • ¿Por qué no …? | • Buena idea. | • La verdad es que no me interesa … |
| • ¿Te apetece …? | • ¡Genial! | |
| • ¿Qué te interesa más? | • ¡Qué bien! | |
| | • Es una idea muy buena. | |
| | • La idea me gusta. | |
| | • A mí me interesa más… | |
| | • A mí no me interesa tanto … | |

**c** Elegid una de estas dos tareas:

1. Habéis vuelto de Barcelona. Ahora escribid una carta a un amigo y contad: ¿Qué tal fue el viaje? ¿Qué visteis? ¿Qué os pareció más interesante?
2. Haced un dibujo del sitio o monumento de Barcelona que más os ha gustado y explicad por qué. Escribid los argumentos.

# Los dioses de los incas

Pablo y Carme acaban de salir de la biblioteca donde han buscado información para el trabajo que Pablo quiere escribir sobre Perú.

—Oye, Pablo, la verdad es que Perú es un país interesantísimo, hay muchos temas para tu trabajo: civilizaciones antiguas, ciudades coloniales, la naturaleza … ¿ya sabes sobre qué quieres escribir?
—Todavía no lo sé, pero tiene que ser algo bueno y muy especial … He encontrado algo sobre el lago Titicaca, la Isla del Sol y la Isla de la Luna. Éstos eran los sitios más sagrados para los incas. También hay información sobre mitos. ¿Qué te parece?
—Puede ser un tema muy bueno. A ver, déjame leer.

## LOS DIOSES DE LOS INCAS

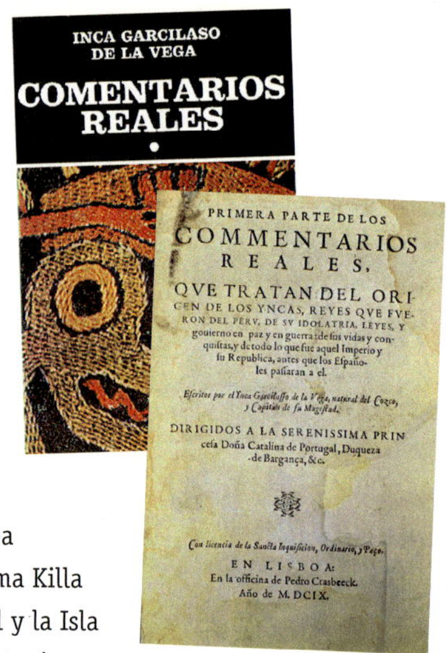

El Inca Garcilaso de la Vega, hijo de un capitán español y una princesa inca, nació en Cuzco en 1539. Había aprendido tanto el castellano como el quechua. Como los incas no tenían escritura, Garcilaso fue el primero que escribió sobre esta cultura en el libro «Comentarios Reales». Allí está también el mito sobre el origen de los incas:

Los pueblos de Perú tenían un dios creador, Viracocha. Su mujer se llamaba Mama Qucha (madre Mar) y tuvieron un hijo, Inti (el Sol), y una hija, Mama Killa (la Luna). Dos islas del lago Titicaca recibieron sus nombres, la Isla del Sol y la Isla de la Luna. Eran hermanos y esposos y los padres de todos los incas. Ellos tuvieron también un hijo que se llamaba Manco Capác, y una hija, Mama Ocllo, que también eran, al mismo tiempo, hermanos y esposos. Por eso era también tradición entre los reyes incas casarse con sus hermanas.

**un dios** ein Gott – **los incas** die Inkas – **un lago** ein See – **una isla** eine Insel – **la luna** der Mond – **sagrado, -a** heilig – **un mito** ein Mythos – **un capitán** ein Hauptmann (*Dienstgrad*) – **el quechua** una lengua indígena – **la escritura** die Schrift – **el origen** el principio – **el dios creador** der Schöpfergott – **una mujer** eine Frau – **los esposos** die Eheleute – **un rey** ein König

El dios Sol, Inti, que había visto que los hombres vivían como animales, envió al lago Titicaca a sus hijos Manco Capác y Mama Ocllo, para civilizar a la gente. Les dio a sus hijos una vara de oro y les dijo: «Golpead la tierra con la vara de oro y ésta va a desaparecer en el lugar donde tenéis que fundar una ciudad».

Los dos hermanos fueron por todas las regiones y golpeaban el suelo con la vara. Allí donde Manco Capác había golpeado, aparecían plantas y animales que eran buenos para los hombres. Además, Mama Ocllo les enseñaba cómo usar las cosas que aparecían y otras, como la agricultura o hacer ropa. Un día llegaron a un valle y allí la vara se hundió al primer golpe y desapareció para siempre. Llamaron a la gente para fundar allí una ciudad y le dieron el nombre de Cuzco, que significa «ombligo del mundo».

—La verdad, Pablo, sobre esto puedes hacer un trabajo muy interesante.
—Sí,… ¿no te parece un poco difícil?
—Venga, yo te ayudo a buscar información en Internet y en la biblioteca…, ¿vale?
—Eres un sol, Carme.

**casarse con alguien** jdn. heiraten – **civilizar a alguien** jdn. zivilisieren – **una vara de oro** ein Goldstab – **golpear algo** etw. schlagen – **desaparecer (-zco)** verschwinden – **fundar algo** etw. gründen – **aparecer (-zco)** erscheinen – **una planta** eine Pflanze – **la agricultura** die Landwirtschaft – **un valle** la tierra entre una montaña y otra – **hundirse** entrar en la tierra o el agua y desaparecer – **un golpe** ein Schlag – **el ombligo** der Nabel

## 1 Los dioses de los incas

**a** Terminad estas frases con la información del texto.

- Perú es un país interesantísimo, hay …
- El Inca Garcilaso de la Vega era hijo de un … y una …
- Garcilaso hablaba tanto castellano como …
- Viracocha era un …
- Mama Qucha era su …
- Inti y Killa eran hermanos y …
- El Titicaca es un …
- En el Titicaca hay dos …

**b** Haced ahora vosotros al menos cinco frases como las anteriores sobre el texto «Los dioses de los incas» y después dádselas a un compañero / una compañera para terminarlas.

## 2 Eso es cuando …

Con la ayuda del siguiente cuadro y el de la página 38, describid los siguientes dibujos y decid qué parte del texto «Los dioses de los incas» ilustran.

| | | |
|---|---|---|
| El dibujo muestra | la escena<br>el momento<br>el lugar | cuando<br>en que …<br>donde |

## 3 Teatro: El valle de Cuzco o la leyenda de Manco Capác y Mama Ocllo

Los mitos son la tradición oral de un pueblo. Los incas no tenían escritura, por eso contaban o representaban los mitos.

**a** Ahora vosotros: haced un diálogo de los dos últimos párrafos de «Los dioses de los incas» y representadlo en clase. Haced una lista de los personajes. También podéis dejar hablar a un narrador y a la gente del pueblo. Podéis empezar así:

Narrador:

*Hace mucho, mucho tiempo, en un lugar de Perú, que no sabemos dónde está, vivía el dios Sol con sus dos hijos: Manco Capác y Mama Ocllo. Un día estaba muy preocupado y llamó a sus hijos para hablar con ellos …*

**b** Con el diálogo completo, repartid los papeles y representad la obra. ¿Qué grupo ha hecho la mejor versión? ¿Por qué?

# En Perú

## 1 Creo que está

**a** Mirad las fotos del programa Ruta Quetzal que piensa hacer Pablo en verano y relacionadlas *(verbindet sie)* con las frases.

A

B

C

D

E

F

1. En las zonas altas la vida es difícil.
2. La fauna y flora de Perú es muy diversa.
3. La ciudad de Cuzco fue la antigua capital del Imperio inca.
4. En Perú podemos encontrar sitios arqueológicos como el famoso Machu-Picchu.
5. A la costa de Perú llegan las frías aguas de la corriente de Humboldt.
6. En el Amazonas sólo vive el 11% de los peruanos.

**b** ¿Dónde creéis que se encuentran los diferentes lugares?

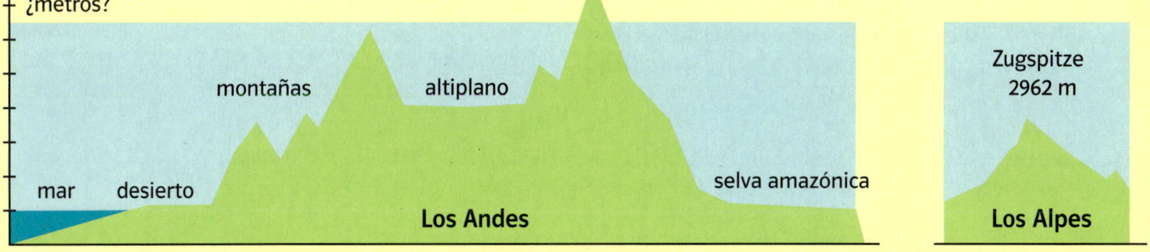

## 2 ¿Qué dice el horóscopo?

**a** Mirad las predicciones *(Vorhersagen)* de los doce signos zodiacales *(Sternzeichen)*. Pablo es Libra. ¿Qué predicción podéis relacionar con él?

ARIES (21/3 - 20/4)

TAURO (21/4 - 21/5)

GÉMINIS (22/5 - 21/6)

CÁNCER (22/6 - 22/7)

LEO (23/7 - 23/8)

VIRGO (24/8 - 23/9)

LIBRA (24/9 - 23/10)

ESCORPIÓN (24/10 - 22/11)

SAGITARIO (23/11 - 22/12)

CAPRICORNIO (23/12 - 20/1)

ACUARIO (21/1 - 19/2)

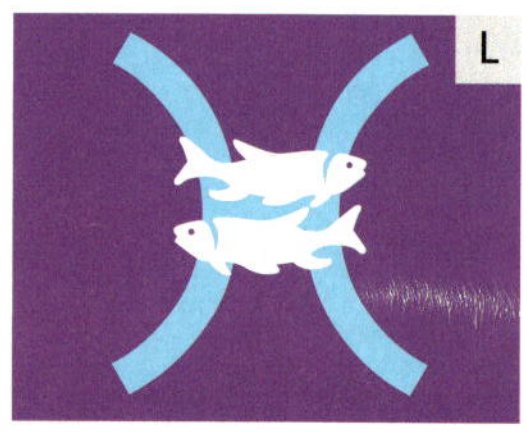

PISCIS (20/2 - 21/3)

1. Tus amigos te regalarán algo que te encantará.
2. El dinero continuará siendo uno de tus problemas en las próximas semanas.
3. Querrás cambiar tu vida y encontrarás la forma de hacerlo.
4. Recibirás una carta a la que no podrás responder.
5. Una persona a la que conoces muy bien se sentirá triste porque te vas.
6. Pensarás mucho en tu chico / chica pero decidirás bien.
7. Una amiga te contará algo de tu novio / novia que no te gustará demasiado.
8. Alguien de la familia necesitará toda tu ayuda en los próximos meses.
9. Tendrás muchos problemas, pero sabrás encontrar el camino.
10. Muy pronto harás un viaje a un país donde conocerás a muchos amigos.
11. Tu nuevo trabajo te dará muchas alegrías.
12. Encontrarás el amor de tu vida, pero no será fácil.

**b** Escuchad ahora el horóscopo en la radio y relacionad en vuestros cuadernos signo con predicción. ¿Habéis acertado *(erraten)* la predicción para Pablo?

**c** ¿Qué signo zodiacal creéis que es Carme? Explicad vuestra respuesta.

# La carta de bienvenida

Pablo entra en el bar, ve a Carme que está tomando un café y se acerca a ella.

**Pablo**: Hola, Carme. ¡Estás preciosa!

**Carme**: Hola, Pablo. No te he visto llegar. Ya sé que me dices preciosa para animarme, porque sabes que estoy algo triste porque te vas a Perú.

**Pablo**: No es verdad. Pienso que eres muy guapa y con esa camiseta estás todavía más guapa. Además, sólo estaré allí cuatro semanas. No te darás ni cuenta.

**Carme**: Claro que me voy a dar cuenta. Cuatro semanas es casi todo el verano.

**Pablo**: ¿Piensas que yo no te voy a echar de menos? Es un poco triste separarnos ahora, pero ...

**Carme**: Bueno ... ¿No era tu sueño ir a Perú? ¡Qué envidia me das! Será una experiencia fantástica para ti, y si nos escribimos muchos e-mails el tiempo pasará más rápido.

**Pablo**: Mira, traigo la carta de bienvenida que me han mandado y unos folletos.

Estimado Pablo:

Quisiera darte la bienvenida como becario de nuestro programa «Ruta Quetzal» e invitarte a ti y a tus padres a una reunión el próximo día 15 en Barcelona para informaros de todos los detalles.

Aquí tienes un resumen del itinerario:

El grupo de jóvenes españoles saldréis el día uno de julio del aeropuerto de Madrid a las 11:35 de la mañana con destino a Lima. En Lima os reuniréis con los demás participantes de los otros países. También estarán allí los guías que os acompañarán estas semanas. Conoceréis la capital del país y algunos de sus museos.

Desde Lima todos juntos haremos viajes que nos llevarán a las diferentes regiones del país. Primero iremos en autobús por la Panamericana hacia el norte, a la ciudad colonial de Trujillo. Allí podremos ver las ruinas de Chan-Chan y si lo deseáis, podréis ir a la playa. Regresaremos a Lima y desde allí el grupo partirá otra vez en autobús hacia el sur, a Nazca, donde veremos las famosas líneas del desierto. Más tarde viajaremos a la bella ciudad de Arequipa y desde allí el viaje continuará en avión a Juliaca, cerca del lago Titicaca, donde tendremos oportunidad de visitar sitios arqueológicos como Sillustani. De allí saldremos en tren por el altiplano andino para Cuzco, la antigua capital del Imperio inca, y visitaremos las famosas ruinas de Machu-Picchu entre otras. Desde Cuzco volaremos a Puerto Maldonado, en la selva amazónica, donde pasaremos unos días antes de regresar a Lima.

Durante el viaje habrá visitas guiadas y talleres de diversos tipos: sobre la economía andina, alimentos tradicionales, flora y fauna, el imperio inca y la población indígena de hoy.

Nuestro vuelo de regreso a Madrid saldrá el 29 de julio a las 20:30 de la noche.

Si tienes alguna pregunta, puedes llamarnos en todo momento.

Un cordial saludo y hasta pronto.

*Andrea Lagoa Borreiros*

Dirección del programa académico

**Carme**: Las fotos del folleto son fenomenales. Te lo vas a pasar muy bien. Ya verás. Mira, también hay fotos de playas.

**Pablo**: Sí. Si el agua no está muy fría, me podré bañar. Pero, ¿sabes?, el agua del mar en Perú es más fría que la del Mediterráneo porque la corriente de Humboldt trae el agua de la Antártida.

**Carme**: No lo sabía. Tienes que hacer muchas fotos para después enseñármelas.

**Pablo**: Claro. Si puedo llevar la cámara digital, incluso te puedo mandar algunas fotos por e-mail.

**Carme**: Sí, ... pero si te veo con alguna peruanita, te vas a enterar, guapo.

**Pablo**: Carme, ¿qué cosas dices? Sólo me interesa una persona ...

**Carme**: Ah, pues tu horóscopo dice otra cosa para el mes de febrero ...

## 1 La Ruta Quetzal

**a** En el itinerario de Ruta Quetzal de abajo hay algunos errores *(Fehler)*. Leed otra vez la carta que la dirección del programa le ha mandado a Pablo y buscad los errores en el mapa.

**Lerntipp**

Hilfestellungen dazu, wie ihr aus einem Text Details möglichst genau heraussuchen könnt, findet ihr auf den Seiten 112-113.

**b** Contestad las preguntas: ¿Qué ideas tienen Pablo y Carme para poder continuar con su relación *(Beziehung)* mientras él está en Perú? ¿Tenéis vosotros alguna más?

¿Qué quiere decir Carme con «si te veo con alguna peruanita, te vas a enterar, guapo» (l. 56/57 del texto de la unidad).

## 2 Una alemana en Perú

**a** Leed este texto sobre la científica *(Wissenschaftlerin)* María Reiche.

**Maria Reiche**

Maria Reiche wurde 1903 in Dresden geboren. Nach ihrem Studium der Mathematik, Physik und Geographie ging sie 1932 nach Cuzco und wurde Hauslehrerin für die Kinder des deutschen Konsuls. Zwei Jahre später zog sie nach Lima. Dort verdiente sie sich ihren Lebensunterhalt als Englischlehrerin und als Bedienung in einem Café. In dieser Zeit lernte sie den Amerikaner Dr. Kosok kennen. Von ihm erfuhr sie von den seltsamen Bodenlinien in der Wüste bei Nazca, die von einem Urvolk vor vielen Jahrhunderten erzeugt worden waren. Die erste Zeichnung, die sie im Juni 1946 erkennen konnte, stellte eine Spinne[1] dar. Nach und nach entdeckte sie immer mehr Figuren, deren Erforschung ihr ganzes Leben veränderte. Ihrem Engagement verdanken wir, dass die Nazca-Linen 1995 von der UNESCO zum Kulturerbe der Menschheit[2] erklärt wurden. 1998 starb die Wissenschaftlerin im Alter von 95 Jahren.

**b** Imaginad que estáis con unos compañeros y compañeras de Ruta Quetzal que os preguntan por la vida de Maria Reiche. Contádsela con vuestras palabras.

## 3 Ser o no ser (§ 19)

**a** Mirad las fotos. ¿Qué diferencia creéis que hay entre *ser guapa* y *estar guapa*?

**b** Buscad en el texto las frases con *ser* y *estar* que llevan el mismo adjetivo y explicad los significados.

**c** Mirad los dibujos, formad frases con *ser / estar* + adjetivo y explicad por qué creéis que es / está así.

A

- aburrido, -a
- gordito, -a
- delgado, -a
- tranquilo, -a
- nervioso, -a

B

C

[1] una araña – [2] Patrimonio de la Humanidad

## 4 ¿Cómo será el viaje? (§ 20)

Pablo habla con Marc sobre su próximo viaje a Perú. En parejas completad el diálogo con las formas del futuro simple.

**Marc**

Así que este verano **(pasar – tú)** cuatro semanas en Perú. ¡Qué suerte, chico!

Pues, sí. ¡Te **echaré** de menos, chaval!

¿De verdad? A ver, cuéntame cómo **(ser)** el viaje. ¿**(viajar – tú)** solo hasta Perú?

No, no, **iré** con el grupo de españoles. **Nos reuniremos** en Madrid y desde allí **volaremos** a Lima.

¿Y qué **(hacer – vosotros)** en Perú?

Bueno, **haremos** visitas culturales y también **habrá** talleres sobre diferentes temas del país.

¿**(Visitar – vosotros)** Machu Picchu?

¡Claro! Y después nos **llevarán** a la selva amazónica.

¡Qué envidia me das! **(Conocer – tú)** a mucha gente …

Sí, pero no **podré** estar con Carme.

Ah, no te preocupes por Carme; no **(tener – ella)** ningún problema. Yo **(ocuparse)** de ella.

¿Tú? Entonces la **llamaré** todos los días, y a ti también. ¡A ver si me quitas la novia!

Tranquilo, no pienso quitarte la novia. Oye, y con tanta visita cultural, ¿**(salir – vosotros)** por ahí a divertiros?

Ya **veremos**, pero espero que sí.

¿Y qué día **(regresar – tú)**?

**Llegaré** a Figueres el 1 de agosto.

¡Genial! Porque el 3 es mi cumpleaños y así **(poder – nosotros)** reunirnos todos los amigos.

Por mí, vale. ¡Te **traeré** un regalo de Perú que te **encantará**!

**Pablo**

Así que este verano **pasarás** cuatro semanas en Perú. ¡Qué suerte, chico!

Pues, sí. ¡Te **(echar)** de menos, chaval!

¿De verdad? A ver, cuéntame cómo **será** el viaje. ¿**Viajarás** solo hasta Perú?

No, no, **(ir – yo)** con el grupo de españoles. **(Reunirse – nosotros)** en Madrid y desde allí **(volar – nosotros)** a Lima.

¿Y qué **haréis** en Perú?

Bueno, **(hacer)** visitas culturales y también **(haber)** talleres sobre diferentes temas del país.

¿**Visitaréis** Machu Picchu?

¡Claro! Y después nos **(llevar – ellos)** a la selva amazónica.

¡Qué envidia me das! **Conocerás** a mucha gente …

Sí, pero no **(poder – yo)** estar con Carme.

Ah, no te preocupes por Carme; no **tendrá** ningún problema. Yo **me ocuparé** de ella.

¿Tú? Entonces la **(llamar – yo)** todos los días, y a ti también. ¡A ver si me quitas la novia!

Tranquilo, no pienso quitarte la novia. Oye, y con tanta visita cultural, ¿**saldréis** por ahí a divertiros?

Ya **(ver – nosotros)**, pero espero que sí.

¿Y qué día **regresarás**?

**(Llegar – yo)** a Figueres el 1 de agosto.

¡Genial! Porque el 3 es mi cumpleaños y así **podremos** reunirnos todos los amigos.

Por mí, vale. ¡Te **(traer – yo)** un regalo de Perú que te **(encantar)**!

**Lerntipp**

Achtet beim Vorlesen von Partnerbögen und Lektionstexten immer darauf, dass ihr die Sätze so betont, dass die Zuhörer den Sinn richtig erfassen können. Lest nicht zu schnell und macht Sprechpausen bei Kommas und am Satzende. Mehr Tipps dazu findet ihr auf der Seite 118.

## 5 ¿Qué pasará con Pablo y Carme? (§ 20)

**a** ¿Qué creéis que pasará entre Pablo y Carme? Mirad las fotos y formulad hipótesis.

**b** ¿Qué otras hipótesis podéis formular sobre la relación *(Beziehung)* entre Pablo y Carme?

## 6 Una madre preocupada (§ 21)

**a** La madre de Pablo está muy preocupada *(besorgt)* por el viaje de su hijo a Perú y ha llamado a la directora del programa Ruta Quetzal para hacerle algunas preguntas sobre el viaje. Escuchad la conversación.

**b** Completad las oraciones con la información de la conversación.

1. Si Pablo llega tarde al aeropuerto y pierde el avión, …
2. …, perderá el avión.
3. Si los familiares quieren hablar con sus hijos en Lima, …
4. …, no correrán ningún riesgo.
5. Si algún chico tiene problemas de salud, …
6. Si tiene algún accidente y se rompe un brazo o una pierna, …
7. …, necesitará llevar algo de dinero.

| | |
|---|---|
| cubrir los gastos | die Kosten decken |
| facturar el equipaje | das Gepäck abfertigen |
| perder (-ie) el avión | das Flugzeug verpassen |
| correr riesgos | Gefahr laufen |
| la enfermedad | die Krankheit |
| atender (-ie) | behandeln |
| la salud | die Gesundheit |
| romperse un brazo o una pierna | den Arm oder das Bein brechen |
| perder el dinero (-ie) | das Geld verlieren |
| robar | stehlen |
| regresar sano y salvo | heil und gesund zurückkehren |

**Lerntipp**

Beim Hörverstehen konzentriere dich darauf, was du erkennen kannst, und versuche den Rest sinnhaft zu rekonstruieren.

## 7 ¿Qué será, será?

¿Cómo creéis que serán vuestras vidas en 5 y 15 años? Escribid frases sobre los diferentes temas e intercambiad después la información con vuestro compañero / vuestra compañera. ¿Tenéis las mismas predicciones?

**Temas**
- estudios[1] / profesión
- familia
- amigos
- viajes
- otros temas

[1] **los estudios** das Studium

## El Perú y su gente

**a** Carme tiene mucha curiosidad *(Neugier)* por saber cómo es Perú. Ha estado buscando en Internet y ha encontrado esta información:

BUSCAR

Buscar todo al sit

**Sobre el Perú**

**El Perú y su gente**
- Presentación
- Información General
- Comunicaciones
- Geografía
- Historia
- Patrimonio de la Humanidad – UNESCO

Ciudades y Destinos

Circuitos Turísticos

**¿Dónde quisiera ir?**

**¿Qué quisiera hacer?**

**Planifique su viaje al Perú**

**Multimedia**

### Información General

**Extensión.** 1.285.215 km². Después de Brasil y Argentina, Perú es el país con mayor extensión territorial en América del Sur. Ocupa el lugar número 20 en la lista de países más extensos del mundo.

**Población.** El Perú tiene más de 27.000.000 de habitantes. La población es resultado del mestizaje entre indios nativos y españoles colonizadores. Esta mezcla la enriquecen las migraciones de africanos, asiáticos y europeos. Por ello, se puede decir que la gran riqueza étnica es una característica importante del Perú.

**Lengua.** Debido a su riqueza cultural, en el Perú coexisten varias lenguas nativas. Además del español, que es la lengua de uso común, el quechua, herencia del pasado inca, es hablado en algunas regiones. Hay otros dialectos como el aymara (Puno) y también diversas lenguas amazónicas.

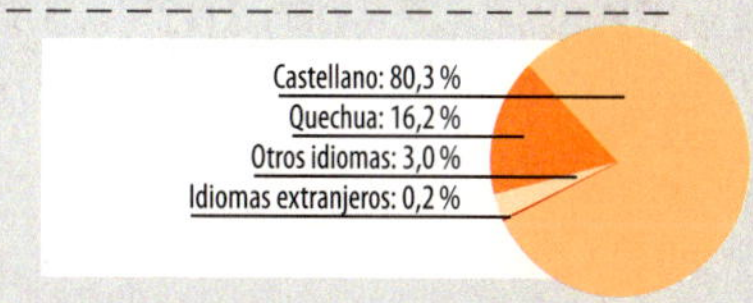


**Gobierno.** El Perú es una república democrática. Cada cinco años se elige presidente y miembros del Congreso por votación universal.

**Moneda.** El Nuevo Sol es la moneda oficial del Perú, se divide en 100 céntimos.

Fuente de los datos: www.peru.info/peru.asp

**b** Mirad los diagramas de sectores y explicadlos a la clase.

| | |
|---|---|
| 80,3 % | El ochenta coma tres por ciento de los peruanos … |
| 16,2 % | Más del dieciséis por ciento de los peruanos … |
| 0,2 % | Menos del uno por ciento de los peruanos … |

**Distribución de la población según el medio habitado:**

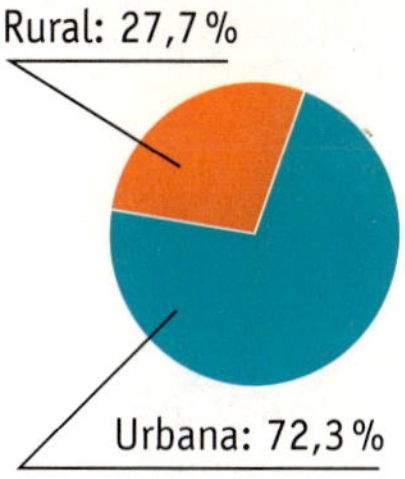


**Edad de la población:**

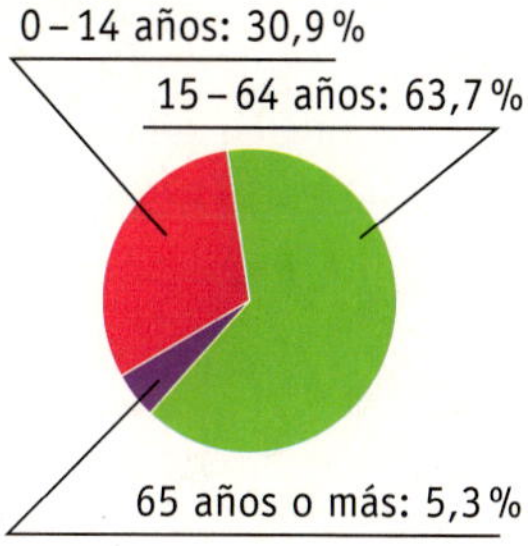


**Ocupación de la población:**

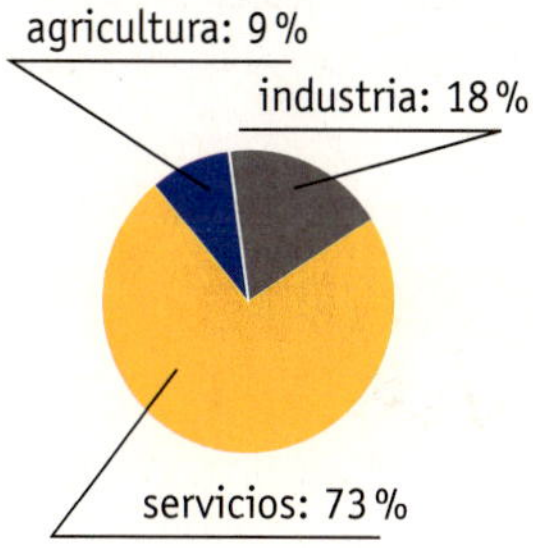


**Nivel de alfabetismo con 15 o más años:**

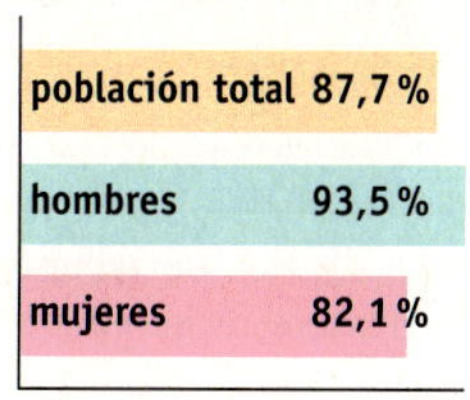


Fuente: www.peru.info (2006)

## 1 Otros países

**a** Haced una lista de aspectos sobre Perú que os parecen importantes (por ejemplo lugares turísticos, población, alfabetismo …).

**b** Comparad estos aspectos con vuestro país de origen (*Herkunftsland*). Buscad datos y estadísticas. Presentad las diferencias a toda la clase.

## 2 Una ruta por la zona*

**a** Imaginaos que tenéis que preparar una ruta turística por vuestra zona para un grupo de chicos y chicas de la clase de Pablo que quiere visitaros. Decidid:
- cómo y cuándo llegarán a vuestra zona
- el número de días que estarán entre vosotros
- el itinerario que seguirán y los lugares de interés que visitarán (ciudades, museos, sitios arqueológicos …)
- los medios de transporte *(Verkehrsmittel)* que usarán
- los talleres que podrán hacer sobre vuestra zona

**b** Escribid una carta al grupo de España con un resumen del itinerario que harán por vuestra zona.

**c** Elegid uno o varios de los talleres de vuestra carta, escribid un resumen del contenido *(Inhalt)* y presentad después vuestras ideas a la clase.

**So kann ich auf Spanisch …**

**… einen Brief beginnen**
- Estimado,-a … :
- Os mandamos un resumen del itinerario …
- Quisiera / Quisiéramos informaros de los detalles …

**… mich verabschieden**
- Si tenéis alguna pregunta, podéis llamarnos en todo momento.
- Un cordial saludo y hasta pronto.
- Atentamente (*Abschlußformel wie mit freundlichen Grüßen*)

**… Informationen strukturieren**
- Primero …
- Despúes …
- Más tarde …
- (De / Desde) allí …

**… die Monatsnamen nennen**
- enero, febrero, marzo, abril, mayo, junio, julio, agosto, septiembre, octubre, noviembre, diciembre

**… über eine Reise sprechen**
- El vuelo saldrá del aeropuerto de … con destino a …
- El grupo partirá de …
- El viaje continuará …
- Regresaremos a …
- El vuelo de regreso saldrá …
- Visitaremos … / Tendremos la oportunidad de visitar …
- Pasaremos unos días en …
- Habrá visitas guiadas a …

**… Sehenswürdigkeiten benennen**
- la capital
- un museo
- un monumento
- un sitio arqueológico

**… die Himmelsrichtungen angeben**
- Hacia el norte / sur / este / oeste

*Dieser *Taller* ist in Bayern obligatorisch.

# El último paraíso

## Las Islas Galápagos

En América Latina hay muchos parques nacionales y reservas naturales, por ejemplo las Islas Ballestas y el Parque Nacional Manu en Perú, el Parque Nacional Canaima en Venezuela, el Cañón del Sumidero en México o las Islas Galápagos que pertenecen a *(gehören zu)* Ecuador. Para visitar los parques nacionales hay reglas que tienen que respetar *(befolgen)* los turistas.

**a** Leed los imperativos negativos y relacionadlos con los símbolos (A–H).

1. No toque los animales.
2. No haga ruido.
3. No deje basura en la isla.
4. No dé de comer a los animales.
5. No acampe en la playa.
6. No salga del camino.
7. No lleve mascotas.
8. No haga fuego.

**b** Decid cuáles son los infinitivos que pertenecen a los imperativos.

**c** Escuchad la conversación entre un guía y un turista que visita las Islas Galápagos e indicad de qué símbolos hablan.

**d** ¿El guía menciona más prohibiciones *(Verbote)* que no aparecen entre los símbolos? ¿Cuáles son?

# No creo que tengáis problemas

Pablo está chateando hoy con Álvaro, un amigo de Internet que vive en Madrid y que estuvo en Perú hace un año. Álvaro nota que Pablo no está hoy muy comunicativo.

**CHAT** INICIO USUARIOS SALAS AYUDA

> El_cuy_veloz: ¿Qué te pasa, chaval? Hoy te veo muy poco animado. ¿Ya no tienes ganas de ir a Perú?

> Quetzal_16: Sí ... y ése es el problema. Estoy tan contento que sólo hablo del viaje y ... bueno ... hoy he discutido con mi chica. Ella quiere que pase más tiempo con ella, que salgamos, que veamos películas juntos ... pero yo ahora no tengo tiempo con los preparativos para el viaje, y ella dice que sólo me interesa el viaje ... esas cosas. Pero no es cierto. Es que estoy algo excitado y un poco nervioso. Perú está tan lejos ... y es todo tan nuevo. Y ahora tengo miedo de que las cosas vayan mal entre nosotros.

> El_cuy_veloz: No te preocupes. Es que la chica piensa en ti y ya te echa muchísimo de menos, pero seguro que se alegra de que tú participes en este programa. Con respecto al viaje no tengas miedo. Perú es un país precioso, y la gente es amabilísima. Además los guías os darán muchísima información y si tienes algún problema te van a ayudar.

> Quetzal_16: ¿El país es peligroso?

> El_cuy_veloz: Hombre, no creo que tengáis problemas, si tenéis un poco de cuidado. No andéis solos ni os separéis de los guías, porque a veces hay robos, como en todas partes donde hay muchos turistas. Nosotros no tuvimos ningún problema. Al contrario, la gente me pareció muy amable.

> Quetzal_16: ¿Y el dinero? ¿Llevo euros o soles?

> El_cuy_veloz: No creo que consigas soles aquí en los bancos. Mejor lleva unos dólares para los primeros días, los aceptan en todas partes, pero no lleves billetes grandes, porque en las tiendas o bares son un problema. Los billetes pequeños los puedes cambiar más fácilmente. Para el resto del tiempo lleva tu tarjeta, hay cajeros automáticos en todas las ciudades grandes.

> Quetzal_16: Entonces ¿tú te lo pasaste bien cuando estuviste y no tuviste problemas, no?

> El_cuy_veloz: Me lo pasé genial. Sólo en los Andes tuve «soroche», es decir, problemas con la altitud: me sentía cansado, dormía fatal y tenía dolores de cabeza. Espero que tú no tengas ese problema. Por si acaso, no lleves equipaje pesado en las excursiones y bebe mucha agua, pero no la bebas del grifo, mejor siempre de botella, para evitar enfermedades. Tienes que tener también cuidado con la comida. Uno de los chicos del grupo compró comida en un puesto de la calle y estuvo malo varios días con vómitos y diarreas y tuvimos que llevarlo al hospital.

> Quetzal_16: ¿Por qué? ¿Es la comida tan mala?

> El_cuy_veloz: No, no es eso. No creo que el problema sea la comida sino que nuestros estómagos no están acostumbrados a ciertos alimentos ni a los condimentos que usan allí. La comida es rica, aunque tiene nombres muy raros: ceviche, anticucho, pachamanca y cosas así, y tienes que preguntar qué es. Lo peor es cuando nos dieron cuy, es decir, conejillo de indias. Yo pensaba todo el tiempo en mi pobre conejillo Mariachi, y ese día no pude comer.

> Quetzal_16: Prefiero que no me digas esas cosas. A mi chica le gustan mucho los animales. Si sabe que me van a dar eso de comer, ya no me deja ir. Por cierto, a la vuelta, voy a estar en Madrid. ¿Qué te parece si nos vemos?

> El_cuy_veloz: Claro, me encantará. Así me cuentas qué tal tus aventuras en Perú. Permanecemos en contacto ¿vale? Y no discutas más con tu novia, chaval.

QUETZAL_16 C N S A ENVIAR CANCELAR

Claro, un abrazo. |

Pablo se levanta y se dirige al dueño del cíber.
—Oiga, perdone, ¿cuánto le debo?
—Son 80 céntimos.
—Tenga y muchas gracias. Adiós.

## 1 ¿En qué piensa Pablo?

Conocéis a un alemán / una alemana que quiere viajar a Perú. Resumidle en alemán los consejos *(Ratschläge)* que le da Álvaro a Pablo.

**Lerntipp**

Ihr könnt auch per Chat Spanisch üben. Dazu braucht ihr spanischsprachige Freunde. Auf folgender Seite werden eTandems aus der ganzen Welt vermittelt:

www.slf.ruhr-uni-bochum.de

## 2 Sentimientos

Deducid del texto cómo se sienten Pablo y Carme. Separad la información en dos columnas. A la izquierda poned cómo está Pablo y a la derecha cómo creéis que está Carme. En parejas, comparad vuestras ideas.

## 3 ¿De qué me acuerdo?

**a** En dos minutos, ¿quién consigue anotar más palabras sobre Perú? Haced una lista.

**b** Comparad vuestras listas. ¿Quién tiene más?

**c** Completad vuestras listas con las ideas de vuestros compañeros / vuestras compañeras.

**d** Separad las ideas por temas y dadle un título a cada grupo.

## 4 Nos vamos de viaje (§§ 22, 24)

**a** Marc también quiere ayudar a Pablo. Ha encontrado una lista de consejos en Internet y se la pasa a Pablo. Poned los verbos en imperativo negativo como en el ejemplo.

**Ejemplo:** separarse del grupo → No te separes del grupo.

1. viajar sin vacunas
2. salir solo por la noche
3. olvidar llamar a casa
4. beber agua del grifo
5. dejar en casa una buena guía del lugar
6. llevar mucha ropa
7. tirar basura en la montaña
8. olvidar los papeles del seguro médico
9. cambiar dinero en la calle
10. sacar fotos de la gente sin preguntar

**b** ¿Qué consejos necesitan los extranjeros que quieren ir a vuestro país de origen o a Alemania? Trabajad en parejas y haced una lista. Pensad, por ejemplo, en el modo de saludarse, la comida, el tiempo, los medios de transporte, etc. Usad imperativos afirmativos y negativos.

## 5 Diferentes puntos de vista *(Standpunkte)* (§§ 22, 23)

Pablo y Carme hablan por teléfono sobre el viaje, pero tienen opiniones diferentes. ¿Qué argumentos tienen? En parejas, formad tres frases con *creer que…* y *no creer que…* para cada uno.

**Ejemplo:**
Pablo: Creo que todo va a ir bien.
Carme: No creo que las cosas vayan bien entre nosotros.

- ir bien / mal
- conocer a otra gente
- escribir muchos e-mails
- olvidarse de mí / ti
- hablar por teléfono
- tener tiempo para pensar
- enamorarse de …
- tener nuevos amigos
- tener problemas con …
- poder hacer otras cosas
- echarse de menos

## 6 Madre e hija (§ 23)

Mirad los dibujos y contestad las preguntas.

1. ¿Por qué está Bea enojada *(verärgert)*?
2. ¿Creéis que la madre es muy dura con Bea? Justificad vuestra opinión.
3. ¿Creéis que la relación entre madre e hija es buena? ¿Por qué?

[1] **portarse bien** sich gut benehmen – [2] **fumar** rauchen – [3] **arreglar algo** etw. aufräumen – [4] **referirse a algo** sich beziehen auf

## 7 La vida de Orfeo (§ 23)

¿Qué siente el perro Orfeo en estas situaciones? Formad frases con subjuntivos.

Se alegra de que …

Tiene miedo de que …

Quiere que …

Espera que …

Prefiere que …

## 8 La llamada (§ 23)

Pablo se va pronto a Perú y ya está preparando las maletas. Carme está muy triste y por eso llama a su amiga Montse. En parejas haced el diálogo.

| Carme | Montse |
|---|---|
| Carme begrüßt Montse. Sie sagt, sie kann nicht mehr und muss mit jemandem reden. | Montse fragt sie, was los ist. |
| Carme möchte, dass Pablo in Spanien bleibt. | Montse ist erstaunt. Sie findet, dass die Reise eine tolle Gelegenheit für Pablo ist. Sie glaubt nicht, dass Carme das von ihm verlangen kann. |
| Carme weiß das. Sie freut sich darüber, dass Pablo nach Peru fährt, aber sie hat auch Angst, dass er dort ein anderes Mädchen kennenlernt. | Montse beruhigt sie. Sie meint, dass Pablo sehr verliebt in Carme ist. Außerdem sagt Carme ja immer, dass sie möchte, dass Pablo glücklich ist. Montse hofft, dass die beiden nicht mehr streiten werden. |
| Carme hofft das auch. Sie sagt, dass ihre Gefühle sehr stark sind und möchte, dass Pablo versteht, dass sie sehr nervös ist. Sie fragt Montse, ob sie ihr helfen könnte, mit Pablo zu sprechen und ihm das zu erklären. | Montse sagt, dass sie Carme versteht, aber es ist ihr lieber, dass Carme allein mit Pablo spricht. |

## 9 Te vas muy lejos (§ 23)

**a** Vuestro mejor amigo o amiga se va al extranjero a pasar un año de intercambio. Tenéis miedo de perder la relación por la distancia. No puede quedar con vosotros porque tiene muchas cosas que hacer, así que decidís mandarle un e-mail. Usad frases con verbos que expresan:

- emociones *(alegrarse de que, tener miedo de que)*
- deseos *(querer que, esperar que, preferir que)*
- opiniones *(no creer que, no pensar que, no me parece que)*

**b** En parejas haced una lista de las ventajas y los inconvenientes *(Vor- und Nachteile)* de las amistades a distancia.

**c** Reuníos en dos grupos. Un grupo presenta las ventajas, el otro los inconvenientes. Haced un debate en clase entre los dos grupos.

## 10 ¿Es eso español?

El año pasado Álvaro viajaba en un autobús en Perú cuando una peruana con un niño se sentó a su lado y empezó a hablar.

Buscad en un diccionario (monolingüe u «online» en la página www.rae.es) el significado de las palabras en negrita *(fettgedruckt)*. ¿En qué países se usan y qué significan en cada país? ¿Cuál es su origen?

**La señora**: Ay, ¡dios mío!, ¿viste cómo **maneja** el chofer? Es cosa de locos. Vamos a terminar en esa **chacra** de **zapallos**. Así no le puedo dar su **palta** a la **guagua** porque se me va al suelo y el chofer dice siempre: «No **boten** su basura dentro del autobús». Oye, muchacho, no sé cómo puedes llevar esa **chompa**. Con este calor puedes **sancochar** un huevo en el autobús.
**Álvaro**: Perdone, señora, no entiendo nada.
**La señora**: No eres de acá, ¿verdad?
**Álvaro**: No, soy español.
**La señora**: Ay, perdón, ¡qué **roche** me da! Pero, ya sabes, el castellano son cien lenguas en una. ¡Qué **chévere**!, ¿verdad?

**El español de Perú**

En Perú, así como en los otros países latinoamericanos, hay muchas palabras que no se usan en España. Estas palabras muchas veces provienen de lenguas indígenas, como por ejemplo del quechua en el caso de Perú.

**Lerntipp**

Im Internet könnt ihr eine Reihe von Spanischwörterbüchern finden und Wörter online abfragen, wie z. B. das einsprachige Wörterbuch der Real Academia de la Lengua Española (www.rae.es). Lest mehr zum Umgang mit Medien auf den Seiten 110 – 111.

## 11 Padre e hijo (§ 25)

Pablo habla con su padre sobre Carme y el viaje. El padre le da consejos *(Ratschläge)*. ¿Qué dice? Completad el diálogo con el comparativo o superlativo de los adverbios de la casilla.

- fácilmente
- rápidamente
- bien
- mal
- mucho
- tranquilamente

**Padre**: Hola, Pablo. ¿Qué tal?
**Pablo**: Pues, la verdad no muy bien: me siento mal porque Carme y yo hemos discutido.
**Padre**: Parece que cada vez vais 1. Pero, tranquilo, si piensas un poco en otras cosas, te sentirás 2.
**Pablo**: Es que no sé si me lo va a perdonar.
**Padre**: Si le regalas algo, te perdonará 3.
**Pablo**: Faltan dos semanas para el viaje, pero el tiempo no pasa.
**Padre**: Si ayudas en casa, el tiempo pasará 4.
**Pablo**: Creo que Carme me quiere mucho y no quiero que esté triste.
**Padre**: Si no te ve durante un tiempo, te va a querer 5 todavía.
**Pablo**: No puedo estar tranquilo. Los días parecen cada vez más largos.
**Padre**: Si haces más deporte, vas a poder prepararlo todo 6.
**Pablo**: Ay, papá, tú y tus consejos... pareces un viejo ...

## 12 Clase de geografía

**a** Mirad este mapa de Latinoamérica y escuchad el texto del cedé. Fijaos bien en los símbolos e identificad los países. Apuntad en vuestro cuaderno los números de los países y sus nombres. Después corregid vuestra lista con ayuda del mapa al final del libro.

**b** En parejas, decid un símbolo a vuestro compañero / vuestra compañera. Él / ella dice en qué país se encuentra sin mirar el mapa.

**c** Mirad el mapa al final del libro. Leed los nombres de las capitales de los países latinoamericanos. Después elegid una capital, decidla a vuestro compañero / vuestra compañera y él / ella dice a qué país pertenece sin mirar el mapa.

**d** Haced lo mismo con el mapa de Europa y la lista de las páginas 189–190.

## 13 Frutas, verduras, carnes ...

**a** Formad cuatro grupos y buscad fotos e información sobre frutas, verduras, bebidas y carnes de Perú.

**b** Imaginaos que sois peruanos y que tenéis estudiantes de intercambio en casa. Los estudiantes hacen preguntas sobre la comida peruana y los peruanos contestan.
Empieza el grupo de las frutas y hace el papel de los peruanos. El resto de la clase son los estudiantes.
Después continúa el próximo grupo ...

A la quinua

B el ají

C la guanábana

D la papaya

E el tomate de árbol

F el ceviche

G la yuca

H el maíz

I la Inca Kola

J el olluco

**c** ¿Qué consejos en cuanto a *(bezüglich)* la comida le dais a un alemán que va al extranjero o a Latinoamérica?

## 14 Enfermarse en el extranjero

Completad la siguiente noticia de periódico con ayuda del vocabulario que aparece en la casilla:

| | | | | | |
|---|---|---|---|---|---|
| **un hospital** | ein Krankenhaus | **un paciente** | ein Patient | **el soroche** | die Höhenkrankheit |
| **un médico** | ein Arzt | **el dolor** | der Schmerz | **la diarrea** | der Durchfall |
| **una enfermera** | Krankenschwester | **doler (-ue-)** | weh tun | **la gripe** | die Grippe |
| **una enfermedad** | eine Krankheit | **una vacuna** | eine Impfung | **una medicina** | eine Medizin |
| **enfermarse** | krank werden | **vacunarse** | s. impfen lassen | **un síntoma** | ein Symptom |

### El soroche vuelve a crear problemas a los turistas ...

(LIMA) Cinco turistas llegan al 1 de la capital con 2 de soroche. Una 3 ha informado que llegaron con 4 de estómago y 5 después de haber subido a montañas más altas que las de sus países de origen. Los 6 siempre dicen que hay que informar mejor a los turistas porque cada año hay más casos como este. Se 7 más turistas por mal de altura[1] que por no haberse 8. El soroche es, junto con la 9, una de las 10 que más 11 causan[2] a los turistas en sus vacaciones en nuestro país, por falta de información o por no tomar en serio los primeros 12 de 13. ☐

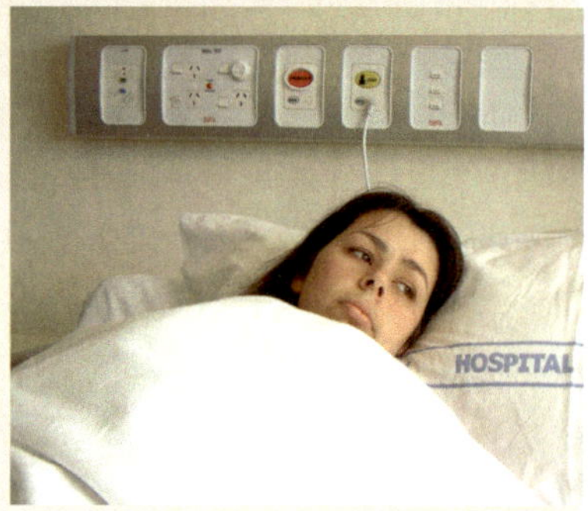


## 15 En el hospital

Estáis en un hospital en Perú. Trabajad en parejas y simulad un diálogo entre un médico y un paciente con la ayuda de las palabras de los dibujos y las siguientes instrucciones:

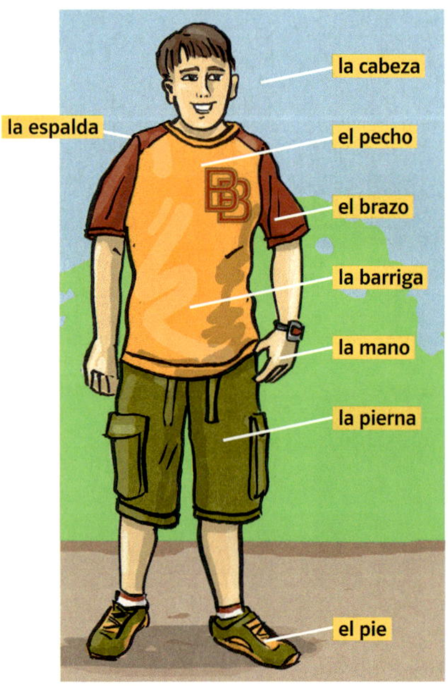

**El médico**: Hace preguntas sobre la enfermedad del paciente y le da consejos (en imperativos).

**El paciente**: Describe la enfermedad y expresa su preocupación (tengo miedo de que ... / no creo que ...)

[1] **el mal de altura** die Höhenkrankheit
[2] **causar algo** etw. verursachen

## No hagas esto, no hagas aquello

# Rubén

Traga Rubén no brinques Rubén sóplate Rubén no te orines en la cama Rubén no toques Rubén no llores Rubén estate quieto Rubén no saltes en la cama Rubén no saques la cabeza por la ventanilla Rubén no rompas el vaso Rubén, Rubén no le saques la lengua a la maestra Rubén no rayes las paredes Rubén di los buenos días Rubén deja el yoyo Rubén no juegues trompo Rubén no faltes al catecismo Rubén amárrate la trenza del zapato Rubén haz las tareas Rubén no rompas los juguetes Rubén reza Rubén no te metas el dedo en la nariz Rubén no juegues con la comida no te pases la vida jugando la vida Rubén.

Estudia Rubén no te jubiles Rubén no fumes Rubén no salgas con tus compañeros Rubén no te pelees con tus amigos Rubén, Rubén no te montes en la parrilla de las motos Rubén estudia la química Rubén no trasnoches Rubén no corras Rubén no ensucies tantas camisetas Rubén saluda a la comadre Paulina Rubén no andes en patota Rubén no hables tanto, estudia la matemática Rubén no te metas con la muchacha del servicio Rubén no pongan tan alto el tocadiscos Rubén no cantes serenatas Rubén no te pongas de delegado de curso Rubén no te comprometas Rubén no te vayas a dejar raspar Rubén no le respondas a tu padre Rubén, Rubén córtate el pelo, coge ejemplo Rubén.

Rubén no manifiestes, no cantes el Belachao Rubén, Rubén no protestes profesores, no dejes que te metan en la lista negra Rubén, Rubén quita esos afiches del cheguevara, no digas yankis go home Rubén, Rubén no repartas hojitas, no pintes los muros Rubén, no siembres la zozobra en las instituciones Rubén, Rubén no quemes cauchos, no agites Rubén, Rubén no me agonices, no me mortifiques Rubén, Rubén modérate, Rubén compórtate, Rubén aquiétate, Rubén componte.

Rubén no corras Rubén no grites Rubén no brinques Rubén no saltes Rubén no pases frente a los guardias Rubén no enfrentes los policías Rubén no dejes que te disparen Rubén no saltes Rubén no grites Rubén no sangres Rubén no caigas.

No te mueras, Rubén.

*Luis Britto García – Caracas, Venezuela*

Luis Britto García. «Rubén», en: *Abrapalabra*. La Habana: Casa de las Américas, 1979.

## 1 La vida de Rubén

**a** Escribid un pequeño texto y contad qué ha pasado en la vida de Rubén. Comentad cada párrafo del texto y contestad estas preguntas.
- ¿Cuántos años tenía Rubén?
- ¿Dónde estaba?
- ¿Qué problemas tenía?

**Lerntipp**

Haltet euch nicht bei einzelnen Wörtern auf, die ihr nicht versteht, sondern versucht grob den Inhalt zu erfassen. Mehr Tipps zur Texterschließung findet ihr auf den Seiten 112 – 113.

**b** En grupos de cuatro leed vuestros textos en voz alta y comparad vuestras ideas.

## 2 Imperativos y más imperativos

**a** Contestad estas preguntas para cada párrafo del texto.
- ¿Quién habla?
- ¿En qué situación hablan estas personas con Rubén?
- ¿Por qué le prohiben *(verbieten)* tantas cosas?

**b** Discutid el final del texto. ¿Pensáis que Rubén va a morir? Y si no, ¿cómo continúa su vida?

Elegid una de las siguientes tareas:

## 1 Un intercambio

Imaginad que vuestro instituto participa en un programa de intercambio con Perú.

**a** En grupos elaborad un folleto informativo para la clase. Seguid los pasos siguientes:
1. Elegid una ciudad para el intercambio (por ejemplo Trujillo, Lima, Cuzco, Arequipa).
2. Informaos sobre la ciudad (población, clima, atractivos turísticos).
3. Haced una lista de consejos para vuestra clase.

**b** Presentad vuestros proyectos en clase. ¿Qué grupo tiene el mejor proyecto?

## 2 Esmeralda

*Esmeralda (15)*

Me llamo Esmeralda y tengo 15 años. Vivo en un pueblo de la Amazonía, en Perú. Me gusta mucho vivir en la selva. No he viajado mucho, pero no puedo imaginarme un paisaje más bonito que el que veo desde mi casa. Mi madre me ha enseñado que la Amazonía es muy rica y tiene todo lo que las personas necesitamos para vivir, también me dice que si no la cuidamos y no respetamos su ritmo, la selva puede acabar desapareciendo.

Hay muchas empresas madereras en la zona que talan los árboles para hacer muebles; parece ser que las maderas de aquí son muy valoradas en Europa y en Estados Unidos. Creo que talan demasiado deprisa y los árboles tardan muchos años en volver a crecer.

En: *Perú, Comercio justo, Medio ambiente.* Solidaridad Internacional. Fundación Española para la cooperación: 2002, pág. 2.

**a** Leed el texto con la ayuda de un diccionario, si es necesario. Para ayudar a Esmeralda, preparad una campaña de información de la importancia de los árboles en la Amazonía.

**b** Presentad vuestros proyectos en clase. ¿Qué grupo tiene el mejor proyecto?

### So kann ich auf Spanisch ...

**... Ratschläge geben und Regeln aufstellen**
- Para informarse sobre los monumentos del lugar, hay que llevar una guía.
- Es importante tener cuidado con la comida.
- Cuidado con los mosquitos.
- Si vais a la selva, no salgáis del camino.
- Si queremos ayudar a mejorar la situación, tenemos que informar a la gente.

**... auf Probleme hinweisen**
- El problema es que ...
- Hay que saber que ...
- Tenemos que darnos cuenta de que ...
- Queremos informaros sobre ...

**... meine Meinung äußern**
- Creo que ...
- Pienso que ...
- Me parece que ...
- Es verdad que ...

*+ indicativo*

- No creo que ...
- No pienso que ...
- No me parece que ...
- No es verdad que ...

*+ subjuntivo*

# La Ruta Quetzal en Perú

A

## Ruta Quetzal en Perú …

- ¡Disfruta de un estupendo y maravilloso viaje por toda Sudamérica!
- Tendrás la posibilidad de conocer Perú y a los peruanos.
- Conocerás la Patagonia chilena y la población indígena del lugar.
- Te proponemos un programa educativo amplio y muy interesante.
- Estudiaremos los problemas económicos de los diferentes países del mundo.
- Te invitamos a diferentes talleres sobre el terrorismo en Europa.
- Una fantástica forma de conocer a jóvenes de todo el mundo.
- Convivirás durante cuatro semanas con chicos y chicas de diferentes países.
- Nuestros monitores te ayudarán en todo momento.
- Porque es fundamental buscar puentes entre los jóvenes de Latinoamérica.
- Una nueva perspectiva de Perú y el mundo.
- Vivirás una aventura que no olvidarás.

*¡Ven a vivirla!*

B

C

D

E

F

### Un programa educativo

**a** Leed la información del folleto sobre la Ruta Quetzal. Buscad un sinónimo para las palabras y frases de la casilla.

**b** Cuando el redactor escribió el folleto, hizo algunas cosas mal. Buscad las frases y las fotografías que **no** son del programa Ruta Quetzal en Perú.

- vivir con otras personas
- fantástico (¡hay dos!)
- un guía
- poder (hacer algo)
- región que está entre Argentina y Chile
- muy importante
- con muchos temas diferentes, talleres, excursiones …
- (los) chicos
- para la educación

# Deseos y expectativas

Los chicos de Ruta Quetzal ya están en Lima. Están todos reunidos y miran con atención al monitor que les habla.

Ismael (29), España

Doris (16), Alemania

Pablo (16), España

—Hola, chavales. Bueno, me voy a presentar brevemente: me llamo Ismael, soy de Valencia, tengo 29 años y soy uno de los monitores de este año. Quiero, antes de nada, daros la bienvenida y agradeceros que estéis hoy aquí tan temprano. Como somos un grupo grande y vamos a convivir durante las próximas semanas, no creo que sea mala idea conocernos. De modo que os voy a pedir que os presentéis y que digáis vuestros nombres, de dónde sois, por qué habéis querido participar y cuáles son vuestras expectativas. ¿Quién quiere empezar? ¿Empiezas tú?

—Vale. Mi nombre es Doris, vengo de Alemania y tengo 16 años. Para mí este viaje es una aventura, una forma de hacerse adulto e independiente. También es fundamental hoy en día que los jóvenes aprenden …perdón, aprendan otro idioma y viajar es la mejor forma, pero es difícil que la gente joven pueda realizar un viaje de este tipo por su cuenta. A mí personalmente me interesa la población indígena, qué piensan y cómo ven el mundo. Además es posible que programas como éste … cómo se dice … sean un puente entre culturas, que hagan desaparecer las fronteras y que terminen con los prejuicios.

—Bueno, mi nombre es Pablo. Soy español, de un pequeño pueblo de Cataluña. También tengo 16 años y, vaya, desde pequeño estoy fascinado con Perú. Este viaje me pareció fantástico, ya que tiene un programa educativo muy amplio, y eso me parece importante, pues no sólo es necesario que la gente viaje, sino también que conozca la cultura de los demás. En mi pueblo hay muchos turistas y me molesta que no se interesen por nuestra cultura y no sepan ni dos palabras en español o catalán. Es normal que quieran disfrutar de la playa, pero, no sé, me parece importante que hagan un poco de esfuerzo por entender a la gente que vive allí. Espero que nosotros tengamos la posibilidad de conocer el país y a su gente.

—Hola, me llamo Diego y soy peruano, limeño, más concretamente. Tengo 15 años. A mí me interesa conocer mejor mi propio país. Es que hay muchísimos lugares en los que nunca estuve y me parece estupendo que lo haga con jóvenes de otros países. Me encanta que la gente se interese por Perú. En Sudamérica mucha gente piensa que en Perú sólo hay indígenas pobres, ya que sólo conocen a la gente que emigra. Bueno, no creo que todo sea perfecto en Perú; hay muchos problemas económicos y antes teníamos problemas con el terrorismo, pero creo que Perú tiene cosas maravillosas y me alegro de que las podamos visitar todos juntos y de que veamos mi propio país desde otra perspectiva.

Diego (15), Perú con una pluma de quetzal

Cecilia (16), Chile

—Mi nombre es Cecilia y soy de Puerto Aisén, en la Patagonia chilena, al sur del país, y tengo 16 años. Me alegro mucho de que haya gente de tantos países aquí y… bueno, yo he venido porque quiero conocer a gente nueva, de otros países y otras formas de vivir y pensar. Y sí, es verdad lo que dice Diego. Los peruanos que conozco en Chile son mujeres indígenas que trabajan como empleadas de hogar y que tienen fama de hacer una comida riquísima. Pero es una lástima que la gente joven no nos conozcamos ni sepamos mucho los unos de los otros aunque somos países vecinos.

## 1 Sobre los participantes

**a** Haced unas fichas *(Kärtchen)* como ésta para los otros chicos del diálogo y completadlas con la información del texto.

Nombre: Doris
País: Alemania
Edad[1]: 16 años
Por qué hace la Ruta: para vivir una aventura, para aprender otro idioma
Intereses: la población indígena, qué piensan y cómo ven el mundo
Expectativas: RQ como puente entre culturas, contra[2] fronteras y prejuicios

**b** Contestad las preguntas:
1. ¿Qué (no) hacen muchos turistas que visitan Figueres?
2. ¿Qué cuenta Diego sobre Perú?
3. ¿Qué hacen muchas mujeres indígenas peruanas que emigran a Chile?

## 2 Un poco de vocabulario (§ 28)

**a** Contestad las preguntas. ¿Cuál es / cuáles son …
- los sustantivos de *famoso* y *posible*?
- los verbos de *deseo* y *necesario, -a*?
- el adjetivo para una persona de la ciudad de Lima?

**b** Escribid cinco palabras y preguntad a vuestro compañero / vuestra compañera cuáles son los sustantivos / verbos / adjetivos correspondientes.

c Escribid una frase o un pequeño texto con las palabras de los ejercicios 2a y 2b. ¿Quién de vosotros consigue usar el mayor número de palabras?

## 3 ¿Qué es fundamental? (§§ 22, 26)

**a** Transformad las frases del texto del singular al plural y viceversa *(umgekehrt)*.

1. Es difícil que la gente joven pueda realizar un viaje por su cuenta.
2. Es posible que programas como éste sean un puente entre culturas, que hagan desaparecer las fronteras y que terminen con los prejuicios.
3. No sólo es necesario que la gente viaje, sino también que conozca la cultura de los demás.
4. Es normal que los turistas quieran disfrutar de la playa.

**b** Con la ayuda de un dado *(Würfel)* tomad una de las expresiones de la primera columna y formad frases como en el ejemplo.

**Ejemplo:** ⚀ Hoy en día es fundamental que los jóvenes aprendan otro idioma.

| | | |
|---|---|---|
| ⚀ = Es fundamental que …<br>⚁ = Es normal que …<br>⚂ = Es difícil que …<br>⚃ = Es estupendo que …<br>⚄ = Es una lástima que …<br>⚅ = Puede ser que … | el grupo …<br>los jóvenes …<br>los turistas …<br>la gente (joven) …<br>nosotros … | **conocer** la cultura de los demás<br>**aprender** otro idioma<br>**poder** realizar un viaje por su cuenta<br>(no) **saber** qué piensa la población indígena<br>(no) **terminar** con los prejuicios<br>**viajar** a otros países<br>(no) **hablar** el idioma del país<br>(no) **tener** la posibilidad de conocer países nuevos<br>**visitar** lugares nuevos<br>(no) **interesarse** por otras culturas<br>**ver** su propio país desde otra perspectiva<br>**trabajar** en otro país<br>(no) **querer** aprender idiomas |

[1] **la edad** das Alter – [2] **contra** gegen

## 4 Pablo y los turistas (§§ 23, 26)

**a** Mirad los dibujos y formad frases con las expresiones de la casilla.

- alegrarse de que
- encantar que
- molestar que
- parecer importante que
- agradecer que
- pedir que

**b** Pensad en los turistas que visitan vuestro país. ¿Qué (no) os molesta que hagan?

## 5 El debate de Pablo y Doris (§ 26)

Pablo habla con Doris sobre los prejuicios que mucha gente tiene sobre las otras culturas. En parejas completad el diálogo con los verbos en subjuntivo.

| **Doris** |
| --- |
| Es estupendo que **(nosotros, poder)** conocer a tantos chicos de países diferentes, ¿no crees? |
| Sí. Yo me alegro de que Ruta Quetzal nos **dé** la posibilidad de conocer otras culturas para poder entendernos mejor. |
| Tienes razón porque, ¿cómo va a ser posible que la gente **(entenderse)** si no se conoce? No puede ser. |
| Y me parece importante que la gente se **conozca** pronto, quiero decir, ahora que somos jóvenes. Pienso que después es difícil que **cambien** su opinión sobre otras culturas. |
| A mí me molesta mucho que algunos **(decir)** que los alemanes somos esto y lo otro. Cuando les preguntas si han estado alguna vez en Alemania o si conocen a alguien te dicen tranquilamente: «¡Pues, no!». |
| A mí también me molesta que la gente **hable** mal de los catalanes sin conocer a ninguno. |
| Para tener una opinión creo que es fundamental que la gente **(ir)** al país y **(hablar)** con los de ese país, digo yo. Aunque, bueno, ¿qué dicen algunos cuando vuelven de Alemania? «TODOS los alemanes son así, así y así.» |
| Yo creo que es normal que la gente **haga** eso. |
| Claro. Es mucho más fácil. Pero es una lástima que **(ellos, pensar)** que todos somos de la misma forma. ¿No crees? |
| Sí, porque todos somos diferentes a los demás. Y, si te digo la verdad, a mí me encanta que **sea** así. |

| **Pablo** |
| --- |
| Es estupendo que **podamos** conocer a tantos chicos de países diferentes, ¿no crees? |
| Sí. Yo me alegro de que Ruta Quetzal nos **(dar)** la posibilidad de conocer otras culturas para poder entendernos mejor. |
| Tienes razón porque, ¿cómo va a ser posible que la gente **se entienda** si no se conoce? No puede ser. |
| Y me parece importante que la gente **(conocerse)** pronto, quiero decir, ahora que somos jóvenes. Pienso que después es difícil que **(ellos, cambiar)** su opinión sobre otras culturas. |
| A mí me molesta mucho que algunos **digan** que los alemanes somos esto y lo otro. Cuando les preguntas si han estado alguna vez en Alemania o si conocen a alguien te dicen tranquilamente: «¡Pues, no!». |
| A mí también me molesta que la gente **(hablar)** mal de los catalanes sin conocer a ninguno. |
| Para tener una opinión creo que es fundamental que la gente **vaya** al país y **hable** con los de ese país, digo yo. Aunque, bueno, ¿qué dicen algunos cuando vuelven de Alemania? «TODOS los alemanes son así, así y así.» |
| Yo creo que es normal que la gente **(hacer)** eso. |
| Claro. Es mucho más fácil. Pero es una lástima que **piensen** que todos somos de la misma forma. ¿No crees? |
| Sí, porque todos somos diferentes a los demás. Y, si te digo la verdad, a mí me encanta que **(ser)** así. |

## 6 ¿Para qué? (§ 28)

Diego quiere conocer mejor a Cecilia y le pregunta algunas cosas. Completad las preguntas con los pronombres interrogativos de la casilla.

Para qué • Cuántos • Adónde • Dónde • Quiénes • Cómo • Con quién • Cuál • Cuáles

1. ¿ ? fue el viaje de Chile a Perú?
2. ¿ ? kilómetros hay entre Lima y Santiago?
3. En Chile hay ciudades muy interesantes. ¿ ? conoces?
4. ¿ ? está tu equipaje?
5. ¿ ? de tus compañeros es también peruano?
6. ¿ ? compartes la habitación?
7. ¿ ? aprendes alemán?
8. ¿ ? son esos chicos que hablan con Ismael?
9. ¿ ? vamos mañana?

## 7 Prejuicios (§ 19)

**a** Leed los chistes (*Witze*). ¿Qué prejuicios creéis que intentan presentar sobre la gente de Cataluña, de Galicia y del País Vasco? Formulad vuestras respuestas con la ayuda de las palabras de la casilla.

| ☺ | |
|---|---|
| trabajador, -a | fleißig |
| formal | seriös |
| listo, -a | klug |
| liberal | liberal, freiheitlich |
| agradable | angenehm |
| amable | freundlich |
| majo, -a | nett |
| organizado, -a | gut organisiert |
| cariñoso, -a | warmherzig |
| generoso, -a | großzügig |
| divertido, -a | lustig |
| alegre | fröhlich |
| abierto, -a | aufgeschlossen |
| ☹ | |
| vago, -a | faul |
| informal | unzuverlässig; lässig |
| bruto, -a | grob |
| tonto, -a | dumm |
| conservador, -a | konservativ |
| desagradable | unangenehm |
| antipático, -a | unsympathisch |
| desorganizado, -a | schlecht organisiert |
| frío, -a | (gefühls) kalt |
| tacaño, -a | geizig |
| arrogante | arrogant |
| triste | traurig |
| cerrado, -a | verschlossen |

**b** Escuchad la conversación entre Pablo y dos mexicanos, anotad lo que comentan sobre los catalanes, los gallegos y los vascos.

**c** Comparad ahora vuestras respuestas.

**d** ¿Qué más sabéis ahora sobre «levantar piedras»?

## 8 Así nos ven y así somos

Formad grupos de cuatro. Dos de vosotros hacen el ejercicio 8a y los otros dos el 8b.

**a** ¿Cómo creéis vosotros que os ven los extranjeros? ¿Qué piensan de vuestra cultura y de vuestras costumbres *(Gewohnheiten)*? ¿Por qué creéis que piensan así de vosotros?

**b** ¿Cómo creéis que sois de verdad? Definíos con cinco adjetivos.

**c** Comparad ahora las respuestas de 8a y 8b. ¿Podéis confirmar *(bestätigen)* los prejuicios? Justificad vuestras respuestas.

**Tipp**

Lass dich beim Sprechen nicht hemmen, wenn du nicht alles so schnell und perfekt sagen kannst, wie du willst. Und auch nicht, wenn du nicht alles verstehst! Frag einfach nach Erklärungen und Wiederholungen.

## Países diferentes, culturas diferentes

El antropólogo Kalvero Oberg utilizó en 1958 por primera vez el término «choque cultural» para describir las etapas en el proceso de adaptación de una persona a la nueva cultura. Ordenad las etapas de la casilla con la ayuda de la historia del chico alemán en España. Justificad vuestras respuestas.

**A El choque cultural.** Hay malentendidos y conflictos ante la nueva cultura.

**B La aceptación.** La persona está acostumbrada y reacciona de forma neutral, porque ya no siente la otra cultura como nueva.

**C La negociación[1].** La persona trabaja para acercarse a la nueva cultura.

**D La «luna de miel[2]».** La persona ve todo lo nuevo como estupendo.

[1] **la negociación** die Aushandlung
[2] **la luna de miel** die Flitterwochen

## 1 Mi Ruta Quetzal

**a** Imaginaos que sois participantes de Ruta Quetzal. Preparad vuestra presentación según la ficha del ejercicio 1 en la página 74.

**b** Presentaos al grupo. Los compañeros / las compañeras del grupo hacen una ficha en sus cuadernos con vuestra información.

## 2 Países, gentes y costumbres

**a** En grupos de 3 ó 4 haced una lista de los prejuicios que existen sobre los alemanes o sobre la gente de vuestro país de origen *(Herkunftsland)*.

**b** Discutid si los alemanes / la gente de vuestro país son realmente así. Tomad notas.

**c** Discutid sobre qué podéis hacer para evitar prejuicios. Tomad notas.

**d** Cada compañero / compañera de vuestro grupo tiene que ir a otro grupo y presentar vuestras ideas y opiniones.

### So kann ich auf Spanisch ...

**... Notwendigkeit ausdrücken**
- Es fundamental que ...
- Es necesario que ...

*+ subjuntivo*

**... Möglichkeit ausdrücken**
- Es posible que ...
- Puede ser que ...

*+ subjuntivo*

**... Wünsche und Erwartungen ausdrücken**
- Quiero que ...
- Prefiero que ...
- Espero que ...

*+ subjuntivo*

**... Zustimmung oder Ablehnung ausdrücken**
- (No) estoy de acuerdo contigo / con vosotros.
- Yo no creo / pienso eso.
- Yo también / tampoco pienso así / lo mismo.

**... eine Meinung äußern**
Creo que ... *+ indicativo*
No creo que ...
Me parece importante que ... *+ subjuntivo*

**... etwas positiv bewerten**
Es estupendo que ...
Me alegro de que ...
Me encanta que ...
*+ subjuntivo*

**... etwas negativ bewerten**
Es una lástima que ...
Me molesta que ...
*+ subjuntivo*

## 1 Palabras, palabras, palabras …

Buscad en el texto «La ciudad de los Reyes» las palabras para estas definiciones:

- persona que realizó la Conquista, por ejemplo Pizarro
- de hoy
- juntos en un lugar
- el contrario de positivo
- una iglesia muy grande y de gran importancia
- una ciudad muy grande
- el sustantivo de importante
- el sustantivo de fácil

**Lerntipp**

Was ist dein potentieller Wortschatz? Das erfährst du auf der Seite 111.

## 2 La historia de mi país

Azucena cuenta a los chicos muy brevemente la historia de Perú.
Haced un pequeño resumen con los datos que da.

1535

La época precolombina: Cuzco — La conquista: Lima — El virreinato de El Perú

## 3 La advertencia (*Warnung*) de los dioses

Imaginad a un indígena inca antes de la llegada de los españoles. En sueños se le aparece un dios y le cuenta lo que pasará. Haced un pequeño texto con la información que da Azucena. Usad el futuro simple.

«Vendrán unos hombres… »

## 4 ¡Un día impresionante!

Después de la visita a Lima, Pablo quiere contarle sus impresiones a Carme. Escribid un correo electrónico en el que contáis sus impresiones y lo que ha visto. Podéis usar las expresiones de la casilla.

- Me ha gustado que …
- Es impresionante que …
- Es increíble que …
- Es una pena que …
- Es estupendo que …
- ¡Qué interesante que …!
- ¡Qué lástima que …!
- ¡Qué bien que …!
- ¡Es una suerte que …!

# La infraestructura

un tren en Alemania

¿viajar o trabajar?

la «Nariz[1] del Diablo[2]» en Ecuador

un autobús en Ecuador

## Medios de transporte

**a** Contestad las siguientes preguntas:

1. Alemania
- ¿Qué medios de transporte hay en Alemania? ¿Quiénes los usan y por qué los usan?
- ¿En qué medios de transporte viajáis vosotros y cuándo?
- ¿Por qué creéis que viajan y adónde van las personas de la foto B?

2. Ecuador
- ¿Por qué creéis que viajan y adónde van las personas de las fotos C y D?
- ¿Por qué creéis que van las personas de la foto C encima del tren?
- ¿En qué medio de transporte creéis que prefieren viajar los turistas en Ecuador (C o D)?

**b** Ahora, escuchad a este turista que cuenta su viaje en el tren de la foto C, tomad notas y comparad con vuestros comentarios del ejercicio a.

[1] **la nariz** die Nase – [2] **el diablo** der Teufel

# El autobús no llega a Cuzco

Los chicos han pasado tres días en el Valle Sagrado en los Andes peruanos y ahora, por la mañana, regresan a Cuzco. Grizel, una peruana, lleva coqueteando una hora con Pablo.

—¿Te gustaría ver unas fotos? Mira, esta casa tan linda es la de mis papás. Trabajan en la universidad. No somos ricos, pero tenemos plata y quieren que estudie en EE. UU. o en Europa, para que en el futuro tenga un buen trabajo. Yo quiero ir a una ciudad que sea grande y moderna y que esté en la costa. Quizá vaya a Barcelona. ¿Que te parece? Por cierto, ¿tú tienes…

Grizel no termina la frase porque el autobús se ha parado y oyen gritos en la carretera.

—¿Qué pasa? —le pregunta Pablo.

—Hmm, ahorita veremos.

Julio, un monitor, se baja del autobús. Ismael, otro monitor, les habla por el micrófono. «Chicos, un momento. Parece que hay problemas. Julio ha bajado para informarse. Cuando vuelva, sabremos más. Mientras no sepamos qué pasa, no nos vamos a bajar del autobús.»

Pablo se queda mirando por los cristales: junto a la carretera hay un grupo de campesinos, uno con un machete en la mano. Están gritando, pero Pablo no entiende nada porque hablan quechua.

—¿De qué estarán hablando? —pregunta Iñaki, que está sentado detrás de Pablo—. ¿No serán terroristas?, ¿y Julio? ¿Dónde está? Me gustaría saber por qué no ha vuelto ya.

—Iñaki, tranquilo, no te preocupes —le responde Pablo—. Hasta que vuelva, sólo podemos esperar.

En ese momento oyen un ruido enorme, como una explosión. Y a unos cien metros del autobús ven entonces una gran nube de polvo.

—¿Ha sido una bomba? —pregunta Pablo.

—¿Cómo lo voy a saber? —le responde Iñaki, que se va poniendo nervioso.

Ismael les pide que estén tranquilos, pero todos notan que él también está nervioso. Poco después entra un hombre en el autobús. Está sucio, con mucho polvo en la cara, y pregunta:

—¿Hay aquí un médico? ¡Necesitamos a alguien que pueda ayudar!—. Antes de que nadie responda, se va.

Por fin, minutos después, vuelve Julio.

—Bueno, chicos, vamos sentándonos. Para que os tranquilicéis: no ha pasado nada —dice por el micrófono—. El único problema es que, con las lluvias de esta noche pasada, ha habido un desprendimiento de tierras y parte de la carretera ha desaparecido. Por eso no podemos pasar. Tenemos que dar la vuelta.

—¿Y lo que acabamos de oír? ¿No ha sido una bomba? —pregunta Iñaki que ahora está completamente pálido.

—No, no. Para los campesinos, esta carretera es importantísima. Por ella llevan sus productos a Cuzco para venderlos. Por eso un hombre ha intentado pasar con su camioneta cargada de maíz y, claro, ha habido otro desprendimiento de tierra. El hombre está herido, pero no es grave.

Pablo respira aliviado y de repente se da cuenta de que Grizel ha tomado su mano y se aprieta contra él. Entonces la mira y se ponen completamente rojos.

## 1 Diferentes perspectivas

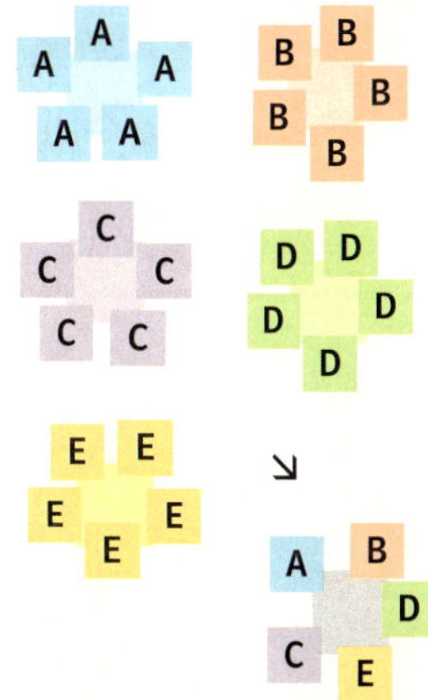


**a** Formad cinco grupos y elegid a una persona del texto por grupo:

Grizel

Pablo

Julio

Iñaki

Ismael

Escribid en una tarjeta un resumen de lo que ha pasado en la carretera desde el punto de vista de vuestro personaje.

**b** Ahora formad nuevos grupos. En cada grupo va un alumno / una alumna de los grupos del ejercicio 1a y representa a su personaje. Contad cada uno al nuevo grupo qué ha pasado desde vuestra perspectiva.

## 2 Diferentes caracteres

Haced una tabla con todos los personajes y escribid cómo pensáis que es el carácter de cada uno. La casilla (aspecto, carácter, estado) de la página 14 os puede ayudar.

## 3 A jugar con el diccionario

**a** Mirad el vocabulario de esta unidad en las páginas 152-155. Trabajad en parejas. Uno / una elige una palabra y la define. El otro / la otra dice cuál es. Podéis usar sinónimos, antónimos, palabras de la misma familia o describir el significado.

**Ejemplo:** Es un sinónimo de «rápido».

**b** Ahora elegid cinco palabras de las unidades anteriores y escribidlas en cinco tarjetas. Por el otro lado de las tarjetas escribid las definiciones. Después trabajad en parejas. Uno / una lee sus definiciones y el otro / la otra dice qué palabras son. Intercambiad las tarjetas con otros compañeros o compañeras y haced lo mismo.

## 4 ¿Qué te gustaría?

Grizel le pregunta a Pablo: «¿Te gustaría ver unas fotos?» (l. 5). En parejas contestad estas preguntas y formad frases con desearía / me gustaría *(+ infinitivo)*:

¿Qué os gustaría hacer hoy por la tarde?
¿Qué os gustaría hacer cuando terminéis el instituto?

## 5 Para que no me olvides (§ 29)

Pablo y Grizel también hablaron sobre sus familias y se contaron sus planes de futuro. ¿Qué dijeron? Formad frases con *para que (+ subjuntivo)* o *para (+ infinitivo)*. ¡Ojo! Para algunas frases hay varias soluciones.

Te voy a mostrar una foto ...
Quiero comprar un jersey ...
Mi primo Mario quiere ir a Berlín ...
Mi padre me dio dinero ...
Mi amigo Álvaro me invitó a Madrid ...
Deseo viajar mucho por Perú ....

\+ para / para que

ponerse contento, -a
conocer la ciudad
comprar cosas en Perú
visitar a una amiga
ver dónde vivo
aprender algo sobre la cultura peruana
regalárselo a mi madre

Mi amiga Noemí quiere viajar a España ...
Mándame una postal de Roses ...
Un día te visitaré ...
Te doy mi dirección de e-mail ...
Mis padres estudiaron Derecho[1] ...
Tengo ganas de vivir en una familia española ...
Europa está muy lejos y se necesita mucha plata ...

\+ para / para que

poder ver si es verdad lo que dices
escribirme
enseñarme tu país
descubrir cómo viven ustedes
pagar el billete de avión
conocer a su amiga de Internet
ayudar a otras personas con problemas

## 6 El terrorismo (§ 29)

**a** ¿Por qué piensa Iñaki que los campesinos son terroristas? Completad el texto con la forma correcta de los verbos de la casilla y observad la conjunción que los acompaña.

Iñaki piensa que ha sido una bomba lo que ha escuchado. Y no se quedará del todo tranquilo hasta que [1] con sus propios ojos qué ha sido. Los otros le hablan para que él [2]. Quizá [3] de situaciones difíciles de su tierra, el País Vasco, que hasta hoy tiene problemas con el grupo terrorista *ETA*. Iñaki, mientras [4] en su tierra, sentirá miedo. En Perú ahora es diferente, ya no hay casi terrorismo. Hasta los años 90 había un grupo terrorista llamado *Sendero Luminoso*. Su idea era cambiar el sistema político de Perú y ayudar a los pobres. Los años ochenta fueron muy duros para Perú porque había mucho terrorismo. Muchos peruanos por eso también sentirán miedo, siempre que [5] algo así. Cuando [6] más tiempo se tranquilizarán.

- pasar
- acordarse
- ver
- pensar
- pasar
- tranquilizarse

**b** ¿Vosotros también estáis preocupados por algo? ¿Tenéis algunos problemas que todavía no podéis resolver? ¿En qué momento se resolverán? Formad cada uno al menos cinco frases con las conjunciones *hasta que, para que, siempre que, mientras, cuando* y *quizá*.

**Ejemplo:** Hasta que no vaya a España, tendré problemas con el uso del pretérito imperfecto.

**c** Si queréis, podéis leer las frases en voz alta y corregirlas.

[1] **Derecho** *(m.)* Jura, Rechtswissenschaften

## 7 Los campesinos (§ 30)

Los campesinos del texto se reúnen para hablar sobre su situación, que quieren mejorar. Primero hacen una lista de lo que tienen. Luego hacen una lista de lo que no tienen y de lo que necesitan. Formad las frases como en el ejemplo.

**Ejemplo:**
Tenemos una camioneta que lleva maíz a Cuzco.
→ No tenemos ninguna camioneta que lleve otros productos.
→ Necesitamos una camioneta que lleve papas, quinua y animales.

1. Tenemos a tres mujeres que venden maíz en el mercado de Cuzco.
   - tener a nadie, vender otros productos
   - necesitar a alguien, ayudar a vender nuestros productos
2. Hay una carretera que pasa por Piquillacta.
   - haber ninguna carretera, pasar por Colquepata
   - necesitar carretera, pasar por Colquepata
3. Vendemos nuestros productos en un mercado que está muy lejos.
   - haber ningún mercado, estar cerca
   - tener que abrir un mercado, estar más cerca
4. Tenemos muchas tierras que son muy buenas para el maíz y la quinua.
   - tener ninguna, ser buena para el olluco
   - necesitar conseguir tierras, ser buenas para el olluco, la papa y otras cosas

**El cultivo en los Andes**

En los Andes hay muchas pendientes muy inclinadas. Allí el cultivo es muy difícil. En el Perú prehispánico los campesinos encontraron la solución: construyeron terrazas para cultivar maíz, quinua, patatas y otras cosas.

## 8 ¿Qué quieren? (§ 30)

Mirad los dibujos y formad frases de relativo con subjuntivo como en el ejercicio 7.
Empezad así: Quiero una casa que …

una casa:
cocina ✓ sala de estar ✓
2 dormitorios ✓ bonita ✓
en Cuzco ✓

A

un coche:
negro ✓ rápido ✓
4 puertas ✓

B

un chico:
ojos marrones ✓
pelo moreno ✓
alto ✓ guapo ✓

C

## 9 Un hombre que me guste … (§ 30)

**a** Mirad los dibujos y contestad las preguntas: ¿Qué tienen que hacer las mujeres según Bea? ¿Qué tienen que encontrar? ¿Para qué tienen que tratar de estar guapas? En grupos, discutid si estáis de acuerdo con la opinión de Bea.

**b** Grizel quiere irse a una ciudad que sea grande y moderna … Bea quiere encontrar a un hombre que le guste. ¿Y vosotros? ¿Qué queréis? ¿Qué necesitáis? Formad frases de relativo como en el ejemplo u otras diferentes y justificad vuestros deseos.

**Ejemplo:** (No) Quiero tener una casa que esté en la playa.

- una casa que
- una ciudad que
- un amigo / una amiga que
- un novio / una novia que
- ningún trabajo que
- un viaje que
- un ordenador que
- …

## 10 El perro de San Roque

**a** Leed estos trabalenguas *(Zungenbrecher)* en voz alta para practicar la pronunciación de la «erre».

*Erre con erre cigarro,*
*erre con erre carril,*
*rápido corren los carros,*
*cargados de azúcar al ferrocarril.*

*El perro de San Roque*
*no tiene rabo*
*porque Ramón Rodríguez*
*se lo ha robado.*

**b** ¿Cuáles de estas palabras se pronunican con «ere» (simple) y cuáles con «erre» (doble)? Pronunciad las palabras y formulad las reglas.

- rato
- morro
- pero
- Ricardo
- padre
- porque
- siempre
- viajar
- divertido
- Enrique
- riesgo
- barrio

**c** Ahora escuchad qué cuenta Rosa de su novio Ramón y anotad las palabras que tengan «erre». Escuchad el cedé varias veces y observad el «seseo» de la chica.

**d** Respondedle a Rosa y usad algunas de las palabras que habéis anotado. En parejas, leed vuestros textos en voz alta y prestad atención a la pronunciación de la «erre».

**La pronunciación en Latinoamérica**

En Latinoamérica las personas pronuncian las letras ‹c› y ‹z› (antes de ‹i› y ‹e›) igual que la ‹s› [s]. Este fenómeno se llama «seseo».
En algunas zonas de América del Sur, por ejemplo en Perú y en Chile, pronuncian además las letras ‹z› y ‹s› antes de una consonante y al final de la palabra como la ‹h› en alemán. Ocurre por ejemplo en palabras como *Cuzco*, *conozco* o *mosquito*.
Además, los latinos pronuncian la ‹j› y la ‹g› de forma más suave que los españoles, por ejemplo en las palabras *Jorge* o *Julio*.

## 11 Consumo responsable

# Visión de Futuro

**Tú puedes hacer mucho**

¿Te has planteado alguna vez cómo se ha fabricado lo que compras? ¿Sabías que la mayoría de nuestros actos tiene un impacto en el medio ambiente? Cuando vas a comprarte algo, ¿te interesa saber quién lo ha producido, dónde y en qué condiciones?

La mayoría de las cosas que utilizamos o consumimos han sido producidas en países diferentes al nuestro: los balones de fútbol en Pakistán, las zapatillas en Malasia, las camisetas en Marruecos, los pantalones vaqueros en Brasil, el walkman en Taiwán… Las empresas fabrican ahí donde la mano de obra es más barata. El dinero que se ahorran en pagar al trabajador o trabajadora lo pueden invertir en grandes campañas de publicidad para que su marca sea conocida en todo el mundo. ¿Te parece justo?

Tú puedes empezar a cambiar las reglas del mercado, siendo consciente de los efectos de tu consumo. A esto se le llama CONSUMO RESPONSABLE.

«Visión de futuro: Tú puedes hacer mucho», en: *Perú, Comercio justo, Medio ambiente.* Solidaridad Internacional. Fundación Española para la cooperación: 2002, pág. 6.

**a** Leed este artículo sobre el consumo responsable *(verantwortungsvoller Konsum)*. Después, resumid el artículo con ayuda de las palabras de la casilla.

| | | | |
|---|---|---|---|
| **el autor, la autora** | der Autor, die Autorin | **un argumento** | ein Argument |
| **el artículo** | der Artikel | **(estar) a favor de algo** | für etw. sein |
| **el texto** | der Text | **(estar) en contra de algo** | gegen etw. sein |
| **el título** | der Titel | **por un lado** | auf der einen Seite |
| **el subtítulo** | der Untertitel | **por otro lado** | auf der anderen Seite |
| **el tema** | das Thema | **el final** | das Ende |
| **el comienzo / el principio** | der Anfang | **la conclusión** | die Schlussfolgerung |
| **un párrafo** | ein Absatz | | |

**b** ¿Tenéis la misma opinión que el autor? Buscad argumentos a favor y en contra de la fabricación de productos en el extranjero y escribid un pequeño texto.

**c** En grupos leed vuestros textos en voz alta y discutid sobre vuestros argumentos.

## 12 Grizel lleva coqueteando una hora (§ 31)

**a** Completad las frases con *quedarse, llevar, ir, seguir* o *continuar*.

1. Los chicos están cansados porque [1] viajando tres horas en autobús.
2. Ha habido un accidente y los chicos [2] poniéndose nerviosos.
3. Los chicos esperan al monitor, pero éste [3] hablando con los campesinos.
4. Oyen un ruido y [4] pensando qué ha pasado.
5. Julio regresa al autobús y los chicos [5] tranquilizándose.

**plantearse algo** sich etw. vorstellen – **un impacto** eine Auswirkung – **una condición** eine Bedingung – **una empresa** ein Unternehmen – **la mano de obra** die Arbeitskraft – **ahorrar algo** etw. sparen – **la publicidad** die Werbung – **justo, -a** gerecht – **responsable** verantwortungsvoll

**b** ¿Qué está pasando en estos dibujos? Comentadlos y usad perífrasis verbales con gerundio.

A

B

C

D

## 13 Un sueño muy raro

Pablo ha soñado con Carme y Grizel y está muy confundido *(durcheinander)*. Por eso entra en un café de Internet de Cuzco para escribirle un e-mail a su amigo Álvaro. Álvaro responde e intenta interpretar el sueño de Pablo.
Leed primero el sueño de Pablo. Después, elegid una de las siguientes tareas. Las palabras de la casilla os pueden ayudar.

**a** Escribid el e-mail de Pablo a Álvaro.

**b** Escribid la respuesta de Álvaro a Pablo.

A lo mejor significa que …
Creo que …
Pienso que …
Cuando veas a Carme/Grizel dile que …
No le digas a Carme/Grizel que …
Quizá no signifique nada.

| | |
|---|---|
| No creo que …<br>Es raro que …<br>Es normal que …<br>Es difícil que …<br>Puede ser que …<br>Es posible que … | *+ subjuntivo* |

*Pablo está otra vez en España y va a Figueres para encontrarse con Carme. Está muy nervioso porque va a ver a Carme por primera vez después del viaje a Perú. Carme lo recibe en la estación de autobús. Pero no está sola. Hay otra chica que la acompaña.*

**Carme:** Hola, Pablo; ven, te presento a una amiga.
**Pablo:** Hola, Carme, ¿cómo estás?

*Pablo saluda a Carme y mira a la otra chica. Tiene el pelo negro y largo y parece latinoamericana. Le parece que ya la ha visto en alguna parte.*

**Carme:** Mira, ésta es Grizel, una amiga mía de Perú.
**Grizel:** Hola, Pablo, ¿cómo estás?

*Pablo la mira confundido. No sabe qué decir. ¿Cómo es posible que Grizel esté en España? ¿Por qué Carme y Grizel se conocen?*

**Pablo:** Hola, Grizel; no entiendo, ¿qué haces tú aquí?
**Crame:** ¿Os conocéis?
**Grizel:** No, no. Yo no lo he visto en mi vida. Pero mira, tu novio se está poniendo muy pálido. ¿Qué le pasa?
**Carme:** No lo sé. Pablo, Pablo, ¿me oyes? Paaaablooooo …

*Y en ese momento Pablo se despierta.*

## El grupo Maná

**Oye Mi Amor**

No sabes cómo te deseo,
no sabes cómo te he soñado,
si tú supieras que me muero,
por tu amor y por tus labios.

Si tú supieras que soy sincero,
y yo soy derecho y no te fallo,
si tú supieras lo que te quiero,
podría darte todo, hasta mis ojos.

Pero tú ya tienes otro,
un tipo frío y aburrido,
un tonto que es un reprimido,
eso no te pega a ti,
no te va…

Oye mi amor,
no me digas que no,
y vamos juntando las almas…
Oye mi amor
no me digas que no,
y vamos juntando los cuerpos…

Conmigo tú alucinarías, como no
Conmigo tú hasta el fin del mundo,
contigo yo me perdería,
contigo yo quiero todo,
y nada a medias…



**Maná**

Maná es un grupo de música mexicano. Hace música de rock duro y música pop, aunque incluye elementos del reggae, del mariachi y del ska. Empezaron a tocar a finales de los años 70, pero entonces se llamaban Green Hat. En 1981 cambiaron su nombre a Sombrero Verde. El nombre de Maná viene de la Biblia y también de la mitología polinesia. Allí «maná» simboliza la fuerza, el poder y el respeto.

## 1 No sabes cómo te deseo

Contestad las siguientes preguntas con verdadero y falso y justificad vuestra opinión.

- El «yo» de la canción está enamorado.
- El «yo» quiere que el «tú» sepa que está enamorado.
- El «yo» muchas veces no dice la verdad.
- El «yo» quiere que el «tú» regrese.
- El «tú» ahora tiene un novio mejor, más interesante e inteligente.

## 2 ¿Qué pensará Grizel?

Grizel ha recibido esta canción de Pablo. La ha escuchado y ahora se pregunta por qué Pablo se la ha dado. ¿Qué creéis que piensa Grizel? Contestad las preguntas y relacionad vuestras respuestas con la canción.

**Ejemplo:** Yo creo que Grizel piensa… porque la canción dice que…

- ¿Por qué Pablo le ha dado esta canción?
- ¿Pablo se identificará con el «yo» de la canción?
- ¿Qué le estará proponiendo Pablo?
- ¿Qué pasará entre Pablo y Grizel después?
- ¿Tendrá Pablo novia en España? Grizel no ha podido preguntarle.

**si tú supieras** wenn du wüsstest – **morirse (-ue-)** sterben – **un labio** eine Lippe – **sincero, -a** ehrlich – **derecho, -a** aufrichtig – **fallar(le) a alguien** jdn. enttäuschen – **reprimido, -a** gehemmt – **eso no te pega a ti** das passt nicht zu dir – **juntar algo** etw. zusammenfügen – **el alma** *(f.)* die Seele – **alucinar** halluzinieren – **perderse (-ie-)** sich verirren – **a medias** halb

Elegid una de las siguientes tareas:

**El Valle Sagrado**

El Valle Sagrado de los Incas está en los Andes peruanos cerca de Cuzco. Su tierra es muy rica y allí se produce el mejor maíz de Perú. Se encuentra entre Pisaq y Ollantaytambo.

## 1 El reportaje del viaje por el Valle Sagrado

**a** ¿Por qué el Valle Sagrado de Perú es interesante para los turistas? Buscad información en la página www.rutaquetzal.com (→ expediciones anteriores → 2005 → itinerario en América) y en otras páginas. Elegid tres aspectos que os parecen importantes.

**b** Por escrito, haced un pequeño reportaje sobre un aspecto del Valle Sagrado para un programa de radio. Después leedlo en voz alta y grabadlo en mp3 o en casete.

Alternativa: Haced una pequeña presentación de PowerPoint y presentadla en clase.

el mercado de Chinchero

**So kann ich auf Spanisch ...**

... auf wichtige Aspekte hinweisen
- Es fundamental / importante que *(+ subjuntivo)*
- Lo más importante es que *(+ subjuntivo)*
- Tenemos que acordarnos siempre de que ...
- No olvidéis que ...
- Estos aspectos son muy interesantes.
- Hay monumentos / ruinas espectaculares en ...

**Lerntipp**

Wie man Referate und Präsentationen sinnvoll gestalten kann, könnt ihr auf den Seiten 116 – 117 nachlesen.

## 2 Una carta de amor

Carme ha notado que Pablo le escribe siempre sobre Grizel. También nota que no está tan cariñoso *(zärtlich)* con ella como al principio. Carme quiere saber la verdad y le escribe una carta a Pablo para provocarlo. Le habla de su nuevo amigo simpatiquísimo (Marc, el amigo de Pablo de la Unidad 4). Inventad esta carta.

## 3 Una canción de amor

Grizel está interesada en Pablo y quiere mostrarle que lo quiere. Por eso intenta escribir una canción de amor para él. ¿Qué escribe? Escribid una pequeña canción de amor. Las palabras en la casilla os pueden ayudar.

**So kann ich auf Spanisch über Gefühle sprechen**

- Me gustaría verte.
- Desearía estar contigo ahora.
- Te echo de menos.
- Te quiero mucho.
- Te necesito a mi lado.
- Quédate un poco más.
- Necesito verte / hablar contigo.
- ¡No me olvides!
- Es difícil hablar sobre eso, pero ...
- Quiero que sepas que ...
- Me molesta que *(+ subjuntivo)*
- Te agradezco mucho que *(+ subj.)*
- Es estupendo que *(+ subjuntivo)*
- Para mí es muy importante que *(+ subj.)*

# El test de una revista

## ¿Le gustas?

**a** Grizel piensa en Pablo y hace este test. ¿Qué creéis que contesta? Imaginad que sois Grizel y contestad en su lugar. Después contad los puntos y leed el resultado abajo en la página. ¿Habéis llegado todos al mismo resultado? Discutid por qué o por qué no.

### ¿Le gustas? HAZ EL TEST PARA SABER SI SE INTERESA TAMBIÉN POR TI.

**1** ¿Cuál es vuestra relación?
- **A** Compañeros de clase.
- **B** Amigos.
- **C** Una vez fuimos algo más que amigos.

**2** ¿Se pone rojo/-a cuando le hablas?
- **A** A veces.
- **B** Sí, rojísimo/-a.
- **C** Nunca.

**3** ¿Tiene tu número de móvil?
- **A** Sí. Me lo pidió él mismo / ella misma.
- **B** Sí. Se lo pidió a un amigo/una amiga, pero nunca me ha llamado.
- **C** Creo que no.

**4** ¿Habéis quedado alguna vez?
- **A** Sí, y solos.
- **B** Sí, pero con toda la peña.
- **C** Nunca.

**5** ¿Flirtea contigo?
- **A** Siempre que me ve.
- **B** Sí, pero también con todos/-as mis amigos/-as.
- **C** No.

**6** ¿Os gusta la misma música?
- **A** No. No tenemos los mismos gustos.
- **B** Sí. Tenemos el mismo grupo preferido.
- **C** No sé qué música le gusta.

**7** Si tú llevas unos pantalones nuevos, él/ella …
- **A** dice que le gustan mucho.
- **B** no se da cuenta.
- **C** te mira pero no dice nada.

**8** ¿Tiene una foto tuya?
- **A** Sí, me la hizo con el móvil.
- **B** No, es imposible.
- **C** Tenemos una foto de grupo juntos.

**9** ¿Tiene novio/-a?
- **A** Sí, tiene novio/-a.
- **B** Coquetea con todos/-as.
- **C** No tiene novio/-a.

**10** Os habéis encontrado y después te llama. Seguro que quiere…
- **A** flirtear.
- **B** pedirte 5 euros.
- **C** hablar de tu amigo/-a.

¿Ya has sumado los puntos correspondientes a las preguntas? Ahora descubre si le gustas o no …

Hasta 13 puntos: No parece posible que le gustes. Si tú estás muy interesado/-a en esa persona tienes que hacer algo. O quizá es mejor que te olvides de él / ella.

Entre 14 y 23 puntos: Puede ser que le gustes de verdad, pero es posible que necesite un gesto de tu parte. ¿Por qué no lo /la invitas tú a salir?

A partir de 24 puntos: Le interesas, pero es importante que entienda que a ti también él/ella te gusta. Ten un poco de paciencia. Vuestra primera cita será antes de lo que piensas.

| | 1. | 2. | 3. | 4. | 5. |
|---|---|---|---|---|---|
| A | 10 | 5 | 10 | 0 | 5 |
| B | 0 | 10 | 5 | 5 | 10 |
| C | 5 | 0 | 0 | 10 | 0 |

| | 6. | 7. | 8. | 9. | 10. |
|---|---|---|---|---|---|
| A | 0 | 10 | 10 | 0 | 10 |
| B | 10 | 0 | 0 | 5 | 0 |
| C | 5 | 5 | 5 | 10 | 5 |

TU RESULTADO:

**b** Discutid en parejas. ¿Qué pensáis de estos tests? ¿Los hacéis alguna vez? ¿En qué tipo de revistas aparecen normalmente?

**c** Ahora hacedle el test a vuestro compañero / vuestra compañera. Comentad los resultados.

# Proyectos en la selva

## BLOG DE VIAJES

INICIO | BLOGGERS | CATEGORÍAS | CONTACTO | AYUDA     BUSCAR

**PABLO** (Roses, España) y **GRIZEL** (Lima, Perú)

Hoy escribimos la última crónica desde la selva antes de regresar a Lima. Ya nos hemos acostumbrado a levantarnos siempre muy temprano, a las cremas solares y antimosquitos que huelen fatal, pero la selva lo merece. Estos días hemos participado en diferentes proyectos ecológicos que intentan proteger la selva de la destrucción y, al mismo tiempo, mejorar las condiciones de vida de esta región que, por cierto, son muy malas. Nos explicaron que Perú utilizaba muy mal los recursos naturales de la selva. Uno de los proyectos es la cría de mariposas. Para nosotros era algo nuevo: ¡¿Mariposas?! Nos dijeron que la gente podía ganar dinero así, ya que las exportaban y que de este modo estaban ayudando a cuidar la selva. Otro proyecto, el proyecto Taricaya, se ocupa de la protección de tortugas para evitar su extinción. Nos informaron de que las tortugas eran un alimento tradicional de las poblaciones indígenas, pero que hoy en día la caza de tortuga y el robo de sus huevos habían aumentado demasiado. El guía nos contó que también las vendían como mascotas y que pronto iban a desaparecer si seguían así las cosas. Lo más emocionante para todos nosotros fue el día que pusimos en libertad a montones de tortugas bebés. Creemos que esto fue la despedida de la selva más bonita que pudimos tener. Ese momento no lo olvidaremos nunca.

IMPRIMIR     COMENTARIOS (7)

# Texto 9

Hola, Marc:

Ya falta poco para que vuelva. Estos días estuvimos en la selva. Tío, ¡fue genial! Ha sido como una película de aventuras: hicimos viajes en canoa, acampamos en las playas del río Pariamanu, nos bañamos cerca de unas cataratas alucinantes, vimos árboles gigantescos, pájaros de mil colores, insectos rarísimos, arañas enormes, caimanes … Bueno … ya sé que tú ahora quieres que te cuente otra cosa. Ya te dije que había besado a Grizel ¿no?, bueno … pues todavía no se lo he dicho a Carme y no creo que lo haga. Lo de Grizel es historia. Ella está bastante triste porque me voy. En la selva, la pobre, estuvo todo el tiempo muy seria, además, creo que lloró, porque tenía los ojos muy rojos. Yo quise animarla y por eso le conté un montón de cosas divertidas. Le he dicho que me escriba por Internet y que sigamos en contacto.
Bueno, ya te contaré más cosas cuando esté ahí.

Un abrazo, Pablo

Noemí:
¡Socorro! Si tengo que pasar otro día con Pablo me da un ataque. No sé cómo le pude dar un beso. Debió de ser la falta de oxígeno de los Andes, te lo juro, la falta de oxígeno. No encuentro otra explicación. Estos días en la selva han sido una pesadilla: él hablaba y hablabla sin parar de cosas aburridísimas. Ya me dijo Doris, la alemana, que era peor que los mosquitos de la selva. ¡Qué horror! Yo le ponía siempre una cara súper seria, pero él no se enteraba. ¿Qué les pasa a los tíos? ¿Tengo que ponerme en la cara DÉJAME EN PAZ con luces de neón? Por cierto, tengo las narices y los ojos rojos como tomates por una alergia a unas plantas y ayer, cuando me desperté, tenía una araña enorme encima, ¡qué horror! casi me muero del susto. De verdad, si esto empezó como una telenovela, ahora es una película de terror. Bueno, mañana estaré ya en casa. Espero que me visites ¡¡¡¡ya!!!! y dile a Josefa que venga también: necesito a mis mejores amigas ahora más que nunca. Además tengo algo que contaros: ese «algo» se llama Diego y también es de Lima. No digo más.

Besos y más besos
Grizel

## 1 En la selva

**a** Los participantes de uno de los proyectos quieren un resumen del blog que han escrito Pablo y Grizel para ponerlo en su página web. Resumid el texto en cinco frases.

**b** Contestad las preguntas:

1. ¿Por qué en la selva Pablo y Grizel tienen que levantarse muy temprano por la mañana?
2. ¿En qué proyectos ecológicos han participado? Enumeradlos y explicad por qué son útiles *(nützlich)* según el texto.
3. ¿Por qué fue lo más emocionante para Grizel y Pablo poner en libertad a las tortugas bébés?
4. ¿Cómo han sido los días en la selva según Pablo?

## 2 Pablo y Grizel

**a** Interpretad los textos y completad las tablas siguientes. Buscad la información en los textos.

Grizel

Pablo

| ¿Cómo se siente? | ¿Qué piensa Pablo de ella? | ¿Cómo se siente? | ¿Qué piensa Grizel de él? |
|---|---|---|---|
| | | | |

**b** ¿En qué están de acuerdo, en qué se contradicen *(widersprechen sich)* y por qué? Explicad los diferentes puntos de vista.

**c** ¿Qué significa la frase: «Lo de Grizel es historia.» (l. 28, pág. 95)?

**d** En el e-mail Grizel dice: «De verdad, si esto empezó como una telenovela, ahora es una película de terror» (l. 42/43, pág. 95). Describid cómo era la situación antes y cómo es ahora. Explicad por qué, según vosotros, ha cambiado tanto la situación.

## 3 El mapa de la selva

Copiad la red de vocabulario de abajo en vuestro cuaderno. Completadla con las palabras del texto de la unidad (pág. 94/95) que describen la selva .

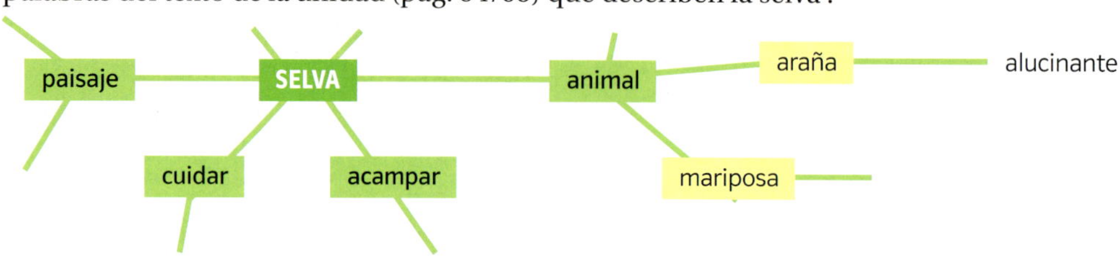

## 4 Los proyectos ecológicos de Pablo y Grizel

Leed la siguiente parte del texto en el *blog*: «Nos explicaron que Perú utilizaba [...] que pronto iban a desaparecer si seguían así las cosas» (página 94, líneas 9–19). Imaginad que estáis delante del encargado del proyecto *(Projektverantwortlicher)*. ¿Qué cuenta del proyecto? Formulad las frases de su discurso *(Vortrag)*. Utilizad el *estilo directo*. Empezad como en el ejemplo.

**Ejemplo:** Perú utiliza muy mal los recursos de la selva. Tenemos varios proyectos para la protección de la selva. Uno de ellos...

## 5 Una llamada telefónica (§ 32)

Ayer Pablo llamó por teléfono a Carme y hablaron de muchas cosas. Abajo tenéis frases de la conversación que tuvieron. ¿Quién dijo cada frase? ¿Carme o Pablo? Contestad y transformad las frases como en el ejemplo.

**Ejemplo:** 1. Es una sorpresa oírte.

→ Carme le dijo que era una sorpresa oírle.

2. Si te veo con alguna peruanita, te vas a enterar.
3. ¿Te lo estás pasando bien?
4. Me lo estoy pasando genial, pero te echo de menos.
5. Este fin de semana he estado con Montse y con Miguel en Barcelona.
6. ¿Recibiste por fin la postal de Machu Picchu que te envié la semana pasada?
7. Hice un viaje alucinante en canoa.
8. A lo mejor voy con mis padres a Marinaleda.
9. He conocido a unos peruanos muy simpáticos.
10. Hemos escrito un blog donde contamos la experiencia del viaje.
11. Miguel y yo vamos a la playa mañana.

## 6 Dile a Josefa que venga también (§ 33)

Jugad a daros órdenes unos a otros.

**a** Primero escribid en una ficha qué queréis que haga uno de vuestros compañeros / vuestras compañeras de clase. Usad el imperativo. Vuestro profesor / vuestra profesora recoge las fichas y las reparte después *(sammelt ein und verteilt)*.

**b** Ahora vuestro compañero / vuestra compañera describe qué tenéis que hacer. Usad el estilo indirecto.

**c** Haced lo que os dice la orden. Pero hacedlo sólo si es correcta; si no es correcta explicad por qué.

**Ejemplo:**

DE: (Anna) PARA: (Florian)

¡Abre la ventana!

**Ejemplos:**

| | | |
|---|---|---|
| Florian, Anna | dice<br>te pide<br>quiere | que abras la ventana. |

## 7 Las amigas de Grizel se enteran de todo (§32)

**a** Noemí y Josefa hablan por teléfono. Aquí tenéis el comienzo del diálogo. Escribid la continuación y utilizad la información del e-mail de Grizel (pág. 95). Usad el estilo indirecto. Los verbos de la casilla os pueden ayudar a introducir vuestras frases.

**Josefa**: ¿Sí, aló?
**Noemí**: Josefa, soy yo, Noemí.
**Josefa**: ¡Hola, Noemí! ¿Qué pasó?
**Noemí**: Ayer recibí un e-mail de Grizel …
**Josefa**: ¿Ah, sí? ¿Y qué te contó?
**Noemí**: Pues me dijo que …

| | |
|---|---|
| • decir<br>• contar<br>• preguntar<br><br>• responder<br>• contestar | qué …<br>cómo …<br>si …<br>dónde …<br>cuándo …<br>con quiénes …<br>por qué … |

**b** Josefa quiere saber más detalles de la historia entre Grizel y Pablo. Por eso llama a Grizel. Mirad los dibujos y ved lo que cuenta Grizel.

**c** Después de hablar con Grizel, Josefa llama a Noemí otra vez para contarle todo lo que Grizel ha dicho. ¿Qué le dice a Noemí? Escribid la conversación. Usad el estilo indirecto.

**Ejemplo:** Oye, Noemí, Grizel me contó que …

## 8 Un proyecto social *(Sozialprojekt)*

**a** Un amigo / una amiga que no habla español quiere participar en un proyecto social en Latinoamérica. En Internet habéis encontrado alguna información sobre un proyecto en Santa María, Perú. Resumid en alemán la página en pocas palabras.

### PROGRAMA DE VOLUNTARIADO

**Información general**

Santa María es una comunidad indígena en la península Capachica a orillas del lago Titicaca, a 2 horas del puerto de Puno.
La comunidad tiene agua potable y en el futuro tendrán electricidad, teléfono y posiblemente Internet. La comunidad tiene aproximadamente 50 habitantes.
El clima es muy agradable. Hace calor por el día pero hace bastante frío por la noche.

**Proyectos para voluntarios**

1. TRABAJO CON MUJERES: El voluntario ayudará a crear estrategias para vender las artesanías que producen las mujeres.
2. ESCUELA: Como los niños hablan también lenguas indígenas como el aymara y el quechua, es fundamental mejorar sus conocimientos de la lengua española. El voluntario enseñará el español a los niños con ayuda de cuentos, juegos o canciones.
3. SISTEMA DE AGUA: Santa María está en la fase final de establecer un nuevo sistema de agua. Ahora existe agua fría y muy pronto habrá agua caliente. El voluntario ayudará a realizar los cambios necesarios.

**Requisitos**

Tener 18 años. No tener ninguna enfermedad.

**b** Imaginad que participáis en este programa. ¿Qué proyecto elegís? ¿Por qué?

**c** Trabajad en grupos de 3 ó 4. Elegid un proyecto y describid qué pueden hacer los voluntarios. Pensad en otros temas e inventad más detalles. Después, escribid las informaciones en una cartulina y presentad vuestro proyecto en clase.

## 1 Otro país, otras costumbres …

**a** Escribid a qué se refieren Pablo y Álvaro cuando dicen …

1. «lo de las campanadas y las uvas de Nochevieja» (pág. 104, líneas 9–10).
2. «una visita … al Santiago Bernabeu …, pero ni comparación con el Camp Nou» (pág. 105, líneas 22–24). Si no lo sabéis, podéis informaros en Internet o preguntar a vuestro profesor / vuestra profesora.

## 2 Quiero que me cuentes …

**a** En El Retiro, Pablo le cuenta a Álvaro algunas de sus experiencias e impresiones *(Eindrücke)* del viaje a Perú. Pablo le cuenta qué ha hecho, qué le ha gustado o no del programa Ruta Quetzal y alguna anécdota (el desprendimiento en la carretera o el taller de las tortugas, …). En parejas haced el diálogo. Utilizad sobre todo la información de los textos de las unidades 8 y 9.

**b** Al día siguiente Álvaro escribe a un amigo común y le habla de Pablo. Continuad el correo en vuestro cuaderno y utilizad la información del ejercicio 2a.

¿Qué tal, Juan?
¿Sabes quién estuvo ayer aquí en Madrid? Pablo. Estuvimos en el Retiro. Ya ha vuelto de su viaje a Perú y dijo que se lo pasó muy bien. Me contó que …

## 3 Nos queda poco tiempo

Pablo se queda pensando en Carme y no sabe qué hacer. Por eso decide pedir ayuda en un foro de Internet. En grupos contestad a Pablo.

QUETZAL_15 C N S A ENVIAR CANCELAR

¿Me podéis dar ideas? Mi chica se muda en dos meses a otra ciudad y no sé qué hacer para disfrutar del poco tiempo que nos queda. ¿Os ha pasado a vosotros algo parecido? ¿Qué puedo hacer?

Intentad utilizar todas las estructuras que conocéis hasta ahora y frases como:

Disfruta de la relación hasta que …
Dile que …
Busca algo que …
Cuando llegues/la veas …

## 4 El programa Ruta Quetzal: da tu opinión

¿Y vosotros qué opináis sobre el programa de Ruta Quetzal? Formad grupos en pro y en contra del programa y buscad argumentos para justificar vuestra opinión. Al final escribid los resultados y haced un debate en clase. Las siguientes preguntas y las palabras de la casilla os pueden ayudar:

1. ¿Cuáles son los aspectos positivos / negativos del programa?
2. ¿Qué os parece lo mejor, lo peor, lo más interesante para vosotros?
3. ¿Qué alternativas proponéis?
4. ¿Os gustaría participar? ¿Por qué sí? ¿Por qué no?

Lo mejor
Lo peor es que …
Lo más interesante

A mí (no) me gusta que …
A nosotros nos parece bien/mal que …
Yo creo que no es tan fácil …

No creemos que …
Es cierto que …, pero …
Por un lado …, por otro …

A nosotros nos gustaría …
Una alternativa puede ser …

# Estrategias

## 1 Selbstkontrolle und Selbstkorrektur

Fehler machen gehört beim Fremdsprachenlernen dazu und ist ganz natürlich. Häufig kommen Fehler unter Stress oder bei großer Konzentration auf den Inhalt zustande, doch bei genauerem Überlegen hätte man sie gar nicht gemacht. Fehler zeigen aber auch euren derzeitigen Wissensstand an und geben euch Aufschluss darüber, an welchen Punkten noch Übungsbedarf besteht. Deswegen gilt: **Lieber viel sagen und Fehler in Kauf nehmen, als „korrekt“ schweigen!**
Folgende Fragen helfen euch, euren auf Spanisch geschriebenen Text selbst zu verbessern. Geht sie nach dem Verfassen systematisch durch.

1. **Habt ihr alle Akzente gesetzt?**
   un álbum, rápido, una película, fantástico, además
2. **Habt ihr den richtigen Artikel verwendet?**
   un mapa, un árbol, la luna, la envidia
3. **Sind alle Adjektive den Substantiven angeglichen?**
   las ciudades grandes y modernas
4. **Habt ihr die Verbformen richtig geschrieben?**
   conozco, duerme, dijimos, despidieron, hicimos, deis, vayáis…
5. **Folgen den Verben die richtigen Präpositionen?**
   ir a, salir de, estar en…
6. **Habt ihr die richtigen Zeiten verwendet?**
   Cuando Miguel leía el periódico, Pepa preparaba la comida. Sonó el teléfono. Pepa contestó. Era su madre que estaba en casa de su tía y le dijo…
7. **Habt ihr *ser*, *estar* und *hay* richtig verwendet?**
   estoy en casa, es de Figueres, hay muchas tiendas y bares
8. **Habt ihr die Pronomen richtig verwendet?**
   la he visto ayer, le lleva mi libro, se las doy
9. **Habt ihr den *subjuntivo* richtig verwendet?**
   Tengo miedo de que te vayas…, para que sepas…, no creo que las cosas sean así.
10. **Habt ihr die Zeitenfolge bei der indirekten Rede beachtet?**
    dice que ha estado en Madrid y que pasó un buen fin de semana…, dijo que venía una semana más tarde…
11. **Konzentriert euch auch auf euren Stil. Geht euren Text noch einmal durch.**
    Verwendet ihr häufig das Wort „y“? Benutzt ihr sehr oft das Wort „después“ oder „hay“?

**¡Ahora vosotros!**

1. Schreibt einen kurzen Text in der Vergangenheit, der mindestens zehn komplexe Sätze enthält. Erzählt, was bislang in der Geschichte des Buches passiert ist.
2. Schaut euren Text mit Hilfe der obigen Fragen 1–11 noch einmal selbst durch. Sucht nach Flüchtigkeitsfehlern und überlegt, was ihr an eurem Stil verbessern könnt (denn auch für den Ausdruck gibt ja Punkte!).
3. Tauscht nun euren Text mit einem Mitschüler / einer Mitschülerin. Versucht euch gegenseitig Tipps für weitere Verbesserungen zu geben.

4. Analysiert eure alten Klassenarbeiten nach den häufigsten Fehlern. Was sind eure „Lieblingsfehler“ in den folgenden Kategorien?

| Rechtschreibung und Akzente | Angleichung des Adjektivs | Zeitengebrauch | ser, estar, hay | subjuntivo | Indirekte Rede | Stil |
|---|---|---|---|---|---|---|
| | | | | | | |

5. Fasst eure häufigsten Fehler auf einem Plakat zusammen, hängt sie in der Klasse aus oder heftet sie in einem Ordner zusammen, den ihr für jeden Mitschüler / jede Mitschülerin kopiert.

## 2 Eigenverantwortliches Lernen / eigene Ziele setzen

Hier ist eine Auswahl von Möglichkeiten, die euch helfen, deutliche Fortschritte in euren Spanischkenntnissen zu erzielen. Überlegt, was für euch umsetzbar ist.

- Legt eine **Vokabelkartei** für wichtige spanische Ausdrücke, Beispielsätze, Verben und Adjektive an oder überarbeitet eure schon bestehende Vokabelkartei und übt damit.
- Erstellt **Übungen** zu Konjugationen / Pronomen / Verben…, die ihr euch nicht gut merken könnt. Tauscht sie mit eurem Mitschüler / eurer Mitschülerin aus und erweitert somit eure Sammlung.
- Wiederholt **Lektionen**, bei denen ihr größere Lücken habt mit einem Mitschüler / einer Mitschülerin.
- Viel sprachlicher Input fördert das Sprachenlernen! Lest einen spanischen **Text**, der euch interessiert, parallel zum Lehrbuch.
- Schaut euch im Internet **Informationen** zu eurem Hobby auf Spanisch an. Arbeitet dabei evtl. auch mit einem Online-Wörterbuch.
- Hört spanische **Lieder** und versucht, die Liedtexte zu übersetzen.
- Versucht, einen spanischsprachigen **Gesprächspartner** (Muttersprachler an der Schule oder im Bekanntenkreis) zu finden und unterhaltet euch mit ihm / ihr über alles Mögliche.
- Bietet eine **Präsentation** auf Spanisch zu einem Thema an. Dies könnte z. B. die Vorstellung eures Lieblingsbuches, ein Lied eurer Lieblingsgruppe oder ein Bericht über ein spanisches Thema sein. Recherchiert und versucht, ohne zu viele unbekannte Wörter zu verwenden, über euer Thema zu berichten.

Was unternehmt ihr, um eure Spanischkenntnisse zu verbessern?

| Ich werde: | Ich will dies ab / bis / am … tun (Zeitraum, Datum): |
|---|---|
| | |

## 3 Relevante Informationsquellen

Im Lehrbuch findet ihr viele Informationen über Menschen und Länder der spanischsprachigen Welt. Wenn ihr aber noch mehr über ein Thema wissen wollt oder wenn ihr euch für ein Referat vorbereitet, braucht ihr weitere Informationen, die nicht im Buch stehen. Am besten ist es, wenn ihr gleich mit Material in der Fremdsprache arbeitet. Dazu gibt es eine Reihe von Informationsquellen. Macht doch einmal einen Test. Bewertet dabei die unterschiedlichen Quellen hinsichtlich ihrer Vor- und Nachteile.

### ¡Ahora vosotros!

Teilt euch in Gruppen von 2–3 Schülern auf. Verteilt die folgenden Informationsquellen möglichst vollständig. Legt dar, was in eurer Informationsquelle zu finden ist. Sucht mehrere Beispiele, die ihr gefunden habt, als Beleg. Gebt auch eine Bewertung eurer Informationsquelle ab.

- Öffentliche Bücherhalle / Bibliothek / Stadtbücherei. Dort findet ihr Enzyklopädien, Nachschlagewerke, Zeitungen und Bücher zu speziellen Themen
- Landes- und Universitätsbibliotheken
- Spanische Zeitungen und Zeitschriften aus großen Zeitungsläden, z. B. an Bahnhöfen oder Flughäfen
- Spanische Zeitungen und Zeitschriften „online" (z. B. www.elpais.com, www.abc.es, www.elperiodico.com, www.lavanguardia.es)
- Suchmaschinen auf Spanisch (www.google.es, http://es.yahoo.com, http://es.altavista.com)
- Spanische podcasts oder Rundfunkprogramme (lateinamerikanische und spanische Radiosender unter www.radioes.net/cadenas.asp, www.podcast-es.org)
- Spanische Chatrooms oder Foren
- Spanische Grammatikhilfen „online"
- Spanische Diccionarios „online" (www.pons.de, www.rae.es, http://elmundo.es/diccionarios)
- Spanische Fernsehsender(z. B. www.rtve.es, http://es.arcoiris.tv, www.cnn.com/espanol)
- Sendungen im deutschen Fernsehen oder Radio über Spanien
- Interview mit Muttersprachlern oder Personen, die sich besonders gut in eurem Thema auskennen.

**Nuestra fuente de información:**

| Aspectos positivos | Aspectos negativos |
|---|---|
| | |

## 4 Umgang mit dem Wörterbuch

Wörterbücher können uns helfen, fremdsprachliche Texte zu erstellen. Allerdings muss man beim Umgang mit Wörterbüchern vorsichtig sein. Grundsätzlich ist es besser, Texte, so weit wie möglich, mit den schon bekannten Wörtern zu schreiben und nicht zu viele neue Ausdrücke einzubauen oder gar ganze Sätze mit Hilfe des Wörterbuchs zu konstruieren. Folgende Tipps erleichtern euch die Arbeit mit dem Wörterbuch.

### 1 Das zweisprachige Wörterbuch

Verwendet bei euren spanischen Sätzen nicht vorschnell die entsprechende deutsche Form. Häufig wird in der Fremdsprache ein ganz anderes Verb, eine andere Präposition oder eine ganz andere Konstruktion benutzt.

**a** Gesucht wird der Ausdruck „jemanden auf einen Gedanken bringen“. Unter „bringen“ werden verschiedene Verben angegeben, wie *traer, llevar, transportar*, ..... . Welches Verb soll in diesem Kontext nun verwendet werden? Schlagt nun beim Substantiv „Gedanke“ nach, vielleicht kommt ihr dort rascher zum richtigen Ausdruck.

**b** Diese Methode könnt ihr auch anwenden, wenn ihr euch die Bedeutung eines spanischen Satzes erschließen möchtet: *Y de repente se armó una bronca tremenda.* Bei welchem Wort / welchen Wörtern habt ihr nachgeschlagen? Welches Wort führte euch zum Ziel?

**c** Am besten ist es, wenn man sich bei einem gefundenen Wort immer rückversichert, ob dies auch der gesuchte Ausdruck ist.
Wir brauchen z. B. zur Beschreibung eines Bildes den Ausdruck: eine <u>intensive</u> Farbe. Zuerst schlagen wir im Deutsch-Spanischen-Wörterbuchteil unter „intensiv“ nach und das Wörterbuch bietet uns: *intenso* und *intensivo*.
Jetzt schlagen wir im Spanisch-Deutschen-Wörterbuchteil einmal unter „intenso“ und dann unter „intensivo“ nach. Eine der beiden Möglichkeiten führt uns zum gesuchten Ausdruck.

**¡Ahora vosotros!**

Sucht nun folgende Ausdrücke in einem zweisprachigen Wörterbuch:

A: <u>intensive</u> Farbe B: eine <u>Fangfrage</u> stellen C: dieser Chili <u>brennt</u> im Hals / auf der Zunge

### 2 Das einsprachige Wörterbuch

Ein gutes einsprachiges Wörterbuch bietet viele Beispielsätze und nennt Wörter derselben Wortfamilie mit ihren jeweiligen Anschlüssen.

**¡Ahora vosotros!**

Teilt euch in zwei Gruppen auf. Jeder Schüler / jede Schülerin schlägt ein bekanntes Wort im Wörterbuch nach. Die Schüler geben der Reihe nach drei verschiedene Erklärungen pro Wort an die andere Gruppe weiter. Nur eine davon ist richtig. Errät die Gruppe das Wort, bekommt sie einen Punkt, tippt sie auf die falsche Erklärung, wird ihr ein Punkt abgezogen. Es gewinnt die Gruppe mit der höchsten Punktzahl.

**3 Wörterbücher und Nachschlagewerke online**

**a** Es gibt zahlreiche Lexika in spanischer Sprache, z. B. das Wörterbuch der *Real Academia Española* (www.rae.es) oder die *Wikipedia* (http://es.wikipedia.org). Denkt aber daran, dass nicht alles, was ihr im Internet über euer Thema findet, korrekt ist, denn z. B. die *Wikipedia* wird von privaten Nutzern geschrieben und die Artikel sind nicht immer gleich guter Qualität. Überprüft deshalb den Inhalt der gefundenen Informationen grundsätzlich an anderen Quellen.

**b** Um ein Wort nachzuschlagen, könnt ihr ein Online-Wörterbuch verwenden, wie z. B. unter http://dict.leo.org. Klickt bei Deutsch-Spanisch auf „Wörterbuch" und gebt das gesuchte Wort oder den gesuchten Begriff ein.

**c** Schaltet die Suchmaschinen auf Spanisch um. Klickt z. B. bei GOOGLE auf „Sprachtools". Dann stellt unter „Seiten geschrieben auf: …" „Spanisch" ein und gebt einen Suchbegriff ein.

## 5 Wortschatz erschließen

Man kann in einer Fremdsprache nicht alle Wörter kennen. Zum Glück muss man das auch gar nicht, denn viele Wörter sind ableitbar. Kennt man zum Beispiel das Wort: *la cocina*, so ist es einfach, die Wörter *cocinar* oder *el cocinero / la cocinera* in einem Text zu verstehen. Noch einfacher wird es, wenn diese Wörter in einem Satzzusammenhang stehen: *Juan Mari Arzak es un cocinero famoso. Lo visitamos en su cocina y estaba cocinando algo que olía muy bien.*

Diese Wörter, die man versteht, ohne sie gelernt zu haben, nennt man den *potentiellen Wortschatz*. Man kann diesen trainieren, indem man genau auf verwandte Wörter und Ableitungsregeln achtet.

**¡Ahora vosotros!**

1. Arbeitet zu zweit. Übertragt die Tabelle in euer Heft und ergänzt gemeinsam die fehlenden Wörter. Überlegt danach jeweils die korrekten Übersetzungen.

| sustantivo | verbo | adjetivo |
|---|---|---|
| el conocimiento | | |
| | | trabajador |
| el interés | | |
| | alegrarse (de) | |
| | | lluvioso |
| la nieve | | nevado |
| la restauración | | |
| | | necesario |

2. Überlegt mit eurem Mitschüler/eurer Mitschülerin die Bedeutung folgender Präfixe (Vorsilben) und Suffixe (Nachsilben). Welcher Bedeutungsunterschied besteht zu dem angegebenen Wort aus derselben Wortfamilie?

| **Prefijos** | | **Sufijos** | |
|---|---|---|---|
| esperado | **in**esperado | helado | helad**ería** |
| contento | **des**contento | banco | banqu**ero** |
| posible | **im**posible | recepción | recepcion**ista** |
| feliz | **in**feliz | hablar | habla**dor** |
| | | comer | com**ida** |
| | | entrar | entra**da** |
| | | rápido | rapid**ez** |
| | | bello | bell**eza** |
| | | pequeño | pequeñ**ito** |
| | | poco | poqu**ito** |

3. Wie ihr seht, versteht ihr mehr Wörter, als ihr vermutet. Erschließt euch nun die Bedeutung der folgenden Wörter (a und b).

   ganar (en alemán: verdienen, gewinnen)

   ¿Qué significa: a) la ganancia b) el ganador/la ganadora ?

4. Schlagt nun in einem einsprachigen Wörterbuch nach und gebt zu jedem angegebenen Wort möglichst viele Wörter derselben Wortfamilie an. Überlegt euch danach eine Übersetzung. Tauscht eure Ergebnisse untereinander aus und vervollständigt sie.

   A: marchoso, -a B: preferencia C: sorprendente D: sentimental

## 6 Lesestrategien

Beim Lesen eines fremdsprachlichen Textes kann es leicht passieren, dass man sich zu sehr auf die unbekannten Wörter konzentriert und nicht mehr wahrnimmt, wie viel man vom Text bereits versteht!

### 1 Vor dem Lesen

Konzentriert euch zunächst auf das, was ihr bereits kennt oder was ihr aus dem Kontext erschließen könnt. Sucht nach „Verstehensinseln".

1. Beachtet das Fettgedruckte bei Zeitungen und die Bildunterschriften.
2. Seht euch evtl. zum Text gehörige Abbildungen genau an.

Versucht dann, euch einen groben Überblick über den Inhalt des Textes zu verschaffen.

Formuliert eure Erwartungen und Fragen an den Text:
- Um welche Textsorte handelt es sich? (Bericht, Erzählung, Dialog, Tagebuch, …)
- Was ist das zentrale Thema des Textes?
- Wer spricht?
- Was ist die Aussage des Textes?

## 2 Systematisches Texterschließen

Mit den folgenden Lesestrategien könnt ihr fremdsprachliche Texte verstehen, auch wenn ihr nicht jedes Wort genau kennt. Welche Technik geeignet ist, ergibt sich daraus, welche Art von Information ihr sucht:

- Wollt ihr nur wissen, worum es grob im Text geht? **(Strategie A)**
- Sucht ihr nur eine ganz bestimmte Information? **(Strategie B)**
- Oder wollt ihr zu einem Aspekt alle Details erarbeiten? **(Strategie C)**

Wenn ihr einen Text komplett erschließen wollt, könnt ihr die drei Techniken (A–C) auch nacheinander anwenden.

**Strategie A: Kursorisches Lesen:**
Verschafft euch einen Gesamteindruck über den Text, indem ihr ihn überfliegt. Konzentriert euch auf die Wörter, die ihr kennt und versucht, den Inhalt des Textes zusammenzufassen, ohne dass ihr jedes Wort verstehen wollt.

**Strategie B: Selektives Lesen:**
Stellt euch konkrete Fragen und sucht im Text nach den Abschnitten, in denen sie beantwortet werden. In einem Text, der beispielsweise vom Tourismus in Andalusien handelt, möchtet ihr wissen, ob man im Hotel Tennis spielen oder am Strand surfen kann. Ihr durchsucht den Text nach folgenden Schlüsselbegriffen: Sport (*deporte*), Sportangebote (*ofertas de deporte*), Tennis (*tenis*), Surfschule (*escuela de surf*), … , markiert den Absatz bzw. schreibt euch den konkreten Satz / die konkreten Sätze heraus.

**Strategie C: Detailgenaues Lesen:**
Lest an den Stellen, an denen ihr eure Antworten gefunden habt, noch einmal genauer nach und sucht detailliertere Informationen zu euren Schlüsselwörtern. Im Tourismustext schaut z. B. nach der Zahl der Tennisplätze *(pistas de tenis)*, den Gebühren (*tarifas*), Flutlicht (*iluminación con proyectores*), etc. und gebt diese Informationen in euren eigenen Worten wieder.

**¡Ahora vosotros!**

Erprobt jetzt die oben genannten Strategien dem Text „Toledo – La ciudad de las tres culturas" auf der nächsten Seite.

1. Worum geht es im Text? Nennt die wichtigsten Themen.
2. Welche arabischen Einflüsse sieht man heute noch in Toledo und woher stammen sie? Überlegt zunächst, nach welchen Stichwörtern ihr suchen müsst.
3. Versucht, zu den in 1. gefundenen Themen möglichst detaillierte Informationen zu nennen. Welche Einzelheiten werden im Text jeweils erwähnt?

CIUDAD PATRIMONIO

# TOLEDO

## LA CIUDAD DE LAS TRES CULTURAS

**Ciudad dinámica, sede universitaria y capital de Castilla-La Mancha, esta urbe ha sido durante siglos un modelo universal de convivencia de diferentes etnias y religiones**

[...] Toledo fue capital de España hasta 1560, lo que explica la arquitectura medieval tan impresionante que posee. Caminar por ella es como hacer un viaje en el tiempo y aterrizar en la Edad Media, en el mejor sentido de la palabra.

La convivencia conjunta de las culturas cristiana, árabe y hebrea logró durante el periodo medieval un verdadero apogeo cultural, dejando como herencia la Mezquita del Cristo de la Luz, del siglo X, aún intacta y con nueve cúpulas inspiradas en la Mezquita de Córdoba; la Vieja Puerta de la Bisagra, construida entre los siglos XII y XIII, la única que queda de la antigua muralla árabe; las iglesias de arte mudéjar del Cristo de la Vega, la de San Vicente, San Miguel o la de Santiago del Arrabal; la sinagoga de Santa María la Blanca, la sinagoga del Tránsito...

Además de tesoros arquitectónicos, a través de los siglos numerosos personajes dejaron su huella en Toledo. El Greco, autor de la obra El Entierro del Señor de Orgaz, destaca como uno de sus más ilustres artistas.

Debido al cierre temporal del Museo de El Greco, sus pinturas se encuentran en las instalaciones del Museo de Victorio Macho. Otras exposiciones temporales que merecen la pena visitar son el Museo Sefardí, ubicado en La Sinagoga del Tránsito, donde se muestra el marco histórico y geográfico del pueblo judío con una colección de más de 1.253 piezas. En la magnífica pinacoteca localizada en la Sacristía de la Catedral de Toledo se reúnen, expuestos al público, Grecos, Tizzianos, Van Dycks, Tinttorettos, Goyas...

Mientras que en el Hospital de Tavera u Hospital de Afuera, se pueden admirar, junto a La Mujer Barbuda de Ribera, algunas pinturas y una escultura originales de El Greco, Carlos V en la Batalla de Mülberg, original de Tizziano, o la espléndida Botica del siglo XVI, que aún guarda los recipientes y botes originales realizados en la más fina cerámica toledana del siglo XVI.

LA BUENA MESA. La cultura de la ciudad se refleja así mismo en su gastronomía, de sabores nobles y aristocráticos. Destacan sus propuestas de caza: guisos de venado o la perdiz roja a la toledana, así como las carcamusas, guiso de carne. Se unen a esta tradición dos productos de la tierra: el queso manchego, puro de oveja, y el mazapán, de origen árabe, que guarda con celo la fama ganada desde el medievo.

En el apartado de las fiestas y tradiciones, Toledo tampoco desmerece a su pasado de esplendor. En primavera es de cita obligada la Semana Santa, declarada de Interés Turístico Nacional, con la austeridad de sus calles y los pasos cargados por sus cofrades en un espectacular silencio nocturno a la luz de las velas. A su vez la ciudad acoge desde hace siglos la festividad del Corpus Christi, declarada de Interés Turístico Internacional, donde las calles se engalanan con toldos y alfombras de tomillo, romero y cantueso, junto a las flores y tapices de las fachadas. Es el momento perfecto para visitar los patios tradicionales. Asimismo destacan eventos como la Jornada Europea de la Cultura Judía (septiembre) y festivales como el de la Música de las Tres Culturas, el de Órgano o el Internacional de Jazz.

DE COMPRAS. Toledo aún conserva el color histórico de sus viejos gremios de artesanos, con una riquísima muestra de artesanía (damasquinados, espadería, forja, bordados, cerámica, vidrios artísticos), combinada con la oferta comercial más extensa y variada. Cuando la luz cae, la mágica atmósfera nocturna de Toledo se extiende por toda la ciudad, desde la plaza de Zocodover, en la parte alta, hasta la avenida de la Reconquista, fuera de sus murallas. Y el viandante advierte maravillado que esta ciudad milenaria y laberinto de joyas arquitectónicas ostenta justamente la condición de Patrimonio de la Humanidad.

(Enero 2007, número 60, http://www.elmundo.es/viajes/2007/60/1169828984.html)

## 7 Wichtige Informationen aus einem Text herauslesen und zusammenfassen

Sucht euch einen aktuellen Zeitungsartikel auf Spanisch (z. B. aus www.elpais.com, www.elmundo.es, www.elperiodico.com) und geht die folgenden Punkte (1–4) durch.

### 1 Verstehen

**a** Verschafft euch beim ersten Lesen zunächst einen groben Überblick. Formuliert Fragen an den Text und sucht dann gezielt nach Informationen. Diese könnten sein:

- Um welche Art von Text handelt es sich?
- Was ist das zentrale Thema des Textes?
- Was wird grob zu diesem Thema im Text gesagt?

**b** Welche Informationen finden sich darüber hinaus im Text? Lest ihn noch einmal und versucht nun, die Details zu erschließen. Stellt euch Fragen wie:

- Was wird in dem Text genau zu dem Thema gesagt?
- Welcher Meinung ist der Autor?
- Welche Argumente führt er an?
- Welche Absicht verfolgt er?

Manchmal habt ihr im Vorfeld schon konkrete Fragen vorgegeben. Sucht dann die Textstellen heraus, die diese beantworten. Manchmal müsst ihr auch über den Text hinausgehen und euch die Antwort selbst erschließen. Stützt euch dabei aber immer auf konkrete Aussagen im Text und sucht die Textstellen, die euch den Hinweis für eure Antwort geben.

### 2 Markieren

Markiert oder schreibt wichtige Informationen aus dem Text heraus. Versucht, die „Schlüsselwörter", die für das Verständnis des Textes unerlässlich sind, zu erfassen. Das können einzelne Wörter, Begriffe oder auch ein ganzer Satz sein.

### 3 Strukturieren

Geht danach den Text Absatz für Absatz durch und gebt jeweils die zentrale Aussage stichwortartig wieder. Überlegt, in welchem Zusammenhang sie jeweils zu euren markierten Wörtern steht und in welcher logischen Verbindung die einzelnen Schlüsselwörter zusammenhängen: handelt es sich um mehrere, gleichwertige Argumente oder bedingen sie sich untereinander? Wenn ja, wie? Am besten, ihr veranschaulicht euch die Zusammenhänge durch ein Schaubild.

**Ejemplo:**
„Toledo – La ciudad de las tres culturas"

## 10 Hörverstehen

Ein Hörtext ist schon allein durch die Tatsache der gesprochenen Sprache und des meist deutlich schnelleren Sprechtempos auf Anhieb nicht leicht zu verstehen. Konzentriert euch am besten erst einmal darauf, folgende, wesentliche Fragen zu beantworten:

- Wer spricht?
- Wo befinden sich die Personen?
- Worum geht es?
- Welche Absichten verfolgen die Sprecher?

Hintergrundgeräusche (vorbeifahrende Autos, Musik, Geschirrgeklapper) geben Aufschluss darüber, wo sich die Sprecher befinden und lassen schon Vermutungen über den Gesprächsinhalt zu. Achtet bei einem Gespräch zwischen zwei Personen auch darauf, wie diese miteinander umgehen. Sprechen sie laut / leise, freundlich oder unfreundlich miteinander? Oft lässt sich schon daraus ein Gesprächsanlass ableiten. Macht euch am besten schon beim ersten Hören nützliche Stichwörter und vervollständigt diese beim zweiten und dritten Hören.

**¡Ahora vosotros!**

Der Lehrer / die Lehrerin wählt einen Ausschnitt aus einem spanischen Video, einer mitgeschnittenen Fernsehsendung o.Ä. aus und präsentiert diese Szene. Teilt euch in zwei Gruppen auf.

1. Die Gruppe schaut den Film ohne Ton an. Ratet zunächst, was die Personen sagen. Verlasst anschließend den Raum.
2. Die andere Gruppe hört den gesprochenen Text ohne Filmsequenz und errät, was in den Bildern der Szene geschieht.
3. Tauscht euch untereinander in Partnerarbeit aus und ergänzt eure gesammelten Informationen.
4. Schaut euch nun den Film gemeinsam an und vergleicht eure Ergebnisse.

## 11 Sinnerfassendes Vorlesen

Wenn ihr Texte laut vorlest, solltet ihr darauf achten, dass ihr auch verstanden werdet. Damit eure Zuhörer möglichst rasch den Sinn eures Textes erfassen, solltet ihr besonders auf Aussprache und Betonung achten.

**1 Aussprache:**

Führt euch noch einmal die Ausspracheregeln des Spanischen vor Augen. Achtet auf die korrekte Aussprache der Konsonanten (z. B. c/z, v/b, s, rr…) und sprecht die Vokale möglichst offen.

**2 Betonung:**

1. Lest den neuen Text zunächst leise, damit ihr wisst, worum es geht. Überlegt euch, wer spricht und welche Stellen für den Inhalt am wichtigsten sind.
2. Lest besonders lange Sätze und solche, die ihr noch nicht richtig verstanden habt, mehrmals leise. Werdet euch darüber klar, was der Hauptsatz und was die Nebensätze sind.
3. Achtet beim Vorlesen auf die richtige Betonung:

- Macht Sprechpausen bei Kommata und am Satzende.
- Macht in eurer Betonung kenntlich, wenn es sich um eine Frage handelt.
- Betont die inhaltlich wichtigen Stellen besonders. Reduziert dort euer Sprechtempo und macht kurze Pausen, damit die Zuhörer den Inhalt erfassen können.

# Glosario cultural

## ESPAÑA

### Lugares, monumentos y otros temas

**Alhambra** → U3
Residencia de los reyes árabes del reino de Granada entre los siglos XIII y XV. La Alhambra es uno

de los monumentos de arte árabe más bellos y hoy en día es uno de los monumentos más visitados de España.

**Andalucía** → U2, U3
(aproximadamente 8 millones de habitantes)
Comunidad autónoma con más habitantes de España y la segunda más grande. Su capital es Sevilla. Está en el sur de la Península Ibérica. Por su clima mediterráneo y sus playas es una zona de mucho turismo. Además, Andalucía tiene una larga historia, muy marcada por la dominación árabe, con interesantes ciudades, como Sevilla, Córdoba o Granada. La agricultura también tiene mucha importancia, con cultivos como los olivos, cereales, frutas y verduras. Ahora, el cultivo en grandes invernaderos es muy importante.

**Barcelona** (aprox. 3 millones de habitantes) → U1
Capital de Cataluña y la segunda ciudad más grande de España. Es también uno de los puertos más importantes del Mediterráneo. Barcelona ha sido tradicionalmente una ciudad industrial. Los sectores industriales más importantes son las industrias textil, química, farmacéutica y automovilística. También es un gran centro turístico: Barcelona tiene una interesante arquitectura desde la ciudad medieval hasta los barrios del modernismo catalán. También hay muchísimos museos y una amplia oferta cultural. Además, posee seis playas que están a pocos minutos del centro.

**Califato de Córdoba** → U3
Época de máximo esplendor político, económico, comercial y cultural de los califas de Al-Andalus (territorio árabe en la Península Ibérica). El Califato de Córdoba existió entre los años 929 y 1031. Poseía un importante comercio, una industria artesana y una agricultura muy desarrollada que era mejor que en el resto de Europa. La capital y ciudad más importante del Califato, Córdoba, era la principal ciudad europea de esa época.

**Calle de Alcalá** → Un paso más 3
Una de las más antiguas y más importantes calles de Madrid con mucha actividad comercial. En ella se encuentran muchos monumentos como La Puerta de Alcalá o la Fuente Cibeles.

**Cataluña** (aprox. 7 millones de habitantes) → U1
Comunidad autónoma de España. Está en el noreste de la Península Ibérica. Tiene frontera al norte con Francia y al este con el mar Mediterráneo. Su capital es Barcelona. Cataluña ha sido tradicionalmente la región más industrializada de España. Además, es una zona comercial muy importante. El puerto de Barcelona es uno de los más grandes del Mediterráneo. Cataluña también tiene zonas turísticas muy importantes, por ejemplo la Costa Brava o Barcelona. En Cataluña hay dos lenguas oficiales, el castellano y el catalán.

**Complutense** → Un paso más 3
Universidad de Madrid desde el año 1499. Hoy en día la Complutense es la universidad más grande de España con casi 100.000 estudiantes. En Madrid también está la mayor biblioteca del país, con más de 17 millones de documentos.

**Córdoba** (aprox. 320.000 habitantes) → U3
Tercera ciudad más grande de Andalucía. Fue una importante ciudad romana y capital del Califato de Córdoba (929–1031). La parte antigua de la ciudad está muy bien conservada. Son famosas su mezquita y las casas con sus patios llenos de flores. La producción de aceite de oliva es una de las actividades más importantes de la provincia.

**Estrecho de Gibraltar** → U3

Estrecho entre Europa y África. En su parte más estrecha tiene unos 14 km de ancho. Desde la antigüedad ha tenido gran importancia desde un punto de vista estratégico, militar y comercial. Allí se encuentra la ciudad de Gibraltar, colonia inglesa. En la costa africana, España posee desde el año 1580 las ciudades de Ceuta y Melilla.

**Figueras** (catalán: Figueres; aproximadamente 40.000 habitantes) → U1
Ciudad de la comunidad de Cataluña, a 36 km de Gerona y a 136 km de Barcelona. Figueras es una importante ciudad de la Costa Brava y una de las principales zonas turísticas de España por el gran número de turistas que visitan la región. En Figueras nació el pintor Salvador Dalí y allí se encuentra su museo, el «Teatro-Museo Dalí», que abrió sus puertas en 1974.

**Flamenco** → U2, U3
Género musical típico de Andalucía. Su origen es muy antiguo y nace como la mezcla de otros estilos musicales populares de gitanos, árabes y judíos. El flamenco es muy rico y su ritmo muy complicado. Hay diferentes ritmos y cantes, y para cada uno de ellos hay un baile diferente. Los bailes son muy expresivos y hay que mover todas las partes del cuerpo.

**Fuente de Cibeles** → Un paso más 3
Fuente de Madrid y uno de los símbolos de la ciudad. La Fuente de Cibeles fue construida en el año 1782. Allí los aficionados del Real Madrid celebran muchas veces los triunfos de su equipo.

**Gazpacho** → U2
Sopa fría de origen andaluz. Es muy buena para los veranos de mucho calor. Sus ingredientes son: tomate, pimiento, pepino, ajo, aceite y vinagre.

**Gerona** → U1
(catalán: Girona; aprox. 85.000 habitantes)
Capital de la provincia del mismo nombre en Cataluña. La ciudad tiene bellas calles medievales.

**Gran Vía** → Un paso más 3
Una de las calles más importantes de Madrid con muchas tiendas y grandes cines.

**Granada** (aprox. 230.000 habitantes) → U3
Ciudad de Andalucía y capital de la provincia del mismo nombre. Fue la capital del último reino árabe en la Península Ibérica hasta el año 1492. De esa época tiene importantes monumentos como el palacio de la Alhambra. La ciudad es un importante centro turístico y cultural, y tiene una gran universidad.

**Madrid** → Un paso más 3
(aprox. 3 millones de habitantes)
Ciudad más grande de España y capital del país desde el año 1561. Sólo entre los años 1601 y 1605 Valladolid fue capital de España. Madrid es también capital de la comunidad autónoma del mismo nombre. La ciudad de Madrid se encuentra en la zona central de la Península Ibérica a aproximadamente 670 m sobre el nivel del mar. Es la capital más alta de Europa. Es el centro político y financiero de España. Tiene también importantes museos como el Museo del Prado o el Museo de Arte Moderno Reina Sofía .

**Marinaleda** (aprox. 2.600 habitantes) → U2
Pueblo de la provincia de Sevilla. Como muchos pueblos en Andalucía su historia está marcada por los latifundios. En este pueblo vivía gente que trabajaba en tierras que no eran suyas. En los años 60 mucha gente emigró y a finales de los años 70 empezó la lucha jornalera con huelgas de hambre y ocupaciones de fincas para pedir las tierras. En el año 1991 los jornaleros obtuvieron las tierras y a partir de ahí comenzó una época mejor para el pueblo.

**Modernismo** → U4
Movimiento artístico de finales del siglo XIX y principios del siglo XX. Participan en él la literatura, pintura, arquitectura y otras artes. En España, el arquitecto modernista más conocido es Antonio Gaudí. En sus obras mezcla varios estilos y usa muchos elementos de decoración.

**Museo del Prado** → Un paso más 3
Uno de los mayores museos del mundo. Está en Madrid y abrió sus puertas en 1819, y tiene una colección de más de 5.000 obras, con cuadros de gran calidad. En este museo están casi todos los grandes pintores como Velázquez, Goya, el Greco, Tiziano, Rubens.

**Puerta del Sol** → Un paso más 3
Plaza en el centro de Madrid. Aquí está el kilómetro cero donde empiezan las carreteras radiales españolas. También está el reloj que da las campanadas el día 31 de diciembre, que marcan la tradicional toma de las 12 uvas.

**Parque del Retiro** → Un paso más 3
Gran parque en el centro de Madrid. Es uno de los lugares más interesantes de la capital. Los jardines son del siglo XVII, pero desde entonces ha habido varios cambios. En este parque se encuentran

muchos monumentos como el Palacio de Cristal, el Palacio de Velázquez, la Casita del Pescador, muchas fuentes y un pequeño lago. Hoy en día es uno de los lugares preferidos de los madrileños, donde van a pasear, practicar deporte, o disfrutar de la oferta cultural, las exposiciones de los museos o los espectáculos de artistas callejeros.

**Pedrera** → U1, U4
Uno de los edificios más conocidos de Barcelona. La Pedrera también es conocida como casa Milà.

Fue construida por el arquitecto Gaudí en 1910 en estilo modernista.

**Ramblas** → U4
Famosa calle de Barcelona entre la Plaza de Cataluña, en el centro de la ciudad, y el puerto antiguo. La calle siempre está llena de gente. Allí se encuentran kioscos, cafeterías, restaurantes y tiendas. En las Ramblas pueden verse varios edificios interesantes, como el mercado de La Boquería y el famoso teatro de El Liceo.

**Reconquista** → U1, U3
Período de la historia española entre los años 722 y 1492, en el que los reinos cristianos del norte reconquistaron los territorios árabes. Los árabes habían entrado en la Península Ibérica en el año 711.

**Rosas** → U1
(catalán: Roses; aprox. 15.000 habitantes)
Pequeña ciudad de Cataluña a 30 km de la frontera con Francia y a unos 160 km de Barcelona. Es un lugar turístico muy popular por sus playas, sus zonas naturales, como el parque natural Cabo de Creus.

**Ruta Quetzal** → U4–9
Ruta Quetzal BBVA es un programa cultural creado en 1979. Organiza viajes que mezclan cultura y aventura, cada año con un nuevo itinerario. En los diferentes viajes los participantes conocen una parte importante de la historia y cultura de Latinoamérica y España.
Pueden participar jóvenes de diferentes países. Ruta Quetzal BBVA elige a sus participantes entre los mejores alumnos de cada país. Muchas personas importantes de la vida política y cultural como diplomáticos y líderes de comunidades indígenas participaron en la Ruta Quetzal (Véase en: www.rutaquetzal.com; estado: enero 2007).

**Sagrada Familia** → U4
Iglesia de Barcelona y obra más famosa del arquitecto modernista Antonio Gaudí, que murió sin terminarla. Durante la Guerra Civil (1936–1939) se destruyeron los planos de esta iglesia, lo que está dificultando su construcción hasta hoy.

**Sevilla** (aprox. 700.000 habitantes) → U3
Capital de Andalucía y la cuarta ciudad más grande de España. Durante el imperio español (época del colonialismo) tenía el monopolio para

el comercio con las colonias y fue una ciudad riquísima. De esa época tiene muchos palacios, iglesias, además de la mayor catedral gótica del mundo. También tiene el mayor centro histórico-artístico de Europa. Hoy en día es el centro cultural y económico del sur de España.

**Sevillana** → U2, U3
Música y baile flamenco de Sevilla. Las sevillanas se bailan en parejas y son conocidas por su viveza.

Es el baile andaluz más popular y, hoy en día, se baila incluso en las discotecas.

**Sierra Nevada** → U3
Montañas en Andalucía. Allí se encuentra el Mulhacén de 3.480 m, la montaña más alta de la Pe-

nínsula Ibérica. En Sierra Nevada hay, además, un parque nacional y la estación de esquí más al sur de Europa.

**Surrealismo** → véase la casilla U4, p. 37

**Valencia** (aprox. 800.000 habitantes) → U1
Capital de la Comunidad Valenciana y es la tercera ciudad de España por el número de habitantes y por su importancia económica. Tiene una fuerte industria, comercio y turismo. Son famosas sus

Fallas, las fiestas en honor a San José entre el 15 y el 19 de marzo. Su plato típico es la paella, que es conocido en todo el mundo.

## Personajes

**Cristóbal Colón** → U3
(*1451 Génova – †1506 Valladolid)
Cristóbal Colón era un navegante italiano que buscaba una nueva ruta hacia la India. Isabel la Católica le dio el dinero necesario para realizar su proyecto. Colón descubrió América en 1492, aunque siempre pensó que había llegado a la India.

**Góngora, Luis de** (*1561 – †1627 Córdoba) → U3
Poeta español. Fue uno de los principales poetas de la época barroca y del movimiento Culteranista o Gongorista, llamado así en su honor. Su obra tiene un lenguaje muy culto y difícil. Sus obras más conocidas son *La Fábula de Polifemo y Galatea* (1612) y *Soledades* (1613).

**Dalí, Salvador** (*1904 – †1989 Figueras) → U4
Pintor y escultor surrealista. Trabajó también en el mundo del cine y de la moda. En 1974 fundó el «Teatro-Museo Dalí» en Figueras, donde se encuentra un gran número de sus obras.

**Estopa** → U4
Dúo español de pop formado por los hermanos David y José Muñoz. Con su primer disco consiguieron un gran éxito en España y Latinoamérica, y entre el año 2000 y 2002 tuvieron más de 200 conciertos. Hoy en día sigue siendo uno de los grupos con más éxito en España.

**Gaudí, Antonio** (*1852 – †1926 Barcelona) → U4
Arquitecto modernista catalán. Realizó muchos de los edificios más famosos de Barcelona como la Pedrera, el Parque Güell y la Sagrada Familia.

**Goytisolo, José Agustín** → U2
(*1928 – †1999 Barcelona)
Escritor español. Entre sus libros más famosos están *Salmos al viento* (1956), *Claridad* (1959), *Del tiempo y del olvido* (1980) o *Como los trenes de la noche* (1994). También fue importante su trabajo como traductor de autores italianos y catalanes al castellano.

**Miró, Joan** → U4
(*1893 Barcelona – †1983 Palma de Mallorca)
Pintor, escultor y ceramista. Es uno de los principales artistas del surrealismo. Sus obras son unas de las más originales del siglo XX.

**Pizarro, Francisco** (*1478 – †1541) → Un paso más 2
Conquistador español. Bajo sus órdenes los españoles conquistaron el Imperio inca. Pizarro fue el fundador de ciudades como Piura y Lima.

**Reyes Católicos** → U3
Matrimonio real español formado por Isabel I de Castilla (1451 – 1504) y Fernando II de Aragón (1452 – 1516). Unificaron los reinos de Castilla, Aragón, Granada y Navarra. Hicieron varias reformas que estabilizaron el país. Su política fue un paso importante para convertir España en una potencia mundial. Los hechos más importantes bajo su reinado pasaron en el año 1492:
- La toma de Granada que puso fin a la Reconquista
- El descubrimiento de América por Cristóbal Colón
- La expulsión de los judíos
- La publicación de la primera gramática de la lengua castellana de Antonio de Nebrija, primera gramática en Europa de un idioma diferente al latín.

**Velázquez, Diego de** → U3
(*1599 Sevilla – †1660 Madrid)
Uno de los mayores pintores españoles. Nació en Sevilla y años más tarde se fue a vivir a Madrid donde trabajó como pintor de la corte de Felipe IV. Gran parte de su obra se encuentra en el museo del Prado de Madrid.

# AMÉRICA LATINA

## Lugares, monumentos y otros temas

**Andes** → U5, U6, U8
Cordillera en América del Sur que va desde Venezuela hasta la Patagonia. La montaña más alta de los Andes es el Aconcagua de 6.959 m, en Argentina. Es el punto más alto de América. La montaña más alta de Perú es el Huascarán con 6.768 m.

Arequipa

**Arequipa** (aprox. 1 millón de habitantes) → U5
Ciudad en el suroeste de Perú y capital de la provincia del mismo nombre. Es la segunda ciudad en importancia en Perú y hay varios volcanes cerca de ella. El volcán Misti tiene más de 5.500 m. Hubo varios terremotos y erupciones volcánicas en la zona, pero la ciudad todavía tiene muchos edificios de la época colonial.

**Chan Chan** → U5
Sitio arqueológico en el Valle de Moche, en la costa norte de Perú, no lejos de Trujillo. Chan Chan fue una ciudad construida de adobe. Fue la capital del Imperio chimú (900 – 1470 d. C.) y la primera gran ciudad del continente americano.

**Corriente de Humboldt** → U5
Corriente de aguas frías que viene de la Antártida y recorre la costa occidental del continente ameri-

cano. El científico alemán Alexander von Humboldt describió la corriente por primera vez. Sus aguas tienen mucho plancton y por eso muchos peces, uno de los principales recursos económicos de Chile y Perú.

**Cuzco** (aprox. 300.000 habitantes) → U5, U8
Ciudad en los Andes peruanos. Fue capital del Imperio inca. El centro tiene todavía muchos edificios, plazas y calles de la época colonial y algunos de la época prehispánica. Hoy en día es el primer centro turístico de Perú.

**Incas** → U5, Un paso más 1, Un paso más 2
Antigua civilización indígena de los Andes. La base de su economía era la agricultura, con productos como el maíz y la papa. A partir del siglo XII los incas empezaron a formar un imperio. En el siglo XV, cuando llegaron los españoles, este imperio se extendía desde el actual Ecuador y el sur de Colombia hasta Chile y el norte de Argentina. La capital del Imperio inca fue la ciudad de Cuzco, en Perú.

**Islas Galápagos** → U6
Archipiélago a 965 km de la costa de América del Sur. Las Islas Galápagos pertenecen a Ecuador. Son famosas por sus animales, como tortugas e

iguanas, y por los pájaros que estudió Charles Darwin. Las islas son parque nacional desde 1959. Además la UNESCO las declaró Patrimonio de la Humanidad en 1978.

**Juliaca** (aprox. 200.000 habitantes) → U5
Ciudad en los Andes en el sur de Perú a 3.825 m sobre el nivel del mar y no lejos del famoso lago Titicaca. Su actividad principal es el comercio. Por allí tienen que pasar los viajeros que van a Cuzco, Arequipa o Bolivia. Tiene además un aeropuerto internacional.

**Lima** → U5, Un paso más 2
(aprox. 7 millones de habitantes)
Capital de Perú. Se encuentra en la parte central del país, en la costa del Pacífico. La fundó Francisco Pizarro en 1535 y se convirtió en la ciudad más importante de América del Sur durante el imperio español. Encontramos allí obras muy importantes de la arquitectura colonial.

**Machu Picchu** → U5
Antigua ciudad de los incas que está a 130 km al noroeste de Cuzco. Es uno de los centros arqueológicos más importantes del continente americano y el lugar turístico más visitado en Perú. Los españoles de la época colonial nunca supieron que existía. En 1911 el arqueólogo norteamericano Hiram Bingham la descubrió, pero su historia todavía sigue siendo un misterio.

**Nazca** (aprox. 23.000 habitantes) → U5

Ciudad al suroeste de Perú y capital de la provincia del mismo nombre. Es famosa por las enigmáticas líneas del desierto, los «geoglifos» o Líneas de Nazca, que han convertido a la ciudad en un importante centro turístico.

**Miraflores** → Un paso más 2
Barrio de Lima en la costa del Pacífico. Miraflores es un barrio con mucha vida, edificios modernos y una gran actividad comercial, lleno de restaurantes, discotecas, tiendas y terrazas, donde se concentra una gran parte de la oferta turística de

la ciudad. Por la noche es una de la zonas más visitadas por los jóvenes limeños.

**Museo del Oro del Perú** → Un paso más 2
Museo de Lima con una importante colección de piezas en oro y plata de diferentes culturas precolombinas, algunas con más de 3.000 años. En este museo hay, además, una colección de armas antiguas y modernas que es una de las mejores del mundo.

**Panamericana** → U5
Sistema de carreteras de casi 25.750 km de largo que recorre la costa occidental del continente americano y une casi todos los países del continente desde Alaska hasta Chile.

**Patagonia** → U7
Región en el sur del continente americano. Hoy la comparten Chile y Argentina. Tiene una geografía muy variada con estepas, bosques, grandes lagos,

montañas y glaciares en los Andes. Es además una zona muy poco poblada, por lo que tiene una naturaleza casi intacta.

**Perú** (aprox. 27 millones de habitantes) → U1
País en la parte central de Sudamérica en la costa del Océano Pacífico. Tiene frontera con Ecuador y Colombia al norte, con Brasil y Bolivia al este, y con Chile al sur. Tiene una gran diversidad de ecosistemas: desierto, montañas y selva amazónica. Su economía se basa en la explotación de sus recursos naturales tanto en la agricultura como en la minería. La lengua oficial y más extendida es el castellano. Existen también lenguas indígenas como el quechua y aymara.

**Puerto Aisén** (aprox. 17.000 habitantes) → U7
Ciudad en la Patagonia chilena. La economía de la ciudad se basa en el turismo y la industria pesquera.

**Puerto Maldonado** (aprox. 40.000 habitantes) → U5
Capital del departamento Madre de Dios en la selva peruana. Allí se encuentran los parques nacionales de Manu y Tambopata. El turismo ecológico se ha convertido en una de las principales actividades económicas de la región.

**Puno** (aprox. 220.000 habitantes) → U5

Ciudad de Perú a orillas del lago Titicaca. Sus principales actividades económicas son la agricultura y la ganadería, así como las actividades comerciales de su puerto. Desde los años 90 el turismo tiene mucha importancia en la economía de la ciudad y de la zona.

**San Isidro** → Un paso más 2
Uno de los mejores barrios de Lima. Es conocido por su mezcla de arquitectura. Por un lado, hay modernos rascacielos, pero por otro lado, también hay bellas casas coloniales con grandes jardines. Hoy en día en muchas de estas casas se encuentran embajadas. Por eso este barrio también se llama la Zona Diplomática. Además, aquí hay muchas zonas verdes, lo que convierte a este barrio en el pulmón de la ciudad.

**Sillustani** → U5
Importante centro arqueológico cerca del lago Umayo, al lado del lago Titicaca. Allí se pueden ver las tumbas de la cultura Kolla, que vivió en esta zona.

Sillustani

**Titicaca** → Un paso más 1, U5
Lago en la frontera entre Perú y Bolivia. Es el tercer lago más grande de América del Sur y el lago navegable más alto del mundo. Se encuentra a unos 3.800 m sobre el nivel del mar. Mide 204 km de largo por 65 km de ancho. Allí tuvo su comienzo la civilización inca, que dominó América del Sur hasta la llegada de los españoles.

**Trujillo** (aprox. 800.000 habitantes) → U5
Ciudad más importante del norte de Perú y la tercera ciudad más importante del país. Es un centro

de agricultura, comercio y de transporte. La ciudad conserva bellos edificios de la época colonial como su catedral, muchas iglesias y palacios.

**Virreinato del Perú** → Un paso más 2
Virreinato que crearon los españoles en 1542 para la administración de sus territorios en Sudamérica. Se extendía desde el actual Panamá hasta Tierra de Fuego, en el sur del continente. Lima era su capital y el comercio se concentraba en el puerto de Callao. La importancia económica del Virreinato se basaba en la plata y el oro (en Potosí y Charcas).

## Personajes

**Britto García, Luis** (*1940 Caracas) → U6
Escritor, historiador y profesor universitario venezolano. Es autor de muchísimos libros y ha recibido varios premios. Entre sus obras están las novelas *Abrapalabra, Me río del mundo,* o las obras de teatro *El tirano Aguirre* y *La misa del esclavo.*

**Maná** → U8
Grupo de rock y pop mexicano. El éxito internacional le llegó en 1992 con el disco *Donde jugarán los niños.* Muy conocidas son las canciones *Oye mi amor, Te lloré un río, En el muelle de San Blas* y *Vivir sin aire.* En 1995 sale su disco *Cuando los ángeles lloran.* También crean la fundación *Selva Negra,* que se encarga de proteger la ecología de América. En 1997 sacan su disco *Sueños líquidos* en 26 países. Maná gana premios en casi todos los países latinoamericanos, así como en España y EE. UU. En el año 2000 cantan con Carlos Santana en su disco *Supernatural,* con la canción *Corazón espinado.*

**Vega, el Inca Garcilaso de la** → Un paso más 1
(*1539 Cuzco, Perú – †1616 Córdoba, España)
Escritor e historiador peruano. Era hijo de un capitán español y de la princesa inca Isabel Chimpu Ocllo, sobrina de Huayna Cápac, emperador inca. Así conoció la lengua castellana y la lengua y cultura incas. Su obra más famosa son los *Comentarios reales* (1609), donde escribe sobre los orígenes y tradiciones de los incas.

**War, Rossy** → U9
Rosa Guerra Morales, conocida como Rossy War, es una cantante peruana, una de las mejores cantantes de la Tecnocumbia, estilo musical de gran éxito en Perú a finales de los años noventa. Entre sus canciones más conocidas están *Amor prohibido, Las huellas de tu amor, Puerto querido, No me puedo acostumbrar.*

# Vocabulario

## Lektionsbegleitendes Vokabular und Signalgrammatik

Das lektionsbegleitende Vokabular enthält den obligatorischen Wortschatz aus Primer paso, Texto und Ejercicios jeder Lektion. Fakultativer Wortschatz wird hier nicht aufgeführt, ist aber im Diccionario enthalten. Seine Beherrschung wird für spätere Lektionen nicht vorausgesetzt.
In den gelben Übersichtskästchen wird die neue Grammatik jeder Lektion anhand von Beispielen verdeutlicht. Neben den Überschriften findet sich ein Verweis auf den entsprechenden Paragraphen im Grammatischen Beiheft.

**Abkürzungen**

| | | | |
|---|---|---|---|
| *adj.* | *adjetivo* (= Adjektiv) | *jdm.* | jemandem |
| *adv.* | *adverbio* (= Adverb) | *lat.am.* | *latinoamericano* (= lateinamerikanisch) |
| *col.* | *coloquial* (= umgangssprachlich) | *m.* | *masculino* (= maskulin) |
| *etw.* | etwas | *pl.* | *plural* (= Plural) |
| *f.* | *femenino* (= feminin) | *pron.* | *pronombre* (= Pronomen) |
| *jdn.* | jemanden | *sg.* | *singular* (= Singular) |

≡ Synonym
⇔ Antonym
⇨ Wortfamilie
D Deutsch
E Englisch
F Französisch
LAT Latein

# Unidad 1

## Primer paso: Postales del verano

| | |
|---|---|
| una postal | eine Postkarte<br>E postcard<br>F une carte postale |
| una montaña | ein Berg, ein Gebirge<br>E mountain<br>F une montagne<br>LAT mons |
| En agosto quiero ir a la montaña. | Im August möchte ich in die Berge fahren. |
| un colega, una colega *(col.)* | ein Kumpel / ein Freund, eine Freundin<br>LAT collega |
| ¿Qué tal, colega? | Wie geht's, mein Freund? |
| Londres | London |
| pasárselo bien/mal | Spass haben, sich gut/ nicht gut amüsieren |
| Me lo he pasado muy bien en Londres. | Ich habe mich in London sehr gut amüsiert. |

**El verbo *pasárselo bien / mal***

| | | | |
|---|---|---|---|
| Me | lo | paso | bien/mal. |
| Te | | pasas | |
| Se | | pasa | |
| Nos | | pasamos | |
| Os | | pasáis | |
| Se | | pasan | |

| | |
|---|---|
| una tabla | ein Brett, ein Surfbrett |
| Tu tabla de surf es muy buena. | Dein Surfbrett ist sehr gut. |
| quedarse *(+ adj.)* | werden |
| Pablo se ha quedado muy delgado. | Pablo ist sehr schlank geworden. |
| (estar) vacío, -a | leer (sein)<br>F vide<br>LAT vacuus<br>D vakant |
| La playa está vacía en invierno. | Der Strand ist im Winter leer. |

## Texto: Pablo en Roses

| | |
|---|---|
| el voleiplaya | Beachvolleyball |
| En las vacaciones juego al voleiplaya. | In den Ferien spiele ich Beachvolleyball. |
| al aire libre | Freiluft …, open air |
| Es un concierto al aire libre. | Es ist ein Open-Air-Konzert. |
| quedarse | bleiben |
| El domingo me quedé en casa. | Am Sonntag bin ich zu Hause geblieben. |
| un final | ein Ende<br>F la fin LAT finis |
| La farmacia está al final de la calle. | Die Apotheke befindet sich am Ende der Straße. |
| ¿Te gustó el final de la película? | Hat dir das Ende des Films gefallen? |
| desde | seit |
| No he visto a Mario desde finales de agosto. | Ich habe Mario seit Ende August nicht gesehen. |
| decidir (hacer) algo | etw. entscheiden, sich entschließen, (etw. zu tun)<br>E to decide<br>F décider |
| He decidido cambiar de instituto. | Ich habe mich entschlossen, die Schule zu wechseln. |
| El profe decidió que Andrés participa en nuestro grupo. | Der Lehrer hat entschieden, dass Andrés in unsere Gruppe kommt. |
| el otoño | der Herbst<br>E autumn<br>F l'automne *(m.)* |
| El otoño empieza el 21 de septiembre. | Der Herbst beginnt am 21. September. |
| (estar) muerto, -a | tot (sein)<br>F mort LAT mortuus |
| Roses **está muerto**. | Roses **ist wie ausgestorben**. |
| El árbol está muerto. | Der Baum ist tot. |
| una cara | ein Gesicht |
| Carme tiene una cara preciosa. | Carme hat ein wunderschönes Gesicht. |

| Pretérito perfecto y pretérito indefinido | §§ 1, 2 |
|---|---|
| • Hoy **he ido** al cine.<br>• Esta semana **he visto** Roses.<br>• Este mes **ha sido** bastante aburrido.<br>• ¿**Has estado** en Londres alguna vez? | • Ayer **estudié** en casa.<br>• La semana pasada **visité** Figueres.<br>• El mes pasado **fue** el mejor de mi vida.<br>• En agosto **pasé** dos semanas en Londres. |

| | |
|---|---|
| mayor | ältere, -r, -s |
| mi hermano mayor | mein älterer Bruder |
| En esta playa hay mucha **gente mayor**. | An diesem Strand gibt es viele **Senioren**. |
| un turista, una turista | ein Tourist, eine Touristin<br>E tourist F le/la touriste |
| un lugar | ein Platz, ein Ort<br>LAT locus |
| Busco un lugar para descansar. | Ich suche einen Ort zum Ausruhen. |
| aburrirse | sich langweilen |
| ⇨ aburrido, -a | ⇨ langweilig |
| ⇔ divertirse | ⇔ sich vergnügen |
| Ayer me aburrí mucho en el cine. | Gestern habe ich mich im Kino sehr gelangweilt. |
| el futuro | die Zukunft |
| **En el futuro** quiero irme de aquí. | **Später einmal** möchte ich von hier fortgehen. |
| apuntarse a algo | sich zu etw. anmelden |
| Me he apuntado a un curso de informática. | Ich habe mich zu einem Informatikkurs angemeldet. |
| un gimnasio | ein Fitnessstudio |
| ¿para qué? | wozu?/wofür? |
| ¿Para qué aprendes español? | Wofür lernst du Spanisch? |
| un proyecto | ein Projekt<br>E project F le projet |
| un tema | ein Thema. |
| un curso | ein Kurs |
| El curso de español empieza en septiembre. | Der Spanischkurs beginnt im September. |
| seguir con/sin algo | etw. immer noch / weiterhin haben / nicht haben |
| Sigo sin móvil. | Ich habe immer noch kein Handy. |
| Sigo con el mismo ordenador. | Ich habe immer noch denselben Computer. |

| | |
|---|---|
| próximo, -a | nächste, -r, -s<br>F prochain<br>LAT proximus |
| La próxima semana tenemos clase. | Nächste Woche haben wir Unterricht. |
| simplemente | einfach *(adv.)*<br>E simply F simplement |
| La chica es simplemente perfecta. | Das Mädchen ist einfach perfekt. |

**El estilo indirecto sin cambiar el tiempo verbal** § 4

| | |
|---|---|
| • «Aquí **me aburro**.» | • Dice que **se aburre**. |
| • «Mis primos **han venido** este verano.» | • Ha contado que sus primos **han venido** este verano. |
| • «¿Dónde **quedasteis** el domingo?» | • Pregunta dónde **quedaron** el domingo. |
| • «¿Te **vas a apuntar** a un gimnasio?» | • Ha preguntado si se **va a apuntar** a un gimnasio. |

| | |
|---|---|
| olvidarse de algo / alguien; olvidar algo / a alguien | etw. / jdn. vergessen |
| ⇔ acordarse (-ue-) de algo/alguien | ⇔ sich an etw. / jdn. erinnern<br>F oublier LAT oblivisci |
| ¿Te has olvidado de mandar la carta? | Hast du vergessen, den Brief abzuschicken? |
| Por favor, no me olvides. | Vergiss mich bitte nicht. |
| en fin | also, schließlich |
| suponer (-g-) algo | etw. vermuten<br>E to suppose<br>F supposer |
| En fin, supongo que Pablo me ha olvidado ya. | Also, ich vermute, dass Pablo mich schon vergessen hat. |
| animarse (a hacer algo) | in Schwung kommen, sich animieren, etw. zu tun |
| ⇨ animado, -a | ⇨ fröhlich, lebhaft |
| ¡**Anímate** a salir con nosotros! | **Raff' dich auf**, geh mit uns aus! |
| un hombre, ¡hombre! | ein Mann, Mensch! *(Ausruf)*<br>F un homme LAT homo |
| Este hombre es muy simpático. ¡Llámame alguna vez, hombre! | Dieser Mann ist sehr sympathisch. Mensch, ruf mich doch mal an! |
| una cita | eine Verabredung, ein Termin |
| No tengo tiempo porque tengo una cita. | Ich habe keine Zeit, weil ich eine Verabredung habe. |
| ¿Cuándo tienes la cita con el profesor? | Wann hast du den Termin mit deinem Lehrer? |
| un chaval *(col.)*<br>≡ un chico | ein Junge, ein Kerl *(col.)*<br>≡ ein Junge |

**Dos pronombres de objeto con el verbo** § 5

| | |
|---|---|
| • ¿**Me** mandas **el trabajo**? | • **Te lo** mando. |
| • ¿**Te** ha contado **la película**? | • Sí, **me la** contó ayer. |
| • ¿**Le** puedo mandar esta foto **a Cristina**? | • Sí, claro, mánda**sela**. |
| • ¿**Le** abres **la puerta a la señora**, por favor? | • Sí, claro, **se la** abro ahora mismo. |
| • ¿**Nos** has buscado ya **los libros**? | • No, todavía no **os los** he buscado. Lo siento. |
| • Pone**os los zapatos**, por favor. Nos vamos. | • Ya **nos los** estamos poniendo. / Ya estamos poniéndo**noslos**. |
| • ¿**Les** compras **la tarta a los abuelos**? | • Sí, ahora **se la** compro. |
| • **Les** vas a dar **tu número de teléfono**? | • Sí, **se lo** voy a dar. / Sí, voy a dár**selo**. |

## Ejercicios

| | |
|---|---|
| las sandalias | die Sandalen<br>E sandal F la sandale |
| En verano llevo siempre sandalias. | Im Sommer trage ich immer Sandalen. |
| las zapatillas de deporte | die Sportschuhe |
| ¿Cuánto cuestan estas zapatillas de deporte? | Wieviel kosten diese Sportschuhe? |
| la nieve | der Schnee<br>LAT nix |
| la lluvia | der Regen<br>F la pluie LAT pluvia |
| el viento | der Wind<br>F le vent LAT ventus |
| Este fin de semana esperamos nieve, lluvia y viento. | Für dieses Wochenende erwarten wir Schnee, Regen und Wind. |
| una nube | eine Wolke<br>F le nuage LAT nubes |

| | |
|---|---|
| una tormenta | ein Gewitter |
| ¡Uf, qué nube más negra! Vamos a tener tormenta! | Was für eine schwarze Wolke! Es wird ein Gewitter geben! |

# Unidad 2

## Primer paso: Migraciones

| | |
|---|---|
| una migración | eine Migration, eine Wanderbewegung |
| ⇨ un **inm**igrante, una **inm**igrante | ⇨ ein **Imm**igrant, eine **Imm**igrantin |
| las migraciones en el siglo XXI | die Migrationen des 21. Jahrhunderts |
| Cataluña *(f.)* | Katalonien |
| una comunidad autónoma | eine autonome Region |
| la Comunidad Autónoma de Cataluña | die autonome Region Katalonien |
| un habitante, una habitante | ein Einwohner, eine Einwohnerin |
| ⇨ una habitación | ⇨ ein Zimmer |
| ¿Cuántos habitantes tiene Cataluña? | Wieviel Einwohner hat Katalonien? |
| una lengua oficial | eine Amtssprache |
| Cataluña tiene dos lenguas oficiales: el catalán y el castellano. | In Katalonien gibt es zwei Amtssprachen: Katalanisch und Spanisch. |
| la industria | die Industrie<br>E industry<br>F l'industrie *(f.)* |

## Texto: En casa de Carme

**El pretérito imperfecto** §7

- Yo antes me ech**aba** la siesta cada día.
- ¿En aquella época llev**abas** el pelo corto?
- La abuela siempre jug**aba** contigo.
- Entonces bail**ábamos** en el patio.
- ¿Dónde nad**abais** en el pueblo?
- Mis padres visit**aban** a sus amigos.
- Entonces me divert**ía** mucho los veranos.
- ¿En aquella época ve**ías** mucho a tus primos?
- Mi padre casi siempre hac**ía** la comida.
- Entonces viv**íamos** en casa de la abuela.
- ¿Todas las noches le**íais** en la cama?
- Mis padres sal**ían** con mis tíos.

| | |
|---|---|
| una exposición | ein Referat |
| Tengo que hacer una exposición sobre Barcelona. | Ich muss ein Referat über Barcelona halten. |
| un andaluz, una andaluza (*pl.* andaluces) | ein Andalusier, eine Andalusierin |
| un andaluz de Córdoba | ein Andalusier aus Córdoba |
| alegre | fröhlich |
| ⇔ triste | ⇔ traurig |
| ≡ animado, -a | ≡ lebhaft, fröhlich |
| llevar algo | etw. mitnehmen, -bringen |

**Los verbos *traer* y *llevar***

| | |
|---|---|
| ¿Vas a la panadería? ¿Me **traes** un dulce? | Gehst du in die Bäckerei? Kannst du mir etwas Süßes **mitbringen**? |
| ¿Vas a casa de Montse? ¿Le puedes **llevar** este cuaderno? | Gehst du zu Montse? Kannst du ihr dieses Heft **mitnehmen**? |
| Mañana te **llevo** tu cuaderno al instituto. | Morgen **bringe** ich dir dein Heft mit in die Schule. |
| ¿**Llevas** este plato a la cocina y me **traes** un vaso de agua? | **Bringst** du diesen Teller in die Küche und **bringst** mir ein Glas Wasser mit? |

| | |
|---|---|
| un ramo | ein Strauß |
| una flor | eine Blume<br>E flower F la fleur<br>LAT flos |
| un ramo de flores | ein Blumenstrauß |

**El pretérito imperfecto del verbo *ser*** §8

El pueblo **era** pequeño.
Tú **eras** un niño.
Ella **era** preciosa.
Nosotros **éramos** jóvenes.
Vosotros **erais** muy juguetones.
Ellos **eran** muy alegres.

| | |
|---|---|
| andaluz, -a | andalusisch |
| Sevilla es una ciudad andaluza. | Sevilla ist eine andalusische Stadt. |
| el gazpacho | der Gazpacho *(kalte Gemüsesuppe)* |
| Este gazpacho está riquísimo. | Dieser Gazpacho ist sehr lecker. |

| | |
|---|---|
| la paz | der Frieden |
| Déjame en paz, por favor. Quiero estar solo. | Lass mich bitte in Frie den. Ich möchte allein sein. |
| donde | wo, in der / dem *(Relativpron.)* |
| Ésta es la ciudad donde viví. | Dies ist die Stadt, in der ich gewohnt habe. |

**Oraciones subordinadas adverbiales** § 12

| | |
|---|---|
| • Dime **cómo** quieres hacerlo. Yo te ayudo. | • Lo quiero hacer **como** siempre. |
| • No sé **adónde** vamos. | • Vamos **adonde** fue Pablo. |
| • ¿Te acuerdas **dónde** nos encontramos por primera vez? | • Sevilla es la ciudad **donde** nos conocimos. |
| • ¿Me puedes decir **cuándo** vino Carme ayer? | • Carme vino **cuando** Montse salió. |

| | |
|---|---|
| verdaderamente<br>⇨ la verdad | wirklich<br>⇨ die Wahrheit<br>F vraiment |
| Estoy verdaderamente cansado. | Ich bin wirklich müde. |
| un palacio | ein Palast<br>E palace LAT palatium |
| La Alhambra es un palacio árabe. | Die Alhambra ist ein arabischer Palast. |
| la Reconquista | die Reconquista, die Wiedereroberung |
| un rey, una reina | ein König, eine Königin<br>LAT rex, regina |
| los Reyes Católicos | die Katholischen Könige |
| Los Reyes Católicos terminaron la Reconquista. | Die Katholischen Könige beendeten die Reconquista. |
| último, -a<br>⇔ primero, -a | letzte, -r, -s<br>⇔ erste, -r, -s<br>LAT ultimus |
| Ésta es mi última tarde contigo. | Dies ist mein letzter Abend mit dir. |
| un árabe, una árabe | ein Araber, eine Araberin |
| Los árabes llegaron a la Península Ibérica por el Estrecho de Gibraltar. | Die Araber erreichten die Iberische Halbinsel über die Straße von Gibraltar. |
| Cristóbal Colón | Christoph Kolumbus |
| Creemos que Colón era de Génova. | Wir glauben, dass Kolumbus aus Genua stammte. |
| un descubrimiento | eine Entdeckung<br>E discovery<br>F la découverte |
| Este disco es el descubrimiento del año. | Diese Platte ist die Entdeckung des Jahres. |
| una conquista | eine Eroberung |
| Elvira es la nueva conquista de Juan. | Elvira ist die neue Eroberung von Juan. |
| una década | ein Jahrzehnt |
| Una década son diez años. | Ein Jahrzehnt sind 10 Jahre. |
| un motor | ein Motor, eine Antriebskraft |
| La bicicleta no tiene motor. | Das Fahrrad hat keinen Motor. |
| El turismo ha sido el motor de la economía española. | Der Tourismus war die Antriebskraft der spanischen Wirtschaft. |
| el flamenco | der Flamenco |
| José canta flamenco muy bien. | José singt sehr gut Flamenco. |
| la simpatía | die Sympathie, die Warmherzigkeit |
| Lo mejor de ella es su simpatía. | Das Beste an ihr ist ihre Warmherzigkeit. |
| por desgracia | leider |
| Por desgracia no conozco Cádiz. | Leider kenne ich Cádiz nicht. |
| un latifundio<br>⇨ un latifundista | ein Großgrundbesitz<br>⇨ ein Großgrundbesitzer |
| el latifundio del duque | Der Großgrundbesitz des Herzogs |
| existir | existieren E to exist |
| Descartes dijo: «Pienso, luego existo.» | Descartes sagte: „Ich denke, also bin ich.“ |
| una versión | eine Version<br>E version |
| Esa versión de la canción me encanta. | Diese Version des Liedes gefällt mir sehr gut. |
| un invernadero<br>⇨ el invierno | ein Gewächshaus<br>⇨ der Winter |
| mayor | größer, größte, -r, -s *(Komparativ u. Superlativ von „grande“)* |
| Sevilla es mayor que Córdoba. | Sevilla ist größer als Córdoba. |
| el mayor éxito de su vida | der größte Erfolg seines Lebens |

| La colocación de los adjetivos | § 15 |
|---|---|
| • Este paisaje **andaluz** es precioso.<br>• ¡Éste es el **precioso** paisaje andaluz!<br>• ¡Aquí está el **precioso** paisaje de Sierra Nevada!<br><br>• la **peor** cosecha de la época<br>• mi **mejor** proyecto para este año<br>• el **mayor** desastre de la década<br>• el **primer** beso . . ., la **última** cita | |

| | |
|---|---|
| una frontera | eine Grenze |
| Los Pirineos son la frontera entre España y Francia. | Die Pyrenäen sind die Grenze zwischen Spanien und Frankreich. |
| Marruecos *(m.)* | Marokko |
| Voy a ir a Marruecos. | Ich werde nach Marokko gehen / fahren. |
| un contraste | ein Kontrast, ein Gegensatz |
| ¡Qué contraste entre el frío de la calle y el calor de la habitación! | Welch ein Gegensatz zwischen der Kälte der Straße und der Wärme der Wohnung! |
| diferente (a) | unterschiedlich, anders (als)<br>E different F différent |
| Miguel es un chico diferente (a los otros chicos que conozco). | Miguel ist anders (als die anderen Jungen, die ich kenne). |
| un nivel | ein Niveau |
| el desarrollo humano | die menschliche Entwicklung |
| El nivel de desarollo humano es muy diferente en Europa y en África. | Das Entwicklungsniveau ist in Europa und Afrika sehr unterschiedlich. |
| la esperanza de vida | die Lebenserwartung |
| ⇨ esperar algo | ⇨ etw. erwarten |
| Las mujeres tienen mayor esperanza de vida que los hombres. | Frauen haben eine höhere Lebenserwartung als Männer. |
| la alfabetización | die Alphabetisierung |
| la renta per cápita | das Pro-Kopf-Einkommen |
| En Andalucía la renta per cápita no es muy alta. | In Andalusien ist das Pro-Kopf-Einkommen nicht sehr hoch. |
| cada | jede, -r, -s<br>F chaque |
| Tenemos inglés cada dos días. | Wir haben jeden zweiten Tag Englisch. |
| un africano, una africana | ein Afrikaner, eine Afrikanerin<br>E African |
| la atención | die Aufmerksamkeit<br>E attention<br>F l'attention *(f.)* |
| Gracias por vuestra atención. | Danke für eure Aufmerksamkeit. |

## Ejercicios

| | |
|---|---|
| el contrario de algo | das Gegenteil von etw.<br>F le contraire |
| «Frío» es el contrario de «caliente». | „Kalt" ist das Gegenteil von „heiß". |
| un sinónimo | ein Synonym |
| ¿«Bello» es sinónimo de «bonito»? | Ist „schön" ein Synonym von „hubsch"? |
| ser parecido, -a (a algo) | ähnlich sein (wie etw.) |
| ⇨ parecer(le) algo a alguien | ⇨ jdm. etw. erscheinen |
| ¿Düsseldorf es parecido a Colonia? | Ist Düsseldorf ähnlich wie Köln? |
| adonde | wohin *(Rel.pron.)* |
| El pueblo adonde vamos es muy bonito. | Das Dorf, in das wir fahren, ist sehr hübsch. |

# Unidad 4

## Primer paso: Un poco de arte

| | |
|---|---|
| el arte (*pl.* las artes) | die Kunst<br>E art F l'art *(m.)*<br>LAT ars |
| el arte español | die spanische Kunst |
| un pintor, una pintora | ein Maler, eine Malerin |
| el pintor Dalí | der Maler Dalí |
| un cuadro | ein Gemälde |
| un cuadro del pintor Velázquez | ein Gemälde des Malers Velázquez |

| | |
|---|---|
| un pájaro | ein Vogel |
| El quetzal es un pájaro. | Der Quetzal ist ein Vogel. |
| un animal | ein Tier<br>[E] animal [F] un animal<br>[LAT] animal |
| la luna | der Mond<br>[LAT] luna |
| Hoy **hay luna llena**. | Heute **ist Vollmond**. |
| una mujer<br>⇔ un hombre | eine Frau<br>⇔ ein Mann<br>[LAT] mulier |
| ¿Quién es esa mujer? | Wer ist diese Frau? |
| un reloj | eine Uhr |
| un árbol | ein Baum<br>[F] un arbre [LAT] arbor |
| una estrella | ein Stern<br>[E] star [F] une étoile<br>[LAT] stella |
| la estrella de Navidad | der Weihnachtsstern |
| el cielo | der Himmel<br>[F] le ciel [LAT] caelum |
| El cielo azul, la playa… | der blaue Himmel, der Strand… |

## Texto: En Barcelona con Carme

| | |
|---|---|
| una manifestación | eine Demonstration<br>[F] une manifestation |
| En la manifestación había un millón de personas. | Auf der Demonstration waren eine Million Menschen. |
| pedir (-i-/-i-) algo | etw. bestellen<br>[LAT] petere |
| ¿Has pedido ya el bocadillo al camarero? | Hast du schon das (belegte) Brötchen beim Kellner bestellt? |
| una tapa | eine Tapa, ein Appetithäppchen |
| Quería una tapa de jamón. | Ich möchte eine Schinken-Tapa. |
| una tortilla | eine Tortilla *(ein Omelett mit Kartoffeln u. Zwiebeln)* |
| La tortilla española me encanta. | Ich mag die spanische Tortilla sehr. |
| continuar *(+ gerundio)*<br>≘ seguir *(+ gerundio)* | fortfahren, weiterhin etw. tun<br>≘ fortfahren, weiterhin etw. tun<br>[E] to continue<br>[F] continuer |
| Carme continúa leyendo, mientras Pablo busca otro libro. | Carme liest weiter, während Pablo ein anderes Buch sucht. |

**El pretérito pluscuamperfecto** **§ 18**

Me acordé de algo que **había olvidado.**
Cuando te llamaron, ya **habías terminado.**
Berlín me gustó. Nunca **había estado** allí.
Nos llamó, pero ya nos **habíamos ido.**
¿Esta película ya la **habíais visto**?
Cuando llegó, ya se **habían dormido.**

| | |
|---|---|
| el modernismo | der Modernismus |
| sacar fotos | Fotos machen |
| He sacado fotos de la ciudad. ¿Quieres verlas? | Ich habe Fotos von der Stadt gemacht. Möchtest du sie sehen? |
| tonto, -a | dumm |
| ¡Oye, no soy tonto! | Hör mal, ich bin doch nicht dumm! |
| el amor<br>⇨ enamorarse de alguien<br>⇨ enamorado, -a | die Liebe<br>⇨ sich in jdn. verlieben<br>⇨ verliebt<br>[F] l'amour *(m.)* [LAT] amor |
| ¡Tú eres el amor de mi vida! | Du bist die Liebe meines Lebens! |
| una terraza | eine Terrasse, ein Café im Freien |
| ¿Nos sentamos en la terraza? | Setzen wir uns auf die Terrasse? |
| un plan | ein Plan, ein Vorhaben<br>[E] plan |
| ¿Qué planes tienes para mañana? | Welche Pläne hast du für morgen? |
| participar en algo | teilnehmen an etw.<br>[D] partizipieren |
| ¿Participas en el programa Ruta Quetzal? | Nimmst du am (Austausch)Programm Ruta Quetzal teil? |

| | |
|---|---|
| un programa | ein Programm<br>E programme / program |
| el programa de este año | das diesjährige Programm |
| mío, -a | meine, -r, -s *(betontes Possessivpron.)*<br>LAT meus |
| ¿Tu madre es española? La mía también. | Deine Mutter ist Spanierin? Meine auch. |

**Pronombres posesivos y formas tónicas de los adjetivos posesivos** **§ 16**

- Mi padre / Mi madre viaja poco.
  **El mío** / **La mía** también.
- —¿Raquel es una amiga **tuya**?
  —No, pero Noemí y Víctor son amigos **míos**.
- El coche de David es rojo y **el nuestro** es negro.
- Ya no tengo bolígrafos. ¿Puedo usar uno de **los vuestros**?
- Voy a llevar a uno de mis compañeros a la fiesta y Roberta va a llevar a uno de **los suyos**.

| | |
|---|---|
| la mitología | die Mythologie |
| los incas | die Incas |
| asentir (-ie-/-i-) | nicken |
| Marc asintió sin decir palabra. | Marc nickte, ohne ein Wort zu sagen. |
| una cabeza | ein Kopf<br>LAT caput |
| ¿Qué tienes en la cabeza? | Was hast du im Kopf? |
| un puerto | ein Hafen<br>E port F le port<br>LAT portus |
| el puerto de Barcelona | der Hafen von Barcelona |
| el principio<br>⇔ el fin<br>≡ el comienzo | der Anfang, der Beginn<br>⇔ das Ende<br>≡ der Anfang, der Beginn<br>LAT principium |
| al principio | am Anfang, am Beginn |
| La biblioteca está al principio de la calle. | Die Bibliothek befindet sich am Anfang der Straße. |
| Al principio no le creía, pero ahora sí. | Am Anfang glaubte ich ihm nicht, aber jetzt doch. |
| suyo, -a | seine, -r, -s, ihre, -r, -s *(betontes Possessivpron.)*<br>LAT suus |
| Mi jersey es verde, el suyo no. | Mein Pullover ist grün, seiner nicht. |
| saltar | springen, hüpfen<br>F sauter LAT saltare |
| ¡Uno, dos, tres… salta! | Eins, zwei, drei … spring! |
| una chispa | ein Funke |
| Entre Miguel y yo saltan chispas. | Zwischen Miguel und mir gibt es Spannungen / herrscht eine aufgeladene Atmosphäre. |
| serio, -a<br>⇔ gracioso, -a<br>⇔ divertido, -a | ernst<br>⇔ witzig<br>⇔ lustig<br>LAT serio |
| Juan no está serio sólo hoy. Él es serio. | Juan ist nicht nur heute ernst. Er ist (immer) ernst. |
| sencillamente<br>≡ simplemente | einfach, schlichtweg<br>≡ einfach, schlichtweg |
| ins**op**ortable | unerträglich, unausstehlich<br>F ins**upp**ortable |
| (estar) alterado, -a | verstört (sein) |
| Miguel está muy alterado. | Miguel ist sehr verstört. |
| directamente | direkt<br>E directly<br>F directement |
| tuyo, -a | deine, -r, -s *(betontes Possessivpron.)*<br>LAT tuus |
| Es cosa tuya. | Das ist deine Sache. |
| sino | sondern |
| No es su problema, sino el tuyo. | Es ist nicht sein Problem, sondern deins. |
| elegir (-i-/-i-) algo / a alguien | etw. / jdn. wählen<br>LAT eligere |
| ¿Has elegido ya la comida? | Hast du schon dein Essen (aus)gewählt? |

**¿Pretérito imperfecto o pretérito indefinido? (2)** **§ 13**

- Miguel **subió** al autobús, **pagó** y se **sentó**.
- Montse y Jordi no **subieron** al autobús …
- Mientras Pablo **buscaba** a Miguel en el autobús, Carme **pagaba**.
- … porque **querían** pasear por la Rambla.

| | |
|---|---|
| Anda. | Los. / Mach schon. |
| ¡Vámonos, anda! | Gehen wir, los! |
| probar (-ue-) algo | etw. probieren |
| ¿Has probado alguna vez la tortilla española? | Hast du schon einmal spanische Tortilla probiert? |
| quitársele algo a alguien | jdm. etw. vergehen |
| Con este tiempo tan malo se me quitan las ganas de salir. | Bei diesem schlechten Wetter vergeht mir die Lust rauszugehen. |
| comerse algo | etw. essen |
| ⇨ la comida | ⇨ das Essen<br>[LAT] comedere |
| ¿Te has comido ya mi tortilla? | Hast du schon meine Tortilla gegessen? |
| especial | besonders, speziell |
| ⇔ normal | ⇔ normal |
| Tú eres alguien especial para mí. | Du bist jemand Besonderes für mich. |
| un trabajador, una trabajadora | ein Arbeiter, eine Arbeiterin |
| ⇨ el trabajo | ⇨ die Arbeit |
| ⇨ trabajar | ⇨ arbeiten |
| un periodista, una periodista | ein Journalist, eine Journalistin |
| ⇨ un periódico | ⇨ eine Zeitung |
| musical | Musik- |
| ⇨ la música | ⇨ die Musik<br>[E] musical [F] musical |
| el grupo musical Celtas Cortos | die Musikgruppe Celtas Cortos |
| gritar (algo) | (etw.) schreien |
| ¿Por qué gritas? | Warum schreist du? |
| coger (cojo) algo | etw. nehmen, etw. ergreifen *(Nur in Spanien gebrauchen! In Lat. am. vulgär!)* |
| Aquí está tu abrigo. Cógelo, por favor. | Hier ist dein Mantel. Nimm ihn, bitte. |

***Mientras* y *durante*** **§ 17**

- **Mientras** comemos, hablamos del instituto.
- **Mientras** veíamos Barcelona, le sacaba fotos.
- **Durante** la comida hablamos de las clases.
- **Durante** la manifestación hablamos del proyecto.

# Unidad 5

## Primer paso: En Perú

| | |
|---|---|
| una zona | eine Zone, eine Gegend |
| Conozco muy bien esta zona de los Andes. | Ich kenne diese Gegend der Anden sehr gut. |
| la fauna | die Fauna |
| la flora | die Flora |
| La flora y fauna de Perú son muy interesantes. | Die Flora und Fauna von Peru sind sehr interessant. |
| diverso, -a | verschiedene, -r, -s<br>[F] divers [D] divers |
| Hay diversos caminos para llegar a Machu Picchu. | Es gibt verschiedene Wege, nach Machu Picchu zu kommen. |
| antiguo, -a | alt |
| ≡ viejo, -a | ≡ alt<br>[LAT] antiquus |
| el Imperio Inca | das Inkareich |
| La capital del antiguo Imperio Inca fue Cuzco. | Die Hauptstadt des alten Inkareiches war Cuzco. |
| arqueológico, -a | archäologisch |
| un sitio arqueológico | eine Ausgrabungsstätte |
| Machu Picchu es el sitio arqueológico más importante de Perú. | Machu Picchu ist die bedeutendste Ausgrabungsstätte in Peru. |
| la corriente de Humboldt | der Humboldtstrom |
| La corriente de Humboldt es una corriente de agua fría. | Der Humboldtstrom ist ein Kaltwasserstrom. |
| por ciento (%) | Prozent |
| El 5 % (por ciento) de la población no habla castellano. | Fünf Prozent der Bevölkerung spricht kein Spanisch. |

| | |
|---|---|
| un peruano, una peruana | ein Peruaner, eine Peruanerin |
| El escritor Mario Vargas Llosa es peruano. | Der Schriftsteller Mario Vargas Llosa ist Peruaner. |
| un desierto | eine Wüste |
| el desierto del Sáhara | die Wüste Sahara |
| un altiplano | eine Hochebene |
| Perú, Bolivia y Chile comparten el altiplano. | Peru, Bolivien und Chile teilen sich die Hochebene. |
| una selva | ein Urwald, ein Regenwald |
| amazónico, -a | amazonisch |
| En la selva amazónica hay grandes ríos. | Im Urwald Amazoniens gibt es große Flüsse. |
| los Andes | die Anden |
| los Alpes | die Alpen<br>E Alps |
| En los Alpes está el Mont Blanc. | In den Alpen liegt der Mont Blanc. |
| un horóscopo | ein Horoskop |
| ¿Qué dice mi horóscopo para esta semana? | Was sagt mein Horoskop für diese Woche? |

## Texto: La carta de bienvenida

| | |
|---|---|
| la bienvenida | das Willkommen<br>F la bienvenue |
| Quiero daros la bienvenida. | Ich möchte euch willkommen heißen. |
| acercarse a algo / alguien<br>⇨ cerca (de) | sich nähern, herankommen<br>⇨ nahe |
| Nos acercamos al altiplano. | Wir nähern uns der Hochebene. |
| animar a alguien<br><br>⇨ animado, -a<br>⇨ animarse (a hacer algo) | jdn. ermuntern, jdn. aufheitern<br>⇨ lebhaft, fröhlich<br>⇨ sich ermuntern, (etw. zu tun)<br>D animieren |
| Intenté animarlo, pero no quería venir. | Ich versuchte, ihn zu ermuntern, aber er wollte nicht kommen. |
| algo (*+ adj.*)<br>≡ un poco | ein bisschen<br>≡ ein bisschen |
| Estoy algo cansado. Eso es todo. | Ich bin ein bisschen müde. Das ist alles. |

**El uso de *ser* y *estar* con el mismo adjetivo** **§ 19**

- Pablo **es** delgado, pero últimamente **está** delgadísimo.
- Yo **soy** muy nervioso, pero cuando tengo exámenes **estoy** más nervioso todavía.
- **Estarás** muy triste porque la situación realmente **es** muy triste.

| | |
|---|---|
| (el) Perú | Perú |
| darse cuenta de algo | etw. bemerken |
| ¿Te has dado cuenta del cambio de paisaje? | Hast du die Landschaftsveränderung bemerkt? |
| un sueño<br>⇨ soñar con algo / alguien | ein Traum<br>⇨ von etw. / jdm. träumen |
| Esta noche he tenido un sueño muy raro. | Diese Nacht hatte ich einen sehr seltsamen Traum. |
| la envidia | der Neid<br>LAT invidia |
| ¡Qué **envidia me das**! | Wie **neidisch bin ich auf dich**! |
| una experiencia | eine Erfahrung<br>E experience |
| fantástico, -a<br>≡ fenomenal | fantastisch, toll<br>≡ toll, großartig<br>E fantastic |
| Un viaje así es una experiencia fantástica. | Eine solche Reise ist eine fantastische Erfahrung. |
| pasar | vergehen, vorbei gehen<br>E to pass F passer |
| Para llegar a Cuzco hay que pasar por… | Um nach Cuzco zu kommen, muss man durch … fahren. |

**El futuro simple** **§ 20**

En Perú visitar**é** la selva amazónica.
¿ Volar**ás** a Cuzco?
¿Qué comer**á** en la selva?
Mañana ver**emos** Machu Picchu.
¿Os reunir**éis** en Lima?
¿Cuándo partir**án** hacia el altiplano?

| | |
|---|---|
| estimado, -a | geehrte, -r |
| Estimados señores y señoras … | Sehr geehrte Damen und Herren … |
| Quisiera … | Ich möchte / würde gerne … |
| Buenos días. Quisiera hablar con el Sr. Sanz, por favor. | Guten Tag. Ich möchte bitte gerne mit Herrn Sanz sprechen. |
| un becario, una becaria | ein Stipendiat, eine Stipendiatin |
| Pablo es becario de Ruta Quetzal. | Pablo ist Stipendiat der Ruta Quetzal. |
| invitar a alguien | jdn. einladen<br>[E] to invite [F] inviter<br>[LAT] invitare |
| La invité a un refresco. | Ich habe sie auf ein (Erfrischungs-)getränk eingeladen. |
| una reunión | ein Treffen, eine Versammlung |
| informar a alguien (de algo) | jdn. (über etw.) informieren |
| ⇨ una información | ⇨ eine Information |
| Hay una reunión para informarlos a todos del programa. | Es findet eine Versammlung statt, um alle über das Programm zu informieren. |
| un detalle | eine Einzelheit, ein Detail |
| En el folleto están todos los detalles. | Im Prospekt stehen alle Einzelheiten. |
| un resumen | eine Zusammenfassung<br>[F] un résumé [D] Resümee |
| He hecho un resumen del texto. | Ich habe eine Zusammenfassung des Textes gemacht. |
| un itinerario | eine Reiseroute |
| ¿Qué itinerario vais a seguir? | Welcher Reiseroute folgt ihr? |
| joven | jung |
| ⇔ viejo, -a | ⇔ alt<br>[F] jeune [LAT] iuvenis |
| Eres **muy joven** para esos viajes. | Du bist **zu jung** für solche Reisen. |
| un destino | ein Reiseziel |

| | |
|---|---|
| reunirse (con alguien) | sich versammeln, sich (jdm.) anschließen |
| ⇨ una reunión | ⇨ eine Versammlung |
| ⇔ separarse (de alguien) | ⇔ sich von jdm. trennen |
| A las 4 nos reunimos en la fábrica. | Um 4 Uhr versammeln wir uns in der Fabrik. |
| Los chicos se reunieron con el grupo. | Die Jugendlichen schlossen sich der Gruppe an. |

| **Formas irregulares del futuro simple** | **§ 20** |
|---|---|
| querer | **Querr**é conocer la selva. |
| hacer | ¿**Har**ás muchas visitas guiadas? |
| haber | **Habr**á cursos muy interesantes. |
| saber | Mañana **sabr**emos cuando volamos. |
| poder | **Podr**éis visitar Arequipa. |
| salir | ¿**Saldr**éis por la noche en Lima? |
| tener | **Tendr**án buen tiempo, seguro. |

| | |
|---|---|
| los / las demás | die anderen, die übrigen *(Teil einer Menge)* |
| ≡ los otros, las otras | ≡ die anderen |
| Nosotros estamos aquí. ¿Dónde están los demás? | Wir sind hier. Wo sind die anderen? |
| un participante, una participante | ein Teilnehmer, eine Teilnehmerin |
| ⇨ participar en algo | ⇨ an etw. teilnehmen |
| Los participantes de este año son todos muy amables. | Die diesjährigen Teilnehmer sind alle sehr nett. |
| un guía, una guía | ein Reiseführer, eine Reiseführerin<br>[E] guide [F] un / une guide |
| acompañar(le) a alguien | jdn. begleiten |
| ⇨ un compañero, una compañera | ⇨ ein Klassenkamerad, eine Klassenkameradin<br>[F] accompagner |
| Pablo acompaña a Carme a su casa. | Pablo begleitet Carme nach Hause. |
| una región | eine Region |
| ≡ una zona | ≡ eine Gegend<br>[E] region [F] une région<br>[LAT] regio |
| No conozco esta región de Perú. | Ich kenne diese Region Perus nicht. |

| | |
|---|---|
| colonial | kolonial |
| ⇨ una colonia | ⇨ eine Kolonie |
| Cuzco es una ciudad colonial. | Cuzco ist eine Kolonialstadt. |
| una ruina | eine Ruine |
| las ruinas de Machu Picchu | die Ruinen von Machu Picchu |
| regresar (a) | zurückkommen, -kehren (nach) |
| ≡ volver (a) | ≡ zurückkommen, -kehren (nach) |
| El lunes regresamos a Alemania. | Am Montag kehren wir nach Deutschland zurück. |
| partir | abreisen, aufbrechen<br>F partir |
| Partimos hacia Nazca mañana. | Wir brechen morgen nach Nazca auf. |
| una línea | eine Linie<br>E line F une ligne |
| las famosas líneas de Nazca | die berühmten Nazcalinien |
| un lago | ein See<br>E lake F le lac<br>LAT lacus |
| una oportunidad | eine Gelegenheit<br>E opportunity |

**Subordinadas condicionales reales con *si*** § 21

- **Si** tienes alguna pregunta, (entonces) puedes llamarnos.
- **Si** queréis, vamos a visitar Chan-Chan.
- **Si** vamos a la reunión, conoceremos todos los detalles.

| | |
|---|---|
| visitar algo | etw. besichtigen<br>E to visit F visiter<br>LAT visitare |
| andino, -a | Anden- |
| los países andinos | die Andenländer |
| volar (-ue-) | fliegen |
| ¿Cuándo vuelas a Juliaca? | Wann fliegst du nach Juliaca? |
| una visita | eine Besichtigung, ein Besuch |
| ⇨ visitar algo | ⇨ etw. besichtigen<br>E visit F une visite |
| guiado, -a | geführt |
| ⇨ un guía, una guía | ⇨ ein Reiseführer, eine Reiseführerin |
| La visita guiada a Chan-Chan fue muy interesante. | Die Führung durch Chan-Chan war sehr interessant. |
| un tipo | ein Typ |
| En Perú hay diversos tipos de paisajes. | In Peru gibt es verschiedene Arten von Landschaften. |
| un alimento | eine Nahrung, ein Nahrungsmittel |
| tradi**ci**onal | tradi**ti**onell |
| la cocina tradi**ci**onal de Perú | die tradi**ti**onelle peruanische Küche |
| una población | eine Bevölkerung<br>LAT populus |
| indígena *(m./f.)* | einheimisch, indigen |
| El 35% de la población de Perú es indígena. | 35% der peruanischen Bevölkerung ist indigen. |
| un vuelo | ein Flug |
| ⇨ volar | ⇨ fliegen<br>F un vol |
| el vuelo de Lima a Arequipa | der Flug von Lima nach Arequipa |
| un regreso | eine Rückkehr |
| ⇨ regresar | ⇨ zurückkehren |
| Espero tu regreso. | Ich warte auf deine Rückkehr. |
| cordial | herzlich<br>F cordial |
| Un saludo cordial | Einen herzlichen Gruß |
| una dirección | eine Leitstelle, eine Direktion |
| La dirección del programa organiza el viaje. | Die Programm-direktion organisiert die Reise. |
| académico, -a | Studien- |
| El año académico termina en agosto. | Das Studienjahr endet im August. |
| bañarse (en algo) | baden (in etw.) |
| ⇨ un cuarto de baño | ⇨ ein Badezimmer |
| Este verano me he bañado en el Mediterráneo. | In diesem Sommer habe ich im Mittelmeer gebadet. |
| la Antártida | die Antarktis |
| una cámara digital | eine Digitalkamera |

| | |
|---|---|
| incluso | sogar |
| Yo me baño en el mar incluso en invierno. | Ich bade sogar im Winter im Meer. |
| Te vas a enterar. | Du wirst schon sehen. |
| Si no me escribes, te vas a enterar… | Wenn du mir nicht schreibst, wirst du schon sehen… |
| interesar(le) algo a alguien | jdn. etw. interessieren |
| ⇨ interesante | ⇨ interessant |
| | F intéresser |
| La selva amazónica me interesa mucho. | Der Urwald Amazoniens interessiert mich sehr. |
| Los animales de la selva nos interesan mucho. | Die Tiere im Urwald interessieren uns sehr. |

## Ejercicios

| | |
|---|---|
| los gastos | die Ausgaben |
| cubrir los gastos | die Kosten decken |
| Antonio ha cerrado la tienda porque no cubre los gastos. | Antonio hat sein Geschäft geschlossen, weil es die Kosten nicht deckt. |
| el equipaje | das Gepäck |
| No llevo casi equipaje. | Ich nehme fast kein Gepäck mit. |
| facturar el equipaje | das Gepäck abfertigen / aufgeben |
| ¿Dónde puedo facturar, por favor? | Wo kann ich bitte das Gepäck aufgeben? |
| perder (-ie-) algo | etw. verlieren |
| ⇔ encontrar (-ue-) algo | ⇔ etw. finden |
| | F perdre |
| ¡He perdido el móvil! | Ich habe mein Handy verloren! |
| correr | rennen, laufen |
| | F courir |
| Corro todos los días un kilómetro. | Jeden Tag laufe ich einen Kilometer. |
| un riesgo | ein Risiko |
| correr riesgos | Gefahr laufen, ein Risiko eingehen |
| La dirección del programa no quiere correr riesgos. | Die Programmdirektion möchte keine Risiken eingehen. |
| una enfermedad | eine Krankheit |
| ⇨ un enfermero, una enfermera | ⇨ ein Krankenpfleger, eine Krankenschwester |
| ¿Tiene usted alguna enfermedad? | Haben Sie irgendeine Krankheit? |
| atender (-ie-) a alguien | jdn. behandeln |
| A este hombre tiene que atenderlo un médico. | Diesen Mann muss ein Arzt behandeln. |
| la salud | die Gesundheit |
| | F la santé |
| Tengo muy buena salud, gracias. | Ich bin bei guter Gesundheit, danke. |
| romperse algo | sich etw. brechen |
| un brazo | ein Arm |
| | F un bras |
| una pierna | ein Bein |
| Cecilia se ha roto una pierna. | Cecilia hat sich ein Bein gebrochen. |
| (estar) sano, -a | gesund (sein) |
| Mi gata está muy sana. | Meine Katze ist völlig gesund. |
| (estar) sano, -a y salvo, -a | gesund und munter (sein) |
| Paula regresó sana y salva. | Paula ist gesund und munter zurückgekehrt. |

# Unidad 6

## Primer paso: El último paraíso

| | |
|---|---|
| dar(le) de comer a alguien | jdn. füttern |
| ¿Cuándo das de comer al gato? | Wann fütterst du die Katze? |
| acampar | campen |
| ⇨ el campo | ⇨ das Land |
| | E to camp |
| Hemos acampado cerca del lago. | Wir haben in der Nähe des Sees gecampt. |
| una mascota | ein Haustier |
| el fuego | das Feuer |
| | E fire F le feu |
| | LAT focus |
| Aquí no podemos hacer fuego. | Hier können/dürfen wir kein Feuer machen. |

## Texto: No creo que tengáis problemas

| | |
|---|---|
| chatear con alguien | mit jdm. chatten |
| A veces Pablo va al cíber a chatear. | Manchmal geht Pablo zum Chatten ins Internetcafé. |
| notar algo | etw. bemerken |
| ≡ darse cuenta de algo | ≡ etw. bemerken |
| ¿Has notado que Pablo y Carme están enfadados? | Hast du bemerkt, dass Pablo und Carme verärgert sind? |

**El presente de subjuntivo (verbos en *-ar*)** § 22

No me parece bien que …

| | | |
|---|---|---|
| | lle**ve** | yo la bolsa. |
| te | separ**es** | del grupo. |
| Juan | dej**e** | basura aquí. |
| | lleg**uemos** | tarde. |
| | habl**éis** | así. |
| ustedes se | preocup**en**. | |

| | |
|---|---|
| comunicativo, -a | gesprächig |
| | [D] kommunikativ |
| Hoy no estoy muy comunicativo. | Heute bin ich nicht sehr gesprächig. |
| Carme es una chica muy comunicativa. | Carme ist ein sehr gesprächiges Mädchen. |
| un cuy (*pl.* cuyes) | ein Meerschweinchen *(in Peru)* |
| Tengo un cuy. Es una mascota estupenda. | Ich habe ein Meerschweinchen. Es ist ein tolles Haustier. |
| veloz | schnell, flink |
| ≡ rápido | ≡ schnell |
| | [LAT] velox |
| El AVE (Alta Velocidad Española) es un tren muy veloz. | Der AVE ist ein sehr schneller Zug. |
| la gana (*meist im Pl.* las ganas) | die Lust |
| tener ganas | Lust haben |
| Ahora no tengo ganas de salir. | Jetzt habe ich keine Lust auszugehen. |
| discutir con alguien | mit jdm. streiten, mit jdm. diskutieren |
| | [E] to discuss [F] discuter |

| | |
|---|---|
| los preparativos | die Vorbereitungen |
| ⇨ preparar algo | ⇨ etw. vorbereiten |
| ¿Ya estás haciendo los últimos preparativos para el viaje a Perú? | Bist du schon bei den letzten Vorbereitungen für die Perureise ? |
| (estar) excitado, -a | aufgeregt (sein) |
| ⇨ (estar) nervioso, -a, | ⇨ nervös (sein) |
| ⇔ (estar) tranquilo, -a | ⇔ ruhig (sein) |
| | [E] excited |
| Estoy muy excitada por el viaje. | Ich bin wegen der Reise sehr aufgeregt. |
| el miedo (a/de) | die Angst (vor) |
| | [LAT] metus |
| No tengo miedo al / del futuro. | Ich habe keine Angst vor der Zukunft. |
| preocuparse por algo / alguien | sich Sorgen machen |
| ⇨ (estar) preocupado, -a | ⇨ besorgt (sein) |
| No te preocupes por mí, estoy bien. | Mach dir keine Sorgen um mich, mir geht es gut. |

**El presente de subjuntivo (verbos en *-er*, *-ir*)** § 22

Él quiere que …

| | | |
|---|---|---|
| yo | conozc**a** | a Azucena. |
| te | pong**as** | contento. |
| usted | teng**a** | mucho cuidado. |
| | salg**amos** | pronto. |
| os | dirij**áis** | al guía. |
| los chicos | discut**an**. | |

| | |
|---|---|
| seguro *(adv.)* | sicherlich, bestimmt |
| Vas a divertirte mucho, seguro. | Du wirst dich gut amüsieren, bestimmt. |
| con respecto a | hinsichtlich, bezüglich |
| Con respecto a la economía de Perú… | Bezüglich der Wirtschaft Perus… |
| peligroso, -a | gefährlich |
| en todas partes | überall |
| al contrario | im Gegenteil |
| ¿Quién dice que no me gusta chatear? Al contrario, me encanta. | Wer sagt, dass ich nicht gern chatte? Im Gegenteil, es gefällt mir außerordentlich. |

| | |
|---|---|
| un sol | ein Sol *(peruanische Währung)* |
| Las postales cuestan cinco soles. | Die Postkarten kosten fünf Sol. |
| un banco | eine Bank |
| Necesito ir al banco. | Ich muss zur Bank gehen. |
| un dólar | ein Dollar |
| Llevo dólares para el viaje. | Ich nehme Dollars auf die Reise mit. |
| aceptar algo | etw. annehmen, etw. akzeptieren |
| En muchas tiendas aceptan dólares. | In vielen Geschäften nehmen sie Dollar. |
| No te quiero, acéptalo. | Ich mag dich nicht, akzeptier das. |
| un billete | ein Geldschein |
| Tengo todo el dinero en billetes. | Ich habe das ganze Geld in Scheinen. |

**El imperativo negativo** § 24

No
- **toques** los cuadros.
- **olvide** usted la guía de Arequipa.
- **comamos** aquí.
- **bebáis** agua del grifo.
- **digan** ustedes esas cosas.

| | |
|---|---|
| un resto | ein Rest<br>F un reste |
| una tarjeta | eine Karte |
| ¿Paga con tarjeta? | Zahlen Sie mit Karte? |
| un cajero automático | ein Bankautomat |
| ¿Dónde hay un cajero automático? | Wo gibt es einen Bankautomaten? |
| la altitud<br>⇨ alto, -a | die Höhe<br>⇨ hoch<br>LAT altitudo |
| ¿A qué altitud está Cuzco? | In welcher Höhe liegt Cuzco? |
| fatal | sehr schlecht |
| Me siento fatal. | Ich fühle mich sehr schlecht. |
| el dolor | der Schmerz<br>F la douleur<br>LAT dolor |
| Tengo dolor de cabeza. | Ich habe Kopfschmerzen. |
| por si acaso | für alle Fälle |
| Lleva la tarjeta, por si acaso. | Nimm die Karte mit, für alle Fälle. |
| pesado, -a | schwer |
| ¡Qué bolsa tan pesada! | Was für eine schwere Tasche! |
| una excursión | ein Ausflug, eine Exkursion |
| beber algo | etw. trinken<br>F boire LAT bibere |
| ¿Quieres beber algo? | Möchtest du etwas trinken? |

**El imperativo de *usted, ustedes*** § 24

- **Tome** este libro, señor.
- No **tomen** agua del grifo, señores.
- No **entre** por esta puerta, señora. **Entre** por la otra.
- **Escriban** sus nombres en las hojas, por favor.

| | |
|---|---|
| un grifo | ein Wasserhahn |
| No sale agua del grifo. | Aus dem Wasserhahn kommt kein Wasser. |
| evitar (hacer) algo | etw. (zu tun) vermeiden<br>F éviter |
| Hay que evitar comprar comida en la calle. | Man sollte es vermeiden, auf der Straße Essen zu kaufen. |
| un puesto | ein Verkaufsstand |
| estar malo | krank sein |
| Estuve tres días malo. | Ich war drei Tage krank. |
| el vómito | das Erbrechen |
| ¿Tiene vómitos? | Müssen Sie (er)brechen? |
| la diarrea | der Durchfall<br>D Diarrhö |
| Hoy no puedo salir. Tengo diarrea. | Ich kann heute nicht rausgehen. Ich habe Durchfall. |
| un hospital | ein Krankenhaus<br>E hospital<br>F un hôpital<br>D Hospital |
| ¿Te llevamos al hospital? | Sollen wir dich ins Krankenhaus bringen? |
| el estómago | der Magen |
| Tengo dolor de estómago. | Ich habe Magenschmerzen. |

| | |
|---|---|
| (estar) acostumbrado, -a | gewöhnt (sein) |
| ⇨ una costumbre | |
| No estoy acostumbrado a estas comidas. | ⇨ ein Brauch<br>Ich bin nicht an diese Speisen gewöhnt. |
| cierto, -a | bestimmte, -r, -s<br>E certain |
| Hay ciertas zonas que hay que evitar. | Es gibt bestimmte Gegenden, die man meiden sollte. |

**El comparativo de los adverbios** § 25

- Puedes cambiar dinero **fácilmente**.
- Puedes cambiar **tan fácilmente** dólares **como** euros.
- Con dólares puedes comprar **más fácilmente que** con euros.

- Desayunamos **poco** en Perú.
  Desayunamos **tan poco como** aquí.
  Desayunamos **menos que** aquí.

- Comimos **bien**.
  Comimos **tan bien** en Cuzco **como** aquí.
  Comimos **mejor** en Cuzco **que** aquí.

- Dormimos **mal**.
  Dormimos **tan mal como** aquí.
  Dormimos **peor que** aquí.

| | |
|---|---|
| un condimento | ein Gewürz |
| ¿Qué condimentos **lleva** este aguacate? Está riquísimo. | Welche Gewürze **sind auf** dieser Avokado? Sie ist sehr lecker. |
| aunque | obwohl, selbst wenn |
| Aunque no me gusta, me lo como. | Obwohl es mir nicht schmeckt, esse ich es. |
| un conejillo de indias | ein Meerschweinchen |
| la vuelta | die Rückkehr |
| ⇨ volver | ⇨ zurückkehren |
| Nos vemos a la vuelta de mi viaje. | Wir sehen uns bei der Rückkehr nach meiner Reise. |
| una aventura | ein Abenteuer<br>E adventure<br>F une aventure |
| Espero que no tengas ninguna aventura con una peruanita. | Ich hoffe, dass du kein Abenteuer mit einer Peruanerin hast. |
| permanecer en | bleiben in |
| ≡ quedarse en | ≡ bleiben in<br>LAT permanere |
| Por las lluvias tuvimos que permanecer en el hotel. | Wegen des Regens mussten wir im Hotel bleiben. |
| el contacto | der Kontakt<br>E contact |
| Permanecemos en contacto por mail. | Wir bleiben in Mailkontakt. |
| dirigirse a alguien | sich an jdn. wenden, jdn. ansprechen |
| Para informarse, hay que dirigirse al señor Alonso. | Um sich zu informieren, muss man sich an Herrn Alonso wenden. |
| un dueño, una dueña | ein Besitzer, eine Besitzerin<br>LAT dominus |
| La dueña de la casa era muy agradable. | Die Hausbesitzerin war sehr angenehm. |
| perdonar(le) algo a alguien | jdm. etw. verzeihen |
| ⇨ Perdón. | ⇨ Entschuldigung. |
| ¿Me perdonas? | Verzeihst du mir? |
| deber(le) algo a alguien | jdm. etw. schulden |
| ⇨ los deberes | ⇨ die Hausaufgaben |
| ¿Te debo algo? | Schulde ich dir etwas? |

**El uso del subjuntivo (1): verbos de sentimiento, de deseo y de duda** § 23

Me alegro de que **salgas** conmigo.
¿Te molesta que **abra** la ventana?
Le gusta que **ayudes** en la cocina.
Nos preocupa que no **quieras** estudiar.
¿Tenéis miedo de que me **pase** algo?
Están tristes de que Luisa se **tenga** que ir.

## Ejercicios

| | |
|---|---|
| la espalda | der Rücken |
| ¿Qué tienes en la espalda? | Was hast du am Rücken? |
| el pecho | die Brust<br>LAT pectus |
| la barriga | der Bauch |
| Siento dolor en la pierna/la barriga/el pecho. | Ich fühle einen Schmerz im Bein/im Bauch/in der Brust. |

| | |
|---|---|
| un pie | ein Fuß<br>F le pied LAT pes |
| Tengo los pies muy grandes. | Ich habe sehr große Füße. |
| un médico, una médico | ein Arzt, eine Ärztin<br>F un médecin<br>LAT medicus |
| Tengo una cita con el médico a las 3. | Um drei Uhr habe ich einen Termin beim Arzt. |
| enfermarse *(lat. am.)*, ponerse enfermo, -a<br>⇨ un enfermero, una enfermera<br>⇨ una enfermedad | krank werden, erkranken<br>⇨ ein Krankenpfleger, eine Krankenschwester<br>⇨ eine Krankheit |
| En Madrid me enfermé. | In Madrid wurde ich krank. |
| En Perú me puse enfermo dos veces. | In Peru wurde ich zweimal krank. |
| un paciente, una paciente | ein Patient, eine Patientin |
| Buenos días, soy Maren López, paciente del Dr. Sanz. | Guten Tag. Ich heiße Maren López und bin Patientin von Dr. Sanz. |
| doler(le) (-ue-) algo a alguien<br>⇨ el dolor | schmerzen, weh tun<br>⇨ der Schmerz<br>LAT dolere |
| Me duele la cabeza. | Mir tut der Kopf weh. |
| Me duelen los ojos. | Mir tun die Augen weh. |
| una vacuna | eine Impfung |
| Tengo que **ponerme las vacunas**. | Ich muss mich **impfen lassen**. |
| vacunarse | sich impfen (lassen) |
| ¿Cuándo vas a vacunarte? | Wann lässt du dich impfen? |
| el soroche *(Perú)* | Höhenkrankheit *(in Peru)* |
| En Perú tuve soroche. | In Peru bekam ich Soroche / die Höhenkrankheit. |
| la gripe | die Grippe<br>F une grippe |
| Tengo gripe. | Ich habe Grippe. |
| una medicina<br>⇨ un médico, una médico | eine Medizin<br>⇨ ein Arzt, eine Ärztin<br>LAT medicina |
| ¿Ya has tomado la medicina? | Hast du die Medizin schon (ein)genommen? |
| un síntoma | Symptom, Anzeichen |
| ¿Qué síntomas tiene? | Welche Symptome haben Sie? |

# Unidad 7

## Primer paso: La Ruta Quetzal en Perú

| | |
|---|---|
| disfrutar de algo | etw. genießen |
| Disfruta del verano, es corto. | Genieße den Sommer, er ist kurz. |
| estupendo, -a<br>≡ fenomenal<br>≡ fantástico | großartig<br>≡ toll, großartig<br>≡ fantastisch |
| maravilloso, -a | wunderbar |
| Hace un tiempo maravilloso. | Es ist wunderbares Wetter. |
| Sudamérica *(f.)* | Südamerika |
| una po**si**bilidad | eine Möglichkeit<br>E pos**si**bility<br>F la pos**si**bilité |
| Un viaje a Sudamérica es una buena posibilidad de conocer amigos. | Eine Reise nach Südamerika ist eine gute Möglichkeit, Freunde kennenzulernen. |
| educativo, -a | Bildungs- |
| amplio, -a | weit, ausgedehnt, breit<br>LAT amplus |
| Los alumnos participan en un amplio programa educativo. | Die Schüler nehmen an einem breiten Bildungsprogramm teil. |
| un taller | ein Workshop |
| el terrorismo | der Terrorismus |
| una forma | eine Form, eine Art<br>F la forme |
| Viajar es una forma de aprender. | Reisen ist eine Art zu lernen. |
| un **j**oven, una **j**oven | ein **J**ugendlicher, eine **J**ugendliche<br>F un/une jeune |
| talleres para **j**óvenes | Workshops für Jugendliche |

| | |
|---|---|
| convivir (con alguien) | (mit jdm.) zusammenleben |
| Durante el programa hemos convivido con jóvenes de muchos países. | Während des Programms haben wir viel Zeit mit Jugendlichen aus verschiedenen Ländern verbracht. |
| un monitor, una monitora | ein Betreuer, eine Betreuerin |
| La monitora del taller es muy simpática. | Die Betreuerin des Workshop ist sehr sympathisch. |
| fundamental | grundlegend, sehr wichtig |
| Es fundamental que nos informemos. | Es ist wichtig, dass wir uns informieren. |
| un puente | eine Brücke<br>[F] un pont [LAT] pons |
| el puente de Alcántara | die Brücke von Alcántara |
| una perspectiva | eine Aussicht, eine Perspektive<br>[E] perspective |
| la educación<br>⇨ educativo | die Erziehung, die Bildung<br>⇨ Bildungs-<br>[E] education |
| Una buena educación ayuda a entender la perspectiva de los demás. | Eine gute Bildung hilft, die Perspektive der anderen zu verstehen. |

## Texto: Deseos y expectativas

| | |
|---|---|
| un deseo<br>⇨ desear (hacer) algo | ein Wunsch<br>⇨ etw. (zu tun) wünschen |
| Éste fue su último deseo. | Dies war sein letzter Wunsch. |
| una expectativa | eine Erwartung<br>[E] expectation |
| ¿Cuáles son vuestras expectativas? | Was sind eure Erwartungen? |
| presentarse (a alguien) | sich (jdm.) vorstellen<br>[E] to present<br>[F] présenter |
| brevemente | kurz<br>[E] briefly [LAT] brevis *(Adj.)* |
| Hoy vamos a presentarnos y a hablar brevemente del taller. | Heute werden wir uns vorstellen und kurz über den Workshop sprechen. |

| | |
|---|---|
| agradecer(le) algo a alguien | jdm. für etw. danken |
| Te agradezco tu ayuda. | Ich danke dir für deine Hilfe. |
| temprano<br>⇔ tarde | früh<br>⇔ spät |
| Todavía es muy temprano. Duérmete. | Es ist noch sehr früh. Schlaf. |
| de modo que | so dass, sodass |
| Llovía, de modo que no pudimos salir. | Es regnete, so dass wir nicht ausgehen konnten. |
| cuál, cuáles | welche, -r, -s |

**Los pronombres interrogativos *cuál* y *cuáles* § 28**

- ¿Un bolígrafo? ¿**Cuál** quieres: el rojo o el azul?
- En Perú hay ciudades muy interesantes. ¿**Cuáles** vais a ver?
- ¿A **cuál de** tus perros quieres más?
- ¿**Cuáles de** estas películas ya has visto?

| | |
|---|---|
| un adulto, una adulta<br>⇔ un niño, una niña | ein Erwachsener, eine Erwachsene<br>⇔ ein Kind<br>[E] adult |
| Los adultos no pueden pasar. | Erwachsene dürfen nicht eintreten. |
| independiente | unabhängig<br>[E] independent |
| realizar algo | etw. durchführen<br>[D] realisieren |
| Realizamos el plan sin problemas. | Wir führen den Plan problemlos durch. |
| por su cuenta | allein, auf eigene Faust |
| Fuimos a Perú por nuestra cuenta, no en un viaje organizado. | Wir sind auf eigene Faust nach Peru gefahren, nicht mit einer organisierten Reise. |
| personalmente<br>⇨ una persona | persönlich<br>⇨ eine Person |
| A mí personalmente me interesan las matemáticas. | Ich persönlich interessiere mich für die Mathematik. |
| posible | möglich<br>[E] possible [F] possible |
| Es posible que tengamos problemas con el autobús. | Es ist möglich, dass wir Probleme mit dem Bus haben werden. |

| | |
|---|---|
| desaparecer | verschwinden |
| Ha desaparecido mi jersey. ¿Lo ha visto alguien? | Mein Pullover ist verschwunden. Hat ihn jemand gesehen? |
| un prejuicio | ein Vorurteil |
| ¿Cómo podemos evitar los prejuicios? | Wie können wir Vorurteile vermeiden? |
| (estar) fascinado, -a (por algo) | (von etw.) fasziniert (sein) |
| Me encanta Perú, estoy fascinado por este país. | Mich begeistert Peru, ich bin fasziniert von diesem Land. |
| ya que | da (ja), denn |
| Ya que estamos todos, podemos empezar. | Da wir ja jetzt alle da sind, können wir anfangen. |
| nece**s**ario, -a<br>⇨ necesitar algo | notwendig<br>⇨ etw. brauchen<br>E necessary |
| No, gracias, no es necesario que me ayudes. | Nein danke, es ist nicht nötig, dass du mir hilfst. |
| molestar(le) algo a alguien | jdn. etw. ärgern, jdn. stören |
| Me molesta que llegues tarde.<br>¿Te molesta el ruido? | Mich ärgert, dass du spät kommst.<br>Stört dich der Lärm? |
| intere**s**arse por algo/alguien<br>⇨ interesante | sich für etw./jdn. intere**ss**ieren<br>⇨ interessant<br>F s'intéresser |
| Muchos jóvenes se interesan por música. | Viele Jugendliche interessieren sich für Musik. |
| un esfuerzo | eine Anstrengung, eine Bemühung |
| Hay que hacer esfuerzos para entender a los demás. | Man muss sich bemühen, die anderen zu verstehen. |
| un limeño, una limeña | ein Limeño, eine Limeña *(Person aus Lima)* |
| concretamente | genau, konkret |
| En Barcelona conocí a un peruano, concretamente a un limeño. | In Barcelona lernte ich einen Peruaner kennen, genauer gesagt, einen aus Lima. |

**El uso del subjuntivo (2): expresiones de juicio** § 26

Es importante que los jóvenes **convivan** juntos.
Es difícil que (los jóvenes) no se **entiendan.**
Es necesario que los chicos **conozcan** otras culturas.
Es una lástima que no **tengas** más tiempo.
Me parece importante que **aprendamos** idiomas.
Me alegro de que **haya** programas como Ruta Quetzal.

| | |
|---|---|
| propio, -a | eigene, -r, -s<br>LAT proprius |
| No es fácil conocer los propios prejuicios. | Es ist nicht leicht, die eigenen Vorurteile zu erkennen. |
| un indígena, una indígena | ein Einheimischer, eine Einheimische / ein Ureinwohner, eine Ureinwohnerin |
| Nuestro guía es indígena. | Unser Reiseführer ist (ein) Einheimischer. |
| emigrar<br>⇨ una migración<br>⇨ un inmigrante, una inmigrante | auswandern<br>⇨ eine Migration<br>⇨ ein Einwanderer, eine Einwanderin |
| Muchos alemanes emigraron a Brasil. | Viele Deutsche sind nach Brasilien ausgewandert. |
| la Patagonia | Patagonien |
| La Patagonia es la región más al sur de Sudamérica. | Patagonien ist die südlichste Region Südamerikas. |
| chileno, -a | chilenisch |
| la Patagonia chilena | das chilenische Patagonien |

**Subordinadas con *ya que* und *de modo que*** § 27

- **Ya que** hacemos un viaje como éste, tenemos que ver todo.
- Llévate un bocadillo, **ya que** el viaje es muy largo.
- Esta zona es peligrosa, **de modo que** permanecemos juntos.

| | |
|---|---|
| un empleado, una empleada | ein Angestellter, eine Angestellte |
| Los empleados no trabajan esta semana. | Die Angestellten arbeiten diese Woche nicht. |
| el hogar | der Haushalt, das Heim |

| | |
|---|---|
| una empleada de hogar | eine Hausangestellte |
| Trabajo de empleada de hogar. | Ich arbeite als Hausangestellte. |
| una fama | der Ruf<br>LAT fama |
| Este instituto tiene muy buena fama. | Dieses Gymnasium hat einen sehr guten Ruf. |
| la lástima | das Bedauern |
| Es una lástima que no estés aquí. | Es ist schade, dass du nicht da bist. |
| ¡Que lástima! Grizel no viene a la excursión. | Wie schade! Grizel kommt nicht auf den Ausflug mit. |
| vecino, -a | Nachbar- |
| Perú y Chile son países vecinos. | Peru und Chile sind Nachbarländer. |

## Ejercicios

| | |
|---|---|
| trabajador, -a | fleißig |
| ⇨ trabajar, -a | ⇨ arbeiten |
| ⇨ el trabajo | ⇨ die Arbeit |
| formal | seriös, zuverlässig<br>E formal |
| un trabajador muy formal | ein sehr zuverlässiger Arbeiter |
| listo, -a | klug |
| ⇔ tonto, -a | ⇔ dumm |
| un chico muy listo | ein sehr kluger Junge |
| liberal | liberal, freiheitlich |
| una educación liberal | eine liberale Erziehung |
| agradable | angenehm |
| majo, -a | nett |
| ¡Qué majo es Pablo! | Wie nett Pablo ist! |
| organizado, -a | (gut) organisiert |
| cariñoso, -a | warmherzig |
| generoso, -a | großzügig<br>D generös |
| abierto, -a | aufgeschlossen |
| Mario es un chico generoso, cariñoso y abierto. | Mario ist ein großzügiger, warmherziger und aufgeschlossener Junge. |
| vago, -a | faul |
| ⇔ trabajador -a | ⇔ fleißig |
| ¡No seas vago! | Sei nicht faul! |
| informal | unzuverlässig |
| ⇔ formal | ⇔ seriös, förmlich |
| bruto, -a | grob |
| conservador, -a | konservativ |
| ⇔ liberal | ⇔ liberal, freiheitlich |
| abuelos muy conservadores | sehr konservative Großeltern |
| desagradable | unangenehm |
| ⇔ agradable | ⇔ angenehm |
| una situación desagradable | eine unangenehme Situation |
| antipático, -a | unsympathisch |
| ⇔ simpático, -a | ⇔ sympathisch |
| una persona antipática | eine unsympathische Person |
| desorganizado, -a | schlecht organisiert |
| ⇔ organizado, -a | ⇔ (gut) organisiert |
| frío, -a | (gefühls)kalt |
| ⇔ cariñoso, -a | ⇔ warmherzig<br>F froid<br>LAT frigidus |
| un chico frío | ein gefühlskalter Junge |
| tacaño, -a | geizig |
| ⇔ generoso, -a | ⇔ großzügig |
| arrogante | arrogant |
| ⇔ majo, -a | ⇔ nett |
| un tío arrogante | ein arroganter Typ |
| cerrado, -a | verschlossen |
| ⇔ abierto, -a | ⇔ aufgeschlossen |
| una chica cerrada | ein verschlossenes Mädchen |

# Unidad 8

## Primer paso: La infraestructura

| | |
|---|---|
| la infraestructura | die Infrastruktur |
| El pueblo tiene muy malas infraestructuras. | Das Dorf hat eine sehr schlechte Infrastruktur. |

## Texto: El autobús no llega a Cuzco

| | |
|---|---|
| llevar *(+ gerundio + tiempo)* | seit *(+ Zeitangabe)* etw. tun |
| Llevo esperándote ya media hora. | Ich warte schon seit einer halben Stunde auf dich. |

| | |
|---|---|
| coquetear | flirten<br>[D] kokettieren |
| Grizel coquetea todo el tiempo con Pablo. | Grizel flirtet die ganze Zeit mit Pablo. |
| te/me gustaría | ich würde gerne / du würdest gerne |
| —¿Te gustaría ver una escuela peruana? | „Würdest du gerne eine peruanische Schule sehen?“ |
| —Sí, me gustaría mucho. | „Ja, das würde ich sehr gerne. „ |
| lindo, -a<br>≡ bonito, -a | hübsch, nett<br>≡ hübsch, schön |
| ¡Qué chica tan linda! | Was für ein nettes Mädchen! |
| los papás | die Eltern |
| la plata *(lat.am., col.)* | das Geld *(lat. am., col.)* |
| No tengo plata para el cine. | Ich habe kein Geld fürs Kino. |
| (los) EE. UU. (Estados Unidos) | die USA |
| Los EE. UU. se encuentr**an** en Norteamérica. | Die USA lieg**en** in Nordamerika. |
| EE. UU. compr**a** productos mexicanos. | Die USA kauf**en** mexikanische Waren. |
| quizá<br>≡ a lo mejor | vielleicht<br>≡ vielleicht |
| Quizá no nos vamos a ver/ veamos nunca más. | Vielleicht sehen wir uns nie wieder. |

**El uso del subjuntivo (3): conjunciones y el adverbio *quizá*** **§ 29**

| | |
|---|---|
| • Quizá **sea** una bomba. | • A lo mejor son terroristas. |
| • El guía explica qué ha pasado para que los jóvenes no **tengan** miedo. | • El guía explica qué ha pasado para informar a los jóvenes. |
| • Cuando Iñaki **hable** con Julio, se tranquilizará. | • Cuando Iñaki habló con Pablo estaba muy nervioso. |
| • Mientras Julio no los **informe**, los chicos se quedan en el autobús. | • Mientras Julio habla con los campesinos, los chicos esperan en el autobús. |
| • Nos quedaremos en el autobús, hasta que Julio **regrese**. | • Hasta que Julio regresó al autobús, no bajamos. |

| | |
|---|---|
| una **frase** | ein Satz<br>[F] une **ph**rase |
| Haced frases. | Bildet Sätze. |
| pararse | anhalten, stehen bleiben |
| El coche (se) paró delante del instituto. | Der Wagen hielt vor dem Gymnasium an. |
| un grito<br>⇨ gritar (algo) | ein Schrei<br>⇨ (etw.) schreien<br>[E] cry |
| una carretera | eine Landstraße |
| Por esta carretera llegamos a Cuzco. | Auf dieser Straße erreichen wir Cuzco. |
| bajar(se) de algo<br>⇨ bajo, -a<br>⇨ debajo de | aus etw. aussteigen<br>⇨ klein, niedrig<br>⇨ unter |
| Sra. Díaz, ¿puede bajar(se) del autobús o la ayudo? | Frau Díaz, können sie aus dem Bus aussteigen oder soll ich Ihnen helfen? |
| un micrófono | ein Mikrofon<br>[E] microphone |
| informarse (de algo)<br>⇨ una información | sich über etw. informieren<br>⇨ eine Information |
| Para informarte de la excursión, habla con el profesor. | Um dich über den Ausflug zu informieren, sprich mit dem Lehrer. |
| mientras *(+ subjuntivo)* | solange |

***Mientras* con subjuntivo y con indicativo** **§ 29**

| | |
|---|---|
| • **Mientras** *llueva*, nos quedamos en el hotel. | • **Solange** es regnet, bleiben wir im Hotel. |
| • **Mientras** yo *hago* las compras, tú haces los deberes. | • **Während** ich einkaufe, machst du deine Hausaufgaben. |

| | |
|---|---|
| quedarse *(+ gerundio)* | längere Zeit etw. tun |
| Pablo se queda esperando a Grizel. | Pablo wartet (noch) auf Grizel. |
| el cristal | das Glas, die Fensterscheibe<br>[D] Kristall |
| Por el cristal del autobús veo el paisaje andino. | Durch die Fenster-scheibe des Busses sehe ich die Anden-landschaft. |
| junto a<br>≡ al lado de | neben<br>≡ neben |
| ¿Junto a quién te quieres sentar? | Neben wem möchtest du sitzen? |

| | |
|---|---|
| un campesino, una campesina | ein Bauer, eine Bäuerin |
| ⇨ el campo | ⇨ das Land |
| Los campesinos trabajan la tierra. | Die Bauern bearbeiten das Land. |
| un machete | eine Machete *(Buschmesser)* |
| En la selva el guía llevaba un machete. | Im Urwald hatte der Reiseführer eine Machete dabei. |
| una mano | eine Hand |
| | F la main LAT manus |
| ¿Me das la mano? | Gibst du mir die Hand? |
| (el) quechua | Quechua *(Sprache)* |
| El quechua es la segunda lengua oficial de Perú. | Quechua ist die zweite Amtssprache Perus. |
| estar sentado, -a | sitzen |
| ⇨ sentarse | ⇨ sich setzen |
| ¿Dónde está sentado Pablo? No lo veo. | Wo sitzt Pablo? Ich sehe ihn nicht. |
| un terrorista, una terrorista | ein Terrorist, eine Terroristin |
| Hoy en día ya casi no hay terroristas en Perú. | Heute gibt es kaum noch Terroristen in Peru. |
| hasta que | bis |
| Iñaki se va a quedar en el autobús hasta que el guía le informe. | Iñaki wird im Bus bleiben, bis der Reiseführer ihn informiert. |
| un ruido | ein Geräusch, der Lärm |
| ¿Qué ruido es ése? | Was für ein Geräusch ist das? |
| El autobús hace mucho ruido. | Der Bus macht viel Lärm. |

**El uso del subjuntivo (4): oraciones de relativo** § 30

| | |
|---|---|
| • Busco un instituto que **sea** bueno.<br>• Quiero compañeros que **sean** amables.<br>• Necesito a alguien que **conozca** la ciudad. | • Voy a un instituto que es muy bueno.<br>• Tengo compañeros que son muy amables.<br>• Tengo un amigo que conoce muy bien la ciudad. |

| | |
|---|---|
| una explosión | eine Explosion |
| | E explosion |
| gran *(+ subst.)* *(apócope de* grande) | groß, großartig |
| Eres una gran amiga. | Du bist eine großartige Freundin. |
| una bomba | eine Bombe |
| La explosión ha sido una bomba. | Die Explosion war eine Bombe. |
| ir *(+ gerundio)* | langsam etwas tun / anfangen etw. zu tun |
| Vamos sentándonos. | Lasst uns langsam Platz nehmen. / Setzen wir uns. |
| ponerse *(+ adj.)* | werden |
| No te pongas nervioso. No ha pasado nada. | Du brauchst nicht nervös zu werden. Es ist nichts passiert. |
| sucio, -a | schmutzig |
| La camisa está sucia. | Das Hemd ist schmutzig. |
| antes de que | vor, bevor |
| Quiero terminar los ejercicios antes de que llegue Carme. | Ich möchte die Übungen fertig machen, bevor Carme kommt. |
| para que | damit |
| tranquilizarse | sich beruhigen |
| ⇨ (estar) tranquilo, -a | ⇨ ruhig (sein) |
| Pablo habla con Iñaki para que se tranquilice. | Pablo spricht mit Iñaki damit er sich beruhigt. |
| único, -a | einzige, -r, -s |
| | LAT unicus |
| Eres mi único amigo en esta ciudad. | Du bist mein einziger Freund in dieser Stadt. |
| un desprendimiento de tierra | ein Erdrutsch |
| la tierra | die Erde, das Erdreich |
| | LAT terra |
| dar la vuelta | umkehren |
| ⇨ volver (-ue-) | ⇨ zurückkehren |
| No podemos seguir por esta carretera, tenemos que dar la vuelta. | Wir können auf dieser Straße nicht weiter, wir müssen umkehren. |
| completamente | völlig |
| | E completely |
| pálido, -a | blass |
| Estás completamente pálida. ¿Te pasa algo? | Du bist völlig blass. Geht es dir nicht gut? |

| | |
|---|---|
| un producto | ein Erzeugnis, ein Produkt<br>[E] product |
| En esta tienda podéis comprar productos peruanos. | In diesem Geschäft könnt ihr peruanische Produkte kaufen. |
| una camioneta | ein Lieferwagen<br>[F] un camion |
| (estar) cargado, -a | beladen (sein) |
| El coche ya está cargado con el equipaje. | Der Wagen ist schon mit dem Gepäck beladen. |
| (estar) herido, -a | verletzt (sein) |
| Estás herido. ¿Llamo a un médico? | Du bist verletzt. Soll ich einen Arzt rufen? |
| grave | schwerwiegend, schlimm<br>[F] grave [LAT] gravis<br>[D] gravierend |
| No, no es grave, gracias. | Nein, es ist nicht schlimm, danke. |
| respirar | atmen |
| Aquí podemos respirar bien, no como en la ciudad. | Hier können wir gut atmen, nicht wie in der Stadt. |
| (estar) aliviado, -a | erleichtert (sein) |
| Iñaki respira aliviado cuando sabe que no ha sido una bomba. | Iñaki atmet erleichtert auf, als er erfährt, dass es keine Bombe war. |
| de repente | plötzlich |
| Íbamos en el autobús y de repente oímos una explosión. | Wir fuhren mit dem Bus und plötzlich hörten wir eine Explosion. |
| apretarse (-ie-) (contra alguien) | sich (an jdn.) drücken |
| Grizel se aprieta contra Pablo. | Grizel drückt sich an Pablo. |

**Perífrasis verbales con *gerundio*** **§ 31**

- **Llevamos** esperando media hora.
- **Me quedé** disfrutando del paisaje una hora. Estaba fascinado.
- Si ya estamos todos aquí, podemos **ir** empezando.

## Ejercicios

| | |
|---|---|
| un autor, una autora | ein Autor, eine Autorin<br>[E] author |
| Cervantes es el autor del Quijote. | Cervantes ist der Autor des Don Quijote. |

| | |
|---|---|
| un artículo | ein Artikel<br>[E] article [F] un article |
| ¿Has leído este artículo en el periódico? | Hast du diesen Artikel in der Zeitung gelesen? |
| un texto | ein Text |
| un título | ein Titel |
| un subtítulo | ein Untertitel |
| Necesitamos un título y un subtítulo para este texto. | Wir brauchen einen Titel und Untertitel für diesen Text. |
| un párrafo | ein Absatz |
| … en el primer párrafo, segunda línea. | … im ersten Absatz, zweite Zeile. |
| un argumento | ein Argument<br>[E] argument (auch: Streit!)<br>[F] un argument<br>[LAT] argumentum |
| Hay muchos argumentos a favor de la protección de la selva. | Es gibt viele Argumente für den Schutz des Regenwaldes. |
| (estar) a favor (de algo) | dafür sein, für etw. sein |
| ¿Cuántos alumnos están a favor y … | Wieviele Schüler sind dafür und … |
| (estar) en contra (de algo) | dagegen sein, gegen etw. sein |
| … cuántos están en contra? | … wie viele sind dagegen? |
| por un lado … | auf der einen Seite, … |
| por otro lado | auf der anderen Seite |
| Por un lado quiero irme a Perú y por otro quedarme aquí. | Auf der einen Seite möchte ich nach Peru gehen und auf der anderen hier bleiben. |
| una conclusión | eine Schlussfolgerung<br>[E] conclusion<br>[D] Konklusion |
| ¿Qué conclusión sacas de todo esto? | Was schließt du aus all dem? |

# Unidad 9

## Primer paso: El test de una revista

| | |
|---|---|
| una relación | eine Beziehung<br>[E] relationship<br>[D] Relation |
| ¿Qué relación tienes con ella? | Was für eine Beziehung hast du zu ihr? |
| el gusto | der Geschmack |
| ⇨ gustar(le) algo a alguien | ⇨ jdm. etw. gefallen |
| Tú y yo tenemos gustos muy diferentes. | Du und ich haben einen sehr unterschiedlichen Geschmack. |
| sumar algo | zusammenzählen, addieren |
| ¿Ya has sumado tus puntos? | Hast du deine Punkte schon zusammengezählt? |
| un punto | ein Punkt<br>[LAT] punctum |
| Tengo veinte puntos, ¿y tú? | Ich habe zwanzig Punkte, und du? |
| corresponder a algo | etw. entsprechen |
| ¿Qué frase corresponde a qué dibujo? | Welcher Satz gehört zu welcher Zeichnung? |
| descubrir algo | etw. entdecken |
| Colón descubrió América. | Kolumbus hat Amerika entdeckt. |
| a partir de | ab *(+ Zeitangabe)* |
| A partir de mañana voy a hacer más deporte. | Ab morgen werde ich mehr Sport treiben. |
| la paciencia | die Geduld<br>[LAT] patientia |
| Ten paciencia, por favor. | Hab Geduld, bitte. |
| un resultado | ein Ergebnis<br>[D] Resultat |
| ¿Ya recibiste el resultado del examen? | Hast du das Ergebnis der Prüfung schon bekommen? |

## Texto: Proyectos en la selva

| | |
|---|---|
| una crónica | ein (persönlicher) Bericht |
| crónicas de nuestro viaje a Perú | Erlebnisberichte von unserer Perureise |
| una crema solar | eine Sonnencreme |
| una crema antimosquitos | eine Mückenschutzcreme |
| oler (huele, olemos) | riechen<br>[LAT] olere |
| Esta crema antimosquitos huele fatal. | Diese Mückenschutzcreme riecht sehr schlecht. |

**El verbo *oler***

¿Te gusta cómo **huelo**?
Sí, **hueles** muy bien.
¡Qué bien **huele** la comida! ¿Qué es?
Después de gimnasia **olemos** fatal.
¿A qué **oléis**? ¡Qué raro!
¿Por qué **huelen** las tortugas tan mal?

| | |
|---|---|
| merecer(se) algo | (sich) etw. verdienen |
| Creo que nos merecemos unas buenas vacaciones. | Ich glaube, wir haben uns einen schönen Urlaub verdient. |
| ecológico, -a | ökologisch |
| Los productos ecológicos son más caros. | Ökologische Produkte sind teurer. |
| proteger algo / a alguien | schützen, beschützen<br>[E] to protect |
| Hay que proteger la selva. | Man muss den Urwald schützen. |
| la destrucción | die Zerstörung<br>[D] Destruktion |
| Hay que hacer algo para evitar la destrucción de la costa. | Man muss etwas unternehmen, um die Zerstörung der Küste zu verhindern. |
| mejorar algo | etw. verbessern |
| ⇨ mejor | ⇨ besser |
| las condiciones de vida | die Lebensbedingungen |
| Las condiciones de vida de los indígenas tienen que mejorar. | Die Lebensbedingungen der Urbevölkerung müssen sich verbessern. |

| | |
|---|---|
| enterar(se) de algo | etw. erfahren, etw. kapieren *(col.)* |
| No me he enterado de nada. | Ich habe nichts kapiert. |
| ¿Te has enterado de que Grizel y Pablo se han besado? | Hast du erfahren / mitbekommen, dass Grizel und Pablo sich geküsst haben? |
| la luz de neón | ein Neonlicht |
| La ciudad está llena de luces de neón. | Die Stadt ist voller Neonlichter. |
| la nariz (las narices, *col.*) | die Nase<br>E nose F le nez<br>LAT naris |
| Tengo la nariz y los ojos rojos. | Ich habe eine rote Nase und rote Augen. |
| una alergia | eine Allergie |
| Tengo alergia a los tomates. | Ich habe eine Allergie gegen Tomaten |
| una planta | eine Pflanze |
| ¡Qué planta más bonita! | Was für eine schöne Pflanze! |
| morirse (-ue-)<br>⇨ muerto, -a | sterben<br>⇨ tot<br>LAT mori |
| un susto | ein Schreck |
| Cuando oímos la explosión, casi nos morimos del susto. Me has dado un buen susto. No te he oído llegar. | Als wir die Explosion hörten, sind wir fast zu Tode erschrocken. Du hast mir einen gehörigen Schrecken eingejagt. Ich habe dich nicht kommen hören. |
| una telenovela | eine Telenovela, eine Fernsehserie |
| una película de terror | ein Horrorfilm |
| ¿Prefieres ver la telenovela o la película de terror? | Willst du lieber die Telenovela sehen oder den Horrorfilm? |

**Estilo indirecto con subjuntivo** § 33

| | |
|---|---|
| • «**Déjame** solo, por favor.» | • Dice que le **deje** solo. |
| • «¡**Escríbeme**!» | • Me ha dicho que le **escriba**. |
| • «**Ayudadme**, por favor.» | • Nos está pidiendo que le **ayudemos**. |

# Diccionario

## Alphabetisches Wörterverzeichnis

Das alphabetische Wörterverzeichnis enthält alle in *Línea verde 1* und *Línea verde 2* verwendeten Wörter und Ausdrücke. Hier findet ihr auch den fakultativen Wortschatz aus den Übungen und dem *Glosario cultural*, der nicht im lektionsbegleitenden *Vocabulario* steht. Fakultativer Wortschatz ist durch < > gekennzeichnet und wird in den folgenden Lektionen nicht vorausgesetzt. Ihr solltet diese Wörter später aber wiedererkennen und im Kontext verstehen. Wörter, die direkt auf der entsprechenden Seite in einer Fußnote erklärt werden, sind hier jedoch nicht noch einmal aufgeführt und brauchen auch nicht gelernt zu werden. Die Ziffern und Buchstaben hinter den Vokabeln geben den Ort an, an dem das Wort zu ersten Mal vorkommt:

| | |
|---|---|
| I 5B, PP | Band 1, Unidad 5B, Primer Paso |
| I 2B | Band 1, Unidad 2B, Texto |
| II 3, 6 | Band 2, Unidad 3, Übung 6 |
| II 3, MA | Band 2, Unidad 3, Mirada afuera |
| <II 4, TA> | Band 2, Unidad 4, Taller, fakultativ |
| <II 6, 13> | Band 2, Unidad 6, Übung 3, fakultativ |
| <II GC> | Band 2, Glosario cultural, fakultativ |

## español – alemán

### A

**a** **I 2B** *Präp. bei Personen (auch beim direkten Objekt);* **I 3A** nach, (hin) zu
**a** finales de **<II 8, MA>** am Ende
**a** la derecha de **I 5B, PP** rechts von
**a** la izquierda de **I 5B, PP** links von
**a** lo mejor **I 2B** vielleicht
**a** mí también **I 2A, PP** mir auch
**a** partir de **II 9, PP** ab *(+ Zeitangabe)*
**a** principios de **<II GC>** am Anfang
¿**A** qué hora…? **I 4, PP** Um wie viel Uhr…?
**a** ti también **I 5B** dir auch
**a** veces **I 3B** manchmal
**a** ver **I 2A** mal sehen
**al** contrario **II 6** im Gegenteil
**al** final **I 8A** schließlich
**al** lado de **I 5B, PP** neben
**al** principio **I 8B** am Anfang
el **abecedario** **<I 1, 4>** das Abc
**abierto, -a** **I 7A** geöffnet, offen; **II 7, 6** aufgeschlossen
un **abrazo** **I 3B** eine Umarmung
un **abrigo** **I 5B, 6** ein (leichter) Mantel
**abril** *(m.)* **I 3B, 4** April
**abrir** **I 2B** öffnen
la **abuela** **I 2B** die Großmutter, die Oma
el **abuelo** **I 2B** der Großvater, der Opa
los **abuelos** **I 2B** die Großeltern
(estar) **aburrido, -a** **I 5A, PP** gelangweilt, langweilig (sein)
**aburrirse** **II 1** sich langweilen
**acabar** de hacer algo **I 5A** gerade etw. getan haben
una **academia** de informática **I 3A** eine (private) Informatikschule
**académico, -a** **II 5** Studien-
**acampar** **II 6, PP** campen
por si **acaso** **II 6** für alle Fälle
el **aceite** de oliva **<II GC>** das Olivenöl
**aceptar** algo **II 6** etw. annehmen, etw. akzeptieren
**acercarse** a algo/alguien **II 5** sich nähern, herankommen
**acompañar**(le) a alguien **II 5** jdn. begleiten
**acordarse** (-ue-) de algo/alguien **I 4** sich an etw./jdn. erinnern
un **acordeón** **<I 8A, PP>** ein Akkordeon
**acostarse** (-ue-) **I 4, PP** ins Bett gehen, sich hinlegen
(estar) **acostumbrado, -a** **II 6** gewöhnt (sein)
una **actividad** **<II GC>** eine Tätigkeit, eine Aktivität
**actual** **<II GC>** momentan, jetzig
**Acuario** **<II 5, PP>** Wassermann *(Sternzeichen)*
estar de **acuerdo** con algo/alguien **<II 7, TA>** mit etw./jdm. einverstanden sein
De **acuerdo.** **<II 4, TA>** Einverstanden.
**además** **I 3B, PP** außerdem
**Adiós.** **I 2B** Auf Wiedersehen.
la **administración** **<II GC>** die Verwaltung
el **adobe** **<II GC>** ein Lehmziegel *(in Peru)*
**adonde** **II 3, 3** wohin *(Rel.pron.)*
¿**adónde?** **I 3A** wohin?
un **adulto**, una **adulta** **II 7** ein Erwachsener, eine Erwachsene
un **aeropuerto** **I 6** ein Flughafen
un **aficionado**, una **aficionada** **<II GC>** ein Fan
un **africano**, una **africana** **II 3** ein Afrikaner, eine Afrikanerin
**agosto** *(m.)* **I 3B, 4** August
**agradable** **<I CS>; II 7, 6** angenehm
**agradecer**(le) algo a alguien **II 7** jdm. für etw. danken
**agresivo, -a** **<I 8A, PP>** aggressiv
la **agricultura** **<II GC>** die Landwirtschaft
el **agua** *(f.)* **I 7B, 8** das Wasser
el **agua** mineral **I 7B, 8** das Mineralwasser
un **aguacate** **I 2A, PP** eine Avokado
**agudo, -a** **<I 8A, PP>** hoch *(Stimme, Ton)*
**ahí** **I 5B** da, dort
**ahora** **I 3A** jetzt
al **aire** libre **II 1** Freiluft…, open air
el **ají** *(en Peru)* **<II 6, 13>** der Chili
el **ajo** **<II GC>** der Knoblauch
un **álbum** **II 2** ein Album
**alegrarse** **I 8A** sich freuen
**alegre** **<I 8A, PP>, II 2** fröhlich
la **alegría** **II 2** die Freude
un **alemán**, una **alemana** **I 2A** ein Deutscher, eine Deutsche
**alemán, -a** **I 5A** deutsch
**Alemania** **I 2B** Deutschland
una **alergia** **II 9** eine Allergie
la **alfabetización** **II 3** die Alphabetisierung
**algo** **I 3A** etwas
**algo** *(+ adj.)* **II 5** ein bisschen
**alguien** **I 7A** (irgend)jemand

**algún/alguno, alguna** **I 4** irgendein, -e, -r
**algún** día **I 8B** irgendwann
**de alguna manera** **<I CS>** auf irgendeine Weise
**algunos, -as** **I 4** einige, manche, mehrere
un **alimento** **II 5** eine Nahrung, ein Nahrungsmittel
(estar) **aliviado, -a** **II 8** erleichtert (sein)
**allí** **I 5B** dort
¡**Aló!** *(lat.am.)* **I 4** Hallo!
los **Alonso** **I 5B** die Alonsos, die Familie Alonso
los **Alpes** **II 5, PP** die Alpen
(estar) **alterado, -a** **II 4** verstört (sein)
un **altiplano** **II 5, PP** eine Hochebene
la **altitud** **II 6** die Höhe
**alto, -a** **I 3A, PP** groß
**alucinante** **II 9** toll, großartig
un **alumno,** una **alumna** **I 7A** ein Schüler, eine Schülerin
**amable** **I 4** nett, freundlich
**amarillo, -a** **I 7B, PP** gelb
**amazónico, -a** **II 5, PP** amazonisch
**ambiental** **<II GC>** Umwelt-
el **ambiente** **I 3A** die Atmosphäre, die Stimmung
**americano, -a** **I 8B** amerikanisch
un **amigo,** una **amiga** **I 2A** ein Freund, eine Freundin
el **amor** **<I CS>, II 4** die Liebe
**amplio, -a** **II 7, PP** weit, ausgedehnt, breit
el **análisis** sintáctico **<I CS>** Syntax-analyse
**ancho, -a** **<II GC>** breit
**Anda.** **II 4** Los. Mach schon.
**Andalucía** **II 3, PP** Andalusien
un **andaluz,** una **andaluza** (*pl.* andaluces) **II 2** ein Andalusier, eine Andalusierin
**andaluz, -a** **II 2** andalusisch
el **andaluz** **II 2** das Andalusische *(Sprache)*
los **Andes** **II 5, PP** die Anden
**andino, -a** **II 5** Anden-
(estar) **animado, -a** **I 5A, PP** fröhlich, lebhaft (sein)
**animado, -a** **I 5A, PP** fröhlich, lebhaft
un **animal** **II 4, PP** ein Tier
**animar** a alguien **II 5** jdn. ermuntern, jdn. aufheitern
**animarse** a hacer algo **II 1** in Schwung kommen, sich animieren, etw. zu tun
un **año** **I 5A** ein Jahr
tener… **años** **I 5A** …Jahre alt sein
¿Cuántos **años** tiene? **I 5A** Wie alt ist er/sie?
la **Antártida** **II 5** die Antarktis
**antes** de **I 6** vor, bevor
**antes** de que **II 8** bevor
**anticuado, -a** **<I 8A, PP>** altmodisch
**antiguo, -a** **II 5, PP** alt
**antipático, -a** **II 7, 6** unsympathisch
**aparecer** **<II 4, PP>** erscheinen
un **apellido** **<I 2B, 3>** ein Familienname
**apetecer(le)** algo a alguien **<II 4, TA>** auf etw. Lust haben
**apoyar** algo **<II 1, 9>** etw. unterstützen
**aprender** **I 2B** lernen
**apretarse** (-ie-) (contra alguien) **II 8** sich (an jdn.) drücken
**aproximadamente** **<II GC>** ungefähr
**apuntar** algo **I 4** etw. notieren, aufschreiben
**apuntarse** a algo **II 1** sich zu etw. anmelden
un **apunte** **<I 5A, 9>** eine Notiz
**aquel, aquella, aquellos, -as** *(adj.)* **I 7B** jene, -r, -s
**aquél, aquélla, aquéllos, -as** *(pron.)* **I 7B** jene, -r, -s
**aquí** **I 2B** hier
**árabe** **II 3** arabisch
un **árabe,** una **árabe** **II 3** ein Araber, eine Araberin
una **araña** **II 9** eine Spinne
un **árbol** **II 4, PP** ein Baum
un **archipiélago** **<II GC>** eine Inselgruppe, ein Archipel
un **argumento** **II 8, 11** ein Argument
**Aries** **<II 5, PP>** Widder *(Sternzeichen)*
un **arma** **<II GC>** eine Waffe
un **armario** **I 5B, PP** ein (Kleider)Schrank
**arqueológico, -a** **II 5, PP** archäologisch
un **arquitecto,** una **arquitecta** **<II GC>** ein Architekt, eine Architektin
la **arquitectura** **<II GC>** die Architektur
una **arroba** **<I 2B, 10>** ein at-Zeichen (@)
**arrogante** **II 7, 6** arrogant
el **arroz** **I 8B** der Reis
el **arte** (*pl.* las artes) **II 4, PP** die Kunst
**artesano, -a** **<II GC>** Kunsthandwerks-
un **artículo** **I 3B, II 8, 11** ein Artikel
un **artista,** una **artista** **<II GC>** ein Künstler, eine Künstlerin
**artístico, -a** **<II 4, PP>** künstlerisch, Künstler-
**asentir** (-ie-/-i-) **II 4** nicken
**así** **I 3B** so, auf diese Weise
una **asignatura** **I 7A, PP** ein (Schul)Fach
el **aspecto** **<II 1, 8>** das Aussehen
pasar la **aspiradora** **I 5A, 5** staubsaugen
un **ataque** **II 9** ein Anfall, ein Angriff
la **atención** **II 3** die Aufmerksamkeit
**atender** (-ie-) a alguien **II 5, 4** jdn. behandeln, jdn. versorgen
**Atentamente** **<II 5, TA>** Mit freundlichen Grüßen *(in Briefen)*
el océano **Atlántico** **II 3** der Atlantische Ozean
**aumentar** **II 9** zunehmen
**aunque** **II 6** obwohl, selbst wenn
un **autobús** **I 4, PP** ein Bus
ir en **autobús** **I 4, PP** mit dem Bus fahren
la (industria) **automovilística** **<II 2, PP>** die Automobilindustrie
una comunidad **autónoma** **II 3** eine autonome Region
un **autor,** una **autora** **II 8, 11** ein Autor, eine Autorin
una **avenida** **I 2B, PP** eine Allee, ein Boulevard
una **aventura** **II 6** ein Abenteuer
un **avión** **I 8B, 6** ein Flugzeug
**ayer** **I 8B** gestern
la **ayuda** **I 2B** die Hilfe
**ayudar** a alguien *(Akk.!)* (a hacer algo) **I 5A** jmd. helfen (etw. zu tun)
**azul** **I 7B, PP** blau

## B

**bailar** **<I 2B, TA>, I 8A** tanzen
un **baile** **<II GC>** ein Tanz
**bajar**(se) de algo **II 8** aus etw. aussteigen
**bajo, -a** **I 5A, PP** klein
**bajo** *(adv.)* **<I CS>** unter
el **ballet** **<I 2B, TA>** das Ballett
**bañarse** (en algo) **II 5** baden (in etw.)
un **banco** **II 6** eine Bank
una **banda** **<I 8A, 6>** eine Band
un cuarto de **baño** **I 5B, 9** ein Bad(ezimmer)
un **bar** **I 2A, PP** eine Bar, eine Kneipe
**barato, -a** **I 7B** billig, preiswert
la **barriga** **II 6, 14** der Bauch
un **barrio** **I 3A, PP** ein Stadtviertel
**barroco, -a** **<II GC>** barock
**basarse** en algo **<II GC>** sich auf etw. stützen, basieren auf
una **base** **<II GC>** ein Grundstock, eine Basis
¡**Basta**! **I 2B** Es reicht! / Schluss!
**bastante** **I 3A, PP** ziemlich
**bastante, -s** **I 7B** ziemlich viel, -e
tirar la **basura** **I 5A, 5** den Abfall wegwerfen
una **batería** **<I 8A, PP>** ein Schlagzeug
un **bebé** **II 9** ein Baby
**beber** algo **II 6** etw. trinken
un **becario,** una **becaria** **II 5** ein Stipendiat, eine Stipendiatin
**bello, -a** **II 3** schön
**besar** a alguien **II 9** jdn. küssen
un **beso** **I 3A** ein Kuss *(auch Grußformel)*
la **biblia** **<II 8, MA>** die Bibel
una **biblioteca** **I 3A, 6** eine Bücherei, eine Bibliothek
una **bicicleta** **I 8B, 6** ein Fahrrad
**bien** **I 2A** gut
¡Qué **bien**! **I 3B** Wie toll!
va **bien** **I 4** es ist ok, es ist in Ordnung
sentirse **bien** **I 4** sich wohl fühlen
la **bienvenida** **II 5** das Willkommen
**bienvenido, -a** **II 3** willkommen
un **billete** **II 6** ein Geldschein
(la) **biología** **I 7A, PP** Biologie *(Schulfach)*
**blanco, -a** **I 7B, PP** weiß
la **boca** **I 7A** der Mund
un **bocadillo** **I 7A** ein belegtes Brötchen

una **bola** <I 2A, 5> eine Kugel
un **bolígrafo** I 7A ein Kugelschreiber
una **bolsa** I 5B eine Tüte, ein Beutel
una **bomba** II 8 eine Bombe
**bonito, -a** I 7B, 8 hübsch, schön
un **boquerón** II 2 eine Sardelle
un **bosque** <II GC> ein Wald
una **botella** I 8B eine Flasche
un **brazo** II 5, 4 ein Arm
**brevemente** II 7 kurz
echar una **bronca** a alguien I 7A jdn. zurechtweisen
**bruto, -a** II 7, 6 grob
Hace **buen** tiempo. I 3B Das Wetter ist schön.
Hace mal **tiempo**. I 3B Das Wetter ist schlecht.
**bueno, -a** I 3A, PP gut
**Bueno.** I 2A Na ja. / Na gut.
**Buenas** noches. I 2B, 2 Guten Abend. / Gute Nacht.
**Buenas** tardes. I 2B, 2 Guten Tag. *(nachmittags)*
**Buenos** días. I 2B Guten Tag. *(vormittags)*
una **bufanda** I 5B, 6 ein Schal
**burlarse** de algo/alguien II 2 sich über etw./jdn. lustig machen
**buscar** I 2A suchen

## C

una **cabeza** II 4 ein Kopf
**cada** II 3 jede, -r, -s
**cada** vez más <I CS> immer mehr
un **café** II 2 ein Kaffee
una **cafetería** I 7A eine Cafeteria
un **caimán** II 9 ein Kaiman
un **cajero** automático II 6 ein Bankautomat
**los calcetines** (*sg.* calcetín) I 5B, 6 die Socken
**calcular** algo <I 8B, 8> etw. berechnen
la **calidad** <II GC> die Qualität, die Beschaffenheit
**caliente** I 7B warm, heiß
un **califa** <II GC> ein Kalif
el **Califato** de Córdoba II 3 das Kalifat von Córdoba
una **calle** I 2B, PP eine Straße
**callejero, -a** <II GC> Straßen-
el **calor** I 3B die Hitze
una **cama** I 5A, 5 ein Bett
una **cámara** digital II 5 eine Digitalkamera
un **camarero** I 8B ein Kellner
**cambiar** algo I 5A etw. (ver)ändern
un **cambio** I 8A eine (Ver)Änderung
un **camino** I 8B ein Weg
una **camioneta** II 8 ein Lieferwagen
una **camisa** I 5B ein Hemd, eine Bluse
una **camiseta** I 5B ein T-Shirt
una **campanada** <II GC> ein Glockenschlag
un **campesino**, una **campesina** II 8 ein Bauer, eine Bäuerin
el **campo** II 2 das Land
**Cáncer** <II 5, PP> Krebs *(Sternzeichen)*
una **canción** I 8A ein Lied
una **canoa** II 9 ein Kanu
(estar) **cansado, -a** I 5A, PP müde (sein)
un **cantante**, una **cantante** <II GC> ein Sänger, eine Sängerin
**cantar** <I 2B, TA> singen
el **cante** <II GC> der Flamencogesang
la renta per **cápita** II 3 das Pro-Kopf-Einkommen
una **capital** II 3 eine Hauptstadt
un **capitán**, una **capitana** <II GC> ein Feldherr, eine Feldherrin
**Capricornio** <II 5, PP> Steinbock *(Sternzeichen)*
una **cara** II 1 ein Gesicht
el **carácter** <II 1, 8> der Charakter
(estar) **cargado, -a** II 8 beladen (sein)
**cariñoso, -a** II 7, 6 warmherzig
**caro, -a** I 7B teuer
la **carrera** escolar <I 7A, PP> die Schullaufbahn
una **carretera** II 8 eine Landstraße
un juego de **cartas** <I 2B, TA> ein Kartenspiel
una **carta** I 8B ein Brief
un **cartón** <I CS> Pappkarton
una **casa** I 3A, PP ein Haus
en **casa** I 3A zu Hause
**casi** I 5A fast, beinahe
una **castañuela** <II 3, MA> eine Kastagnette
**castellano, -a** I 8B kastilisch *(in der heutigen Bedeutung: spanisch)*
el **catalán** <II 1, 1> das Katalanische
**Cataluña** *(f.)* II 2 Katalonien
una **catarata** II 9 ein Wasserfall
una **catedral** <II GC> eine Kathedrale
los Reyes **Católicos** II 3 die Katholischen Könige
**catorce** I 2B, PP vierzehn
el **cava** <II 2, PP> der Sekt
la **caza** (de) II 9 die Jagd (von)
una **cazadora** I 5B, 6 eine Jacke
un **cedé** I 5B eine CD
**celebrar** algo <II 1, 1> etw. feiern
una **cena** I 8A ein Abendessen
**cenar** I 4, 5 zu Abend essen
un **céntimo** I 7B ein Cent
una **central** nuclear <II 2, PP> ein Atomkraftwerk
el **centro** <I 1, 6>, I 3A, PP das Zentrum, das Stadtzentrum
en el **centro** <II 4, PP> in der Mitte
un **ceramista**, una **ceramista** <II GC> der Töpfer, die Töpferin
**cerca** (de) I 3A in der Nähe (von), bei
**Cerdeña** *(f.)* <II 4, 9> Sardinien
el **cereal** <II GC> das Getreide
**cero** I 2B, PP null
**cerrado, -a** II 7, 6 verschlossen
**cerrar** (-ie-) I 8A schließen
el **ceviche** <II 6, 13> Ceviche *(rohe Fischstücke mit Limettensaft und Zwiebeln)*
una **chaqueta** <II 3, MA> eine Jacke
una **charcutería** I 3A, 6 eine Metzgerei
**charlar** I 8A sich unterhalten
**chatear** con alguien II 6 mit jdm. chatten
un **chaval** *(col.)* II 1 ein Junge, ein Kerl
un **chicle** I 7A ein Kaugummi
un **chico**, una **chica** I 1 ein Junge, ein Mädchen
el **chico** del helado I 1 der Junge mit dem Eis
**chileno, -a** II 7 chilenisch
una **chispa** II 4 ein Funke
el **chorizo** I 7B luftgetrocknete Paprikawurst
un **cíber** I 3A ein Internet-Café
el **cielo** II 4, PP der Himmel
**cien, ciento** I 7B hundert
un **científico**, una **científica** <II GC> ein Wissenschaftler, eine Wissenschaftlerin
en **cierta** forma <I CS> in gewisser Weise
por **cierto** I 3A apropos, übrigens
**cierto, -a** II 6 bestimmte, -r, -s
un **cigarrillo** I 8A eine Zigarette
**cinco** I 2B, PP fünf
**cincuenta** I 2B, PP fünfzig
un **cine** <I 2B, TA>, I 3A ein Kino
un festival de **cine** I 3A ein Filmfestival
un **circo** <I CS> Zirkus
una **circunstancia** <II 4, PP> ein Umstand
una **cita** II 1 eine Verabredung, ein Termin
una **ciudad** <I 1, 6>, I 3A, PP eine Stadt
una **civilización** <II GC> eine Zivilisation, eine Kultur
un **clarinete** <I 8A, PP> eine Klarinette
**Claro.** I 2B Klar. / Natürlich.
**claro, -a** <II 4, PP> hell
una **clase** I 3A eine Unterrichtsstunde, der Unterricht; I 7A eine Klasse
una **clase** de ... <I CS> eine Art von ...
el **clima** <II GC> das Klima
un **coche** I 6 ein Auto
ir en **coche** I 6 mit dem Auto fahren
una **cocina** I 5B, 9 eine Küche
**cocinar** algo I 3B etw. kochen
**coger** (cojo) algo II 4 etw. nehmen, etw. ergreifen *(nur in Spanien gebrauchen! In Lat.am. vulgär!)*
una **colección** <II GC> eine Sammlung
**coleccionar** <I 2B, TA> sammeln
un **colega**, una **colega** *(col.)* II 1, PP ein Kumpel, ein Freund; eine Freundin
**Colombia** *(f.)* I 4 Kolumbien
un **colombiano**, una **colombiana** I 4 ein Kolumbianer, eine Kolumbianerin
Cristóbal **Colón** II 3 Christoph Kolumbus
una **colonia** II 3 eine Kolonie
**colonial** II 5 kolonial
el **colonialismo** <II GC> der Kolonialismus

un **color** I 7B, PP eine Farbe
un **comedor** I 5B, 9 ein Esszimmer
un **comentario** II 9 ein Kommentar
**comenzar** (-ie-) algo II 3 etw. anfangen, etw. beginnen
**comer** I 2B essen
**comercial** <II GC> gewerblich, geschäftlich
el **comercio** II 3 der Handel
**comerse** algo II 4 etw. essen
la **comida** <I 1, 6>, I 5A, 5 das Gericht, das Essen
el **comienzo** I 7A der Beginn, der Anfang
una **comisaría** central I 6 ein Hauptkommissariat
**como** I 3B, I 6 wie, als; II 2 da, weil
¿**cómo?** I 1, PP wie?
¿**Cómo te llamas?** I 1, PP Wie heißt du?
un **compañero**, una **compañera** (de clase) I 7A ein Klassenkamerad, eine Klassenkameradin
**compartir** algo I 5A etw. teilen
**completamente** II 8 völlig
**complicado, -a** <I 8A, PP> schwierig
hacer la **compra** I 5A, 5 einkaufen gehen *(Lebensmittel)*
**comprar** I 2A, PP kaufen
las **compras** I 7B die Einkäufe
ir de **compras** I 7B einkaufen, bummeln, shoppen
**comprender** I 2B verstehen
**común** <II 4, PP> gewöhnlich
**comunicativo, -a** II 6 gesprächig
una **comunidad** autónoma II 2, PP eine autonome Region
**con** I 2A mit
**con** respecto a II 6 hinsichtlich, bezüglich
**concebir** algo <II GC> etw. entwerfen
**concentrarse** en algo <II GC> sich auf etw. konzentrieren
un **concierto** I 3B, PP ein Konzert
una **conclusión** II 8, 11 eine Schlussfolgerung
**concretamente** II 7 genau, konkret
las **condiciones** de vida II 9 die Lebensbedingungen
un **condimento** II 6 ein Gewürz
un **conejillo** de indias II 6 ein Meerschweinchen
**conmigo** I 7B mit mir
**conocer** (-zco) I 4 kennen
**conocerse** (-zco) I 4 sich kennen lernen
**conocido, -a** I 3A, PP bekannt
una **conquista** II 3 eine Eroberung
un **conquistador**, una **conquistadora** <II GC> ein Eroberer, eine Erobererin
**conquistar** algo <II GC> etw. erobern
**conseguir** (-i-) (hacer) algo I 6 etw. erreichen, besorgen
**conservador, -a** II 7, 6 konservativ
**conservar** algo <II GC> etw. erhalten, etw. konservieren
una **consonante** <II 8, 10> ein Konsonant
la **construcción** <II GC> das Errichten, der Aufbau
**construir** algo <II GC> etw. bauen
el **contacto** II 6 der Kontakt
**contar** (-ue-) I 8A erzählen
(estar) **contento, -a** I 5A, PP froh, fröhlich, zufrieden (sein)
**contestar** (algo) I 2A antworten / etw. beantworten
**contigo** I 7B mit dir
un **continente** <II GC> ein Kontinent
una **continuación** <I 5A, PP> eine Fortsetzung
**continuar** con algo I 7A (mit etwas) fortfahren, weitermachen
**continuar** *(+ gerundio)* II 4 fortfahren, weiterhin etw. tun
(estar) en **contra** (de algo) II 8, 11 dagegen sein, gegen etw. sein
el **contrario** de algo II 3, 3 das Gegenteil von etw.
un **contraste** II 3 ein Kontrast, ein Gegensatz
**controlar** algo <I 3B, 8> etw. überprüfen
(estar) **convencido, -a** I 5A überzeugt (sein)
una **conversación** <I 5A, 11> ein Gespräch
**convertir** algo (en algo) <II GC> etw. (in etw.) verwandeln / umwandeln
**convivir** (con alguien) II 7, PP (mit jdm.) zusammenleben
una lengua **cooficial** <II 1, 3> eine Amtssprache einer Region
**coquetear** con alguien II 9, PP mit jdm. flirten, jdn. anmachen
el **corazón** <II 6, 15> das Herz
**cordial** II 5 herzlich
una **cordillera** <II GC> eine Gebirgskette
un **correo** electrónico I 2B eine E-Mail
una **dirección** de correo electrónico I 2B eine E-Mail-Adresse
**correr** II 5, 4 rennen, laufen
**correr** riesgos II 5, 4 Gefahr laufen, ein Risiko eingehen
**corresponder** a algo II 9, PP etw. entsprechen
una **corriente** <II GC> eine Strömung
la **corriente** de Humboldt II 5, PP der Humboldtstrom
la **corte** <II GC> der (königliche) Hof
**corto, -a** I 5A, PP kurz
una **cosa** I 3B eine Sache, ein Ding
la **cosecha** II 2 die Ernte
la **costa** I 1 die Küste
la **Costa** Brava I 1 die Costa Brava
**costar** (-ue-) algo I 7B etw. kosten
una **costumbre** II 3, PP ein Brauch
**crear** algo <II GC> etw. erschaffen
**creer** algo I 6 etw. glauben
una **crema** antimosquitos II 9 eine Mückenschutzcreme
una **crema** solar II 9 eine Sonnencreme
la **cría** II 9 die Zucht
un **criado**, una **criada** <II 2, 11> ein Diener, eine Dienerin
el **cristal** II 8 das Glas, die Fensterscheibe
un **cristiano**, una **cristiana** <II GC> ein Christ, eine Christin
**Cristóbal** Colón II 3 Christoph Kolumbus
una **crónica** II 9 ein (persönlicher) Bericht
**cruzar** algo I 8B, PP etw. überqueren
un **cuaderno** I 7A ein Heft
un **cuadro** II 4, PP ein Gemälde
**cuál, cuáles** II 7 welche, -r, -s *(Fragepron.)*
**cuando** I 7A, I 8A (dann) wenn, als
¿**cuándo**? I 3B wann?
de **cuando** en **cuando** <I CS> ab und zu
¿**cuánto, -a**? I 8A wie viel, -e?
¿**Cuántos** años tiene? I 5A Wie alt ist er/sie?
¿**Cuántas** bolas? <I 2A, 5> Wie viele Kugeln?
**cuarenta** I 2B, PP vierzig
**cuarto** (4º) I 7A die vierte Klasse der Sekundarstufe *(entspricht der 10. Klasse in Deutschland)*
un **cuarto** I 8A ein Zimmer
un **cuarto** de baño I 5B, 9 ein Bad(ezimmer)
**cuarto, -a** I 7A vierte, -r, -s
**cuatro** I 2B, PP vier
**cuatrocientos, -as** I 7B vierhundert
los **cubiertos** I 8B das Besteck
**cubrir** los gastos II 5, 4 die Kosten decken
por su **cuenta** II 7 auf eigene Faust
un **cuerpo** <II GC> ein Körper
el **cuidado** I 5B die Vorsicht
**cuidar** algo / a alguien II 9 etw. / jdn. pflegen, behüten, aufpassen auf
el **cultivo** <II 8, 7> der Anbau
**culto, -a** <II GC> gebildet
una **cultura** II 3 eine Kultur
**cultural** <II GC> kulturell
el **cumpleaños** I 3B der Geburtstag
**cursi** <I 8A, PP> kitschig
un **curso** II 1 ein Kurs
un **cuy** (*pl.* cuyes) II 6 ein Meerschweinchen

## D

**dar**(le) (doy) algo a alguien I 5A jdm. etw. geben
**dar**(le) de comer a alguien II 6, PP jdn. füttern
**dar** las gracias I 8A sich bedanken
**dar** trabajo I 5A Arbeit machen
**dar** la vuelta II 8 umkehren
**dar**se cuenta de algo II 5 etw. bemerken
**de** I 1, PP von
**De** acuerdo. <II 4, TA> Einverstanden.
¿**de** dónde? I 1, PP woher?

**de** la Costa Brava **I 1** an der Costa Brava
**de** modo que **II 7** so dass, sodass
**de** repente **II 8** plötzlich
**de** verdad **I 7A** wirklich
**debajo** de **I 5B, PP** unter
**deber**(le) algo a alguien **II 6** jdm. etw. schulden
**deber** de *(+ inf.)* **II 9** wohl *(+ Inf.)* müssen *(Vermutung)*
los **deberes** **I 3B, PP** die Hausaufgaben
una **década** **II 3** ein Jahrzehnt
**decidir** (hacer) algo **II 1** etw. entscheiden, sich entschließen (etw. zu tun)
**décimo, -a** **I 7A** zehnte, -r, -s
**decir**(le) (digo) algo a alguien **I 4** jdm. etw. sagen
es **decir** <**II 3, TA**> das heißt
**declarar** algo <**II GC**> etw. ernennen
la **decoración** <**II GC**> die Dekoration, der Schmuck
**dejar** (hacer) algo (a alguien) **I 5B** (jdn.) etw. (tun) lassen
**delante** de **I 5B, PP** vor
**delgado, -a** **I 5A, PP** schlank
los / las **demás** **II 5** die anderen, die übrigen
**demasiado** **I 6** zu (sehr/viel)
un **departamento** <**II GC**> Verwaltungseinheit in Peru *(ähnlich wie Bundesland)*
un **dependiente**, una **dependienta** **I 7B** ein Angestellter, eine Angestellte/ ein Verkäufer, eine Verkäuferin
el **deporte** **I 1** der Sport
practicar **deporte** <**I 2B, TA**> Sport treiben
(estar) **deprimido, -a** **I 8B** bedrückt, deprimiert (sein)
**deprimirse** <**I CS**> traurig werden
a la **derecha** de **I 5B, PP** rechts von
**desagradable** <**II 4, PP**>; **II 7, 6** unangenehm, unfreundlich
**desaparecer** **II 7** verschwinden
**desarrollarse** <**II GC**> sich entwickeln
el **desarrollo** humano **II 3** die menschliche Entwicklung
un **desastre** **I 1** eine Katastrophe
**desayunar** algo **I 4, PP** etw. frühstücken
el **desayuno** **I 7A** das Frühstück
un **descubrimiento** **II 3** eine Entdeckung
**descubrir** algo <**II GC**>; **II 9, PP** etw. entdecken
**desde** **II 1** seit
**desear** (hacer) algo **I 6** etw. (zu tun) wünschen
un **deseo** **II 7** ein Wunsch
**desesperado, -a** <**II 4, PP**> verzweifelt
por **desgracia** **II 3** leider
el **deshonor** <**I CS**> die Unehre
un **desierto** **II 5, PP** eine Wüste
(estar) **desordenado, -a** **I 5A** unordentlich, unaufgeräumt (sein)
**desorganizado, -a** **II 7, 6** schlecht organisiert
una **despedida** <**I 2B, 2**>; **II 9** ein Abschied
**despedirse** (-i-) **I 4** sich verabschieden
**despertarse** (-ie-) **I 4** aufwachen
un **desprendimiento** de tierra **II 8** ein Erdrutsch
**después** **I 2A** danach
**después** de **I 6** nach, nachdem
un **destino** **II 5** ein Reiseziel
la **destrucción** **II 9** die Zerstörung
**destruir** algo <**II GC**> etw. zerstören
un **detalle** **II 5** eine Einzelheit, ein Detail
**detener** (-g-) a alguien **I 6** jdn. festnehmen, jnd. verhaften
**detrás** de **I 5B, PP** hinter
**devolver**(le) (-ue-) algo a alguien **I 8B** jdm. etw. zurückgeben
un **día** **I 2B** ein Tag
Buenos **días.** **I 2B** Guten Tag.
un **dialecto** **II 2** ein Dialekt
la **diarrea** **II 6** der Durchfall
**dibujar** <**I 2B, TA**> zeichnen
un **dibujo** <**I CS**> eine Zeichnung
un **diccionario** **I 5B** ein Wörterbuch
**diciembre** *(m.)* **I 3B, 4** Dezember
**dieci** … **I 2B, PP** …zehn *(bei den Zahlen 16–19)*
un **diente** **I 4, 5** ein Zahn
lavarse los **dientes** **I 4, 5** sich die Zähne putzen
**diez** **I 2B, PP** zehn
**diferenciarse** en algo <**II 2, 8**> sich in etw. unterscheiden
**diferente** (a) **II 3** unterschiedlich, anders (als)
**difícil** **I 4** schwierig
**dificultar** algo <**II GC**> etw. erschweren
el **dinero** **I 6, PP** das Geld
**diplomático, -a** <**II GC**> diplomatisch
una **dirección** **I 2B** eine Adresse; **II 5** eine Leitstelle, eine Direktion
una **dirección** de correo ectrónico **I 2B** eine E-Mail-Adresse
**directamente** **II 4** direkt
**dirigirse** a alguien **II 6** sich an jdn. wenden, jdn. ansprechen
un **disco** **I 8A** eine (Schall)Platte, eine CD
una **discoteca** **I 2A, PP** eine Disko(thek)
**discutir** con alguien **II 6** mit jdm. streiten, mit jdm. diskutieren
**disfrutar** de algo **II 7, PP** etw. genießen
la **diversidad** <**II GC**> die Vielfalt
**diverso, -a** **II 5, PP** verschiedene, -r, -s
**divertido, -a** **I 3A** lustig
**divertirse** (-ie-/-i-) **I 8A** sich vergnügen, amüsieren
**doce** **I 2B, PP** zwölf
un **documental** <**I CS**> ein Dokumentarfilm
un **dólar** **II 6** ein Dollar
**doler**(le) (-ue-) algo a alguien **II 6, 14** jdm. etw. weh tun, schmerzen
el **dolor** **II 6** der Schmerz
la **dominación** <**II 3, PP**> die Herrschaft, die Beherrschung
**dominar** algo / a alguien <**II GC**> etw. / jdn. beherrschen
**domingo** *(m.)* **I 3B** Sonntag
**donde** **II 3** wo, in der/dem *(Rel.pron.)*
**¿dónde?** **I 2B, PP** wo?
¿de **dónde**? **I 1, PP** woher? von wo?
**dormir** (-ue-/-u-) **I 3B, PP** schlafen
**dormirse** (-ue-/-u-) **I 4, 5** einschlafen
un **dormitorio** **I 5B, 9** ein Schlafzimmer
**dos** **I 2B, PP** zwei
**doscientos, -as** **I 7B** zweihundert
**ducharse** **I 4, PP** duschen
una **duda** **I 8B** ein Zweifel
un **dueño**, una **dueña** **II 6** ein Besitzer, eine Besitzerin
un **dúo** <**II GC**> ein Duo
un **duque**, una **duquesa** **II 2** ein Herzog, eine Herzogin
**durante** **I 6** während
**duro, -a** **I 6, PP** hart, beschwerlich

## E

**e** **I 5A** und *(vor i oder hi )*
**echar** de menos **I 8B** vermissen
**echar** una bronca a alguien **I 7A** jmd. zurechtweisen
**echarse** **II 2** sich hinlegen
**echarse** la siesta **II 2** Siesta machen
la **ecología** <**II GC**> die Ökologie, die Umweltforschung
**ecológico, -a** **II 9** ökologisch
la **economía** **II 3, PP** die Wirtschaft
**económico, -a** **II 3, PP** wirtschaftlich
un **ecosistema** <**II GC**> ein Ökosystem
un **edificio** <**II GC**> ein Gebäude
la **educación** **II 7, PP** die Erziehung, die Bildung
(la) **educación plástica y visual** **I 7A, PP** (die) Kunsterziehung
**educativo, -a** **II 7, PP** Bildungs-
(los) **EE. UU.** (Estados Unidos) **II 8** die USA
por **ejemplo** **I 5A** zum Beispiel
**el** **I 1** der *(bestimmter Artikel, Sg.)*
**él** **I 2A** er
**electrónico, -a** **I 8A** elektronisch
un correo **electrónico** **I 2B** eine E-Mail
**elegir** (-i-/-i-) algo/a alguien **II 4** etw./jdn. wählen
un **elemento** <**II 8, MA**> ein Element
**ella** **I 2A** sie *(Sg., Subjektpron.)*
**ellos, ellas** **I 2A** sie *(Pl., Subjektpron.)*
un **e-mail** **I 2B** eine E-Mail
una **embajada** <**II GC**> eine Botschaft *(Vertretung eines Landes)*
un/una **emigrante** <**I CS**> ein Auswanderer, eine Auswanderin
**emigrar** **II 7** auswandern
**emocionante** **II 9** spannend

un **emperador**, una **emperatriz** <II GC> ein Herrscher, eine Herrscherin / ein Kaiser, eine Kaiserin
**empezar** (-ie-) algo **I 4, PP** etw. anfangen, etw. beginnen
un **empleado**, una **empleada** **II 7** ein Angestellter, eine Angestellte
una **empleada** de hogar **II 7** eine Hausangestellte
un **empleo** <**I 8A, 6**> ein Arbeitsplatz
**en** **I 1** in, an, auf
**en** casa **I 3A** zu Hause
**en** la playa **I 1** am Strand
**en** serio **I 3B** ernsthaft, wirklich
¿Hablas **en** serio? **I 3B** Meinst du das ernst?
**en** todas partes **II 6** überall
**enamorarse** de alguien **II 3** sich in jdn. verlieben
(estar) **enamorado, -a** **I 5A, PP** verliebt (sein)
**encantar**(le) algo a alguien **I 5A** jmd. etw. sehr gut gefallen
me **encanta** **I 3B** es gefällt mir sehr gut
**encargarse** de algo <**II GC**> sich um etw. kümmern
**encima** de **I 5B, PP** auf
**encontrar** (-ue-) algo <**I 4, 8**>; **I 8A** etw. finden
**encontrarse** (-ue-) **I 6** sich befinden
**encontrarse** (con alguien) **II 3** sich (mit jdm.) treffen
**enero** *(m.)* **I 3B, 4** Januar
(estar) **enfadado, -a** **I 5A, PP** verärgert (sein)
**enfermarse** *(lat.am.)* **II 6, 14** krank werden, erkranken
una **enfermedad** **II 5, 4** eine Krankheit
ponerse **enfermo, -a** **II 6, 14** krank werden, erkranken
una **enfermera** **I 5A** eine Krankenschwester
**enigmático, -a** <**II GC**> rätselhaft
**enorme** **I 7A** riesig, groß
una **ensalada** **II 2** ein Salat
**enseñar**(le) algo a alguien **I 5A** jmd. etw. zeigen, beibringen
**entender** (-ie-) algo/a alguien **I 3B** etw./jdn. verstehen
**enterar**(se) de algo **II 9** etw. erfahren, etw. kapieren *(col.)*
Te vas a **enterar**. **II 5** Du wirst schon sehen.
la **entonación** <**II 2, 8**> die Betonung
**entonces** **I 8A** damals; **I 2A** dann
una **entrada** **I 7B** eine Eintrittskarte
**entrar** (en) **I 2B** eintreten, hineingehen
**entre** **I 6** zwischen, (mitten) unter
una **entrevista** **I 8A** ein Interview
la **envidia** **II 5** der Neid
una **época** <**I CS**> eine Epoche
en aquella **época** **II 2, 7** damals, in/zu jener Zeit

el **equipaje** **II 5, 4** das Gepäck
facturar el **equipaje** **II 5, 4** das Gepäck abfertigen
un **equipo** **I 8B** eine Mannschaft
un **equipo** de música **I 5B, PP** eine Stereoanlage
un **error** <**I 6, 1**> ein Fehler
una **erupción** volcánica <**II GC**> ein Vulkanausbruch
**es** decir <**II 3, TA**> das heißt
**es** que **I 3B** es ist (nämlich) so, dass .../ das kommt daher, dass...
**escorpión** <**II 5, PP**> Skorpion *(Sternzeichen)*
**escribir** **I 2B** schreiben
un **escritor**, una **escritora** **II 3** ein Schriftsteller, eine Schriftstellerin
un **escritorio** **I 5B, PP** ein Schreibtisch
**escuchar** **I 2A, PP** (zu)hören
una **escuela** **II 2** eine Schule
una **escuela** primaria <**I 8A, 6**> eine Grundschule
una **escuela** privada <**I 8A, 6**> eine Privatschule
un **escultor** <**II GC**> ein Bildhauer
**ese, esa, esos, esas** *(adj.)* **I 7B** diese, -r, -s dort
**ése, ésa, ésos, ésas** *(pron.)* **I 7B** diese, -r, -s dort
un **esfuerzo** **II 7** eine Anstrengung, eine Bemühung
**eso** **I 3B** dies, das
la **espalda** **II 6, 14** der Rücken
**España** **I 3B** Spanien
un **español**, una **española** **I 2A** ein Spanier, eine Spanierin
el **español** **I 2A** das Spanische, die spanische Sprache
un profesor de **español** **I 2A** ein Spanischlehrer
**español, -a** **I 3B** spanisch
**especial** **II 4** besonders, speziell
un **espectáculo** <**II GC**> eine Aufführung
la **esperanza** de vida **II 3** die Lebenserwartung
**esperar** **I 2A** (er)warten
el **esplendor** <**II GC**> die Pracht
un **esquema** <**I CS**> Schema
el **esquí** <**II GC**> der Skisport
una **esquina** **I 5B, PP** eine Ecke
**está** bien **I 6** okay, in Ordnung
**esta** mañana **I 6** heute Morgen
**estabilizar** algo <**II GC**> etw. stabilisieren
una **estación** de esquí <**II GC**> eine Skistation
un **estado** <**II 1, 8**> ein Zustand
(los) **Estados Unidos** (EE.UU.) **II 8** die USA
una **estantería** **I 5B, PP** ein Regal
**estar** **I 3A** sich befinden
**estar** *(+ adj.)* **I 5A** sein
**estar** malo **II 6** krank sein
**estar** sentado, -a **II 8** sitzen
el **este** <**I 1, 6**>; **II 3** der Osten

**este, esta, estos, estas** *(adj.)* **I 7B** diese, -r, -s hier
**éste, ésta, éstos, éstas** *(pron.)* **I 7B** diese, -r, -s hier
**éste** es ..., **ésta** es ... **I 1** dies ist ...
una **estepa** <**II GC**> eine Steppe
un **estilo** <**II GC**> ein Stil
**Estimado** .../ **Estimada** ... **II 5** Sehr geehrter ... / Sehr geehrte ...
el **estómago** **II 6** der Magen
**estratégico, -a** <**II GC**> strategisch
un **estrecho** <**II GC**> eine Meeresenge
el **Estrecho** de Gibraltar **II 3** die Straße von Gibraltar
**estrecho, -a** <**II GC**> eng
una **estrella** **II 4, PP** ein Stern
un **estudiante**, una **estudiante** **I 4** ein Student, eine Studentin
**estudiar** **I 2A, PP** studieren, lernen
los **estudios** <**I 8A, 6**> das Studium
**estupendo, -a** **II 7, PP** großartig
la **ética** <**I CS**> Ethik *(Schulfach)*
un **euro** <**I 2A, 5**>; **I 7B** ein Euro
**Europa** *(f.)* **I 8A** Europa
**europeo, -a** <**II 4, PP**> europäisch
**evitar** (hacer) algo **II 6** etw. (zu tun) vermeiden
un **examen** (*pl.* exámenes) **I 4** eine Prüfung
(estar) **excitado, -a** **II 6** aufgeregt (sein)
una **excursión** <**I CS**>, **II 6** ein Ausflug, eine Exkursion
**existir** **II 3** existieren
el **éxito** **I 8A** der Erfolg
una **expectativa** **II 7** eine Erwartung
una **experiencia** **II 5** eine Erfahrung
una **explicación** **II 9** eine Erklärung
**explicar** algo **I 8B** etw. erklären
una **explosión** **II 8** eine Explosion
la **explotación** <**II GC**> die Ausnutzung
**exportar** algo **II 9** etw. exportieren
una **exposición** <**II GC**> eine Ausstellung; **II 2** ein Referat
**expresivo, -a** <**II GC**> ausdrucksstark
la **expulsión** <**II GC**> die Vertreibung, die Ausweisung
**extenderse** <**II GC**> sich erstrecken
la **extinción** **II 9** das Aussterben
un **extranjero**, una **extranjera** **I 6, PP** ein Ausländer, eine Ausländerin
**extraño, -a** <**II 4, PP**> seltsam, fremd

## F

una **fábrica** **II 3** eine Fabrik
**fácil** **I 3B** leicht, einfach
**facturar** el equipaje **II 5, 4** das Gepäck abfertigen
una **falda** **I 5B, 5** ein Rock
la **falta** **II 9** das Fehlen, der Mangel
**faltar**(le) a alguien **I 5A** jdm. fehlen
una **fama** **II 7** ein Ruf
una **familia** **I 5A** eine Familie
**famoso, -a** **I 8A** berühmt

un **fanático** I 3A ein Fan
un **fanático** de los ordenadores I 3A ein Computerfan
**fantástico, -a** II 5 fantastisch, toll
**farmacéutico, -a** <II GC> pharmazeutisch
una **farmacia** I 3A, 6 eine Apotheke
(estar) **fascinado, -a** (por algo) II 7 fasziniert (sein von etw.)
**fatal** II 6 sehr schlecht
la **fauna** II 5, PP die Fauna
por **favor** <I 2A, 5> bitte
(estar) a **favor** (de algo) II 8, 11 dafür sein, für etw. sein
**favorito, -a** II 3 Lieblings-
**febrero** *(m.)* I 3B, 4 Februar
la **fecha** de nacimiento <I 8A, 6> das Geburtsdatum
**feliz** <II 4, PP> glücklich
**fenomenal** I 3A toll, großartig
**feo, -a** I 5A, PP hässlich
un **festival** I 3A ein Festival
un **festival** de cine I 3A ein Filmfestival
la **ficción** II 3 die Fiktion
una **fiesta** <I 1, 6>; I 3A, PP ein Fest, eine Feier
en **fin** II 1 also, schließlich
un **fin** de semana I 3A ein Wochenende
un **final** II 1 ein Ende
a **finales** de <II GC> am Ende, Ende *(+ Subst.)*
**financiero, -a** <II GC> finanziell
una **finca** <II GC> ein Landgut
(la) **física** I 7A, PP Physik *(Schulfach)*
el **flamenco** II 3 der Flamenco
una **flauta** <I 8A, PP> eine (Quer)flöte
una **flor** II 2 eine Blume
la **flora** II 5, PP die Flora
un **folleto** II 3, PP ein Prospekt
al **fondo** <II 4, PP> im Hintergrund
una **forma** II 7, PP eine Form, eine Art
**formal** II 7, 6 seriös, zuverlässig
**formar** algo <II GC> etw. bilden
una **foto** <I 2B, TA>; I 3A ein Foto
la **fotografía** <II 4, PP> die Fotografie
el **francés** <II 4, 9> das Französische
**Francia** *(f.)* I 8A Frankreich
una **frase** II 8 ein Satz
un **fríjol** I 8B eine Bohne
el **frío** I 3B die Kälte
**frío, -a** II 7, 6 (gefühls)kalt
una **frontera** II 3 eine Grenze
la **fruta** <II GC> das Obst
el **fuego** II 6, PP das Feuer
una **fuente** <II GC> ein Brunnen
**fuerte** <I 8A, PP>; <II GC> kräftig, stark
la **fuerza** <II 8, MA> die Stärke
una **fundación** <II GC> eine Stiftung
un **fundador**, una **fundadora** <II GC> ein Gründer, eine Gründerin
**fundamental** II 7, PP grundlegend
**fundar** algo <II GC> etw. gründen
el **fútbol** I 2A, PP (der) Fußball
un/una **futbolista** <I CS> ein(e) Fußballspieler(in)
el **futuro** II 1 die Zukunft

## G

las **gafas** *(pl.)* I 5A, PP die Brille
una **gaita** <I 8A, PP> ein Dudelsack
el **gallego** <II 1, 3> das Galizische
la **ganadería** <II GC> die Viehzucht
**ganar** algo I 6, PP etw. verdienen
la **gana** (*meist im Pl.* las ganas) II 6 die Lust
tener **ganas** de hacer algo <II 4, TA>; II 6 Lust haben, etw. zu tun
la **garganta** <II 6, 15> der Hals, die Kehle
los **gastos** II 5, 4 die Ausgaben
cubrir los **gastos** II 5, 4 die Kosten decken
un **gato** II 2 eine Katze
el **gazpacho** II 2 der Gazpacho *(kalte Gemüsesuppe)*
**Géminis** <II 5, PP> Zwilling *(Sternzeichen)*
**generalmente** <II 2, TA> generell, im Allgemeinen
un **género** <II GC> eine Art, eine Sorte
**generoso, -a** II 7, 6 großzügig
**genial** I 3A genial, toll
¡**Genial**! I 1 Genial! Toll!
la **gente** I 3B die Leute
(la) **geografía** I 7A, PP Erdkunde *(Schulfach)*
el Estrecho de **Gibraltar** II 3 die Straße von Gibraltar
**gigantesco, -a** II 9 riesig
un **gimnasio** II 1 ein Fitnessstudio
**girar** I 8B, PP abbiegen
un **gitano**, una **gitana** II 3 ein Zigeuner, eine Zigeunerin
un **glaciar** <II GC> ein Gletscher
**gordo, -a** I 5A, PP dick
**gótico, -a** <II GC> gotisch
**grabar** I 8A aufnehmen
**gracias** (por) I 3A; <I 2A, 5> danke (für)
**gracias** a I 7B dank
**gracioso, -a** I 4 lustig, witzig
un **gramo** I 7B ein Gramm
**grande** I 3A, PP groß
**gran** *(+ subst.) (apócope de* grande*)* II 8 groß, großartig
**grave** <I 8A, PP> tief *(Stimme, Ton)*; II 8 schwerwiegend, schlimm
un **grifo** II 6 ein Wasserhahn
la **gripe** II 6, 14 die Grippe
**gris** I 7B, PP grau
**gritar** (algo) II 4 (etw.) schreien
un **grito** II 8 ein Schrei
un **grupo** I 7A eine Gruppe
una **guanábana** <II 6, 13> eine Stachelannone *(tropische Frucht)*
**guapo, -a** I 5A, PP hübsch
**guardar** algo I 5B etw. aufbewahren, behalten
**guay** *(col.)* I 3B klasse
la **Guerra** Civil <II GC> der Spanische Bürgerkrieg
un **guía**, una **guía** II 5 ein Reiseführer, eine Reiseführerin
**guiado, -a** II 5 geführt
un **guión** <I 2B, 10> ein Bindestrich
una **guitarra** <I 8A, PP>; II 2 eine Gitarre
**gustar**(le) algo a alguien I 5A jdm. etw. gefallen
me **gusta**/me **gustan** I 2A, PP ich mag, mir gefällt/ mir gefallen
te **gusta**/te **gustan** I 2A, PP du magst, dir gefällt/dir gefallen
te/me **gustaría** II 8 ich würde gerne / du würdest gerne; ich möchte / du möchtest
el **gusto** II 9, PP der Geschmack

## H

**haber** I 6 haben/sein *(als Hilfsverb)*
una **habitación** I 1 ein Zimmer
un **habitante**, una **habitante** II 2, PP ein Einwohner, eine Einwohnerin
**hablar** I 2A sprechen, reden
¿**Hablas** en serio? I 3B Meinst du das ernst?
**hablar** por el móvil I 7A mit dem Handy telefonieren
**hace** *(+ Zeitangabe)* que I 8A vor
**hacer** (hago) I 2B machen, tun
**hace** calor I 3B es ist heiß
**hace** frío I 3B es ist kalt
**hacer** la compra I 5A, 5 einkaufen gehen *(Lebensmittel)*
**hacerse** (-g-) I 8A werden
**hacia** I 6 zu (…hin), nach
el **hambre** *(f.)* I 6, PP der Hunger
una **hamburguesería** <I CS> ein Hamburgerrestaurant
**hasta** I 2B bis
**hasta** luego I 2B bis später
**hasta** pronto I 3B bis bald
**hasta** que II 8 bis
**hay** I 3A, PP es gibt, da ist/sind
**hay** marcha I 3A es ist etwas los
**hay** que I 5A man muss
un **hecho** <II GC> eine Tatsache
un **helado** I 1 ein Eis
(estar) **herido, -a** II 8 verletzt (sein)
el **hermano**, la **hermana** I 1 der Bruder/ die Schwester
los **hermanos** I 2B die Geschwister
el **hígado** <II 6, 15> die Leber
el **hijo**, la **hija** I 2B, 3 der Sohn, die Tochter
(la) **historia** I 7A, PP Geschichte (Schulfach)
la **historia** II 9 die Geschichte
un **historiador**, una **historiadora** <II GC> ein Historiker, eine Historikerin
**histórico, -a** <II GC> geschichtlich
el **hogar** II 7 der Haushalt, das Heim
¡**Hola**! I 1, PP Hallo!

un **hombre**, ¡**hombre**! **II 1** ein Mann, Mensch! *(Ausruf)*

el **honor** **<I CS>** die Ehre

en **honor** a alguien **<II 1, 1>** zu Ehren von jdm.

una **hora** **I 4, PP** eine Stunde

¿A qué **hora**…? **I 4, PP** Um wie viel Uhr…?

¿Qué **hora** es? **I 4** Wie viel Uhr ist es?

un **horario** **I 7A, PP** ein Stundenplan

un **horóscopo** **II 5, PP** ein Horoskop

¡Qué **horror**! **II 9** Wie schrecklich!

un **hospital** **II 6** ein Krankenhaus

un **hotel** **I 8B** ein Hotel

**hoy** **I 2B** heute

**hoy** en día **II 2, 7** heutzutage

una **huelga** **<II GC>** ein Streik

un **huevo** **II 9** ein Ei

el desarrollo **humano** **II 3** die menschliche Entwicklung

## I

la Península **Ibérica** **II 3** die Iberische Halbinsel

**ibérico, -a** **I 7B** iberisch

una **idea** **I 2A** eine Idee

Ni **idea.** **I 2A** Keine Ahnung.

un **idioma** **I 4** eine Sprache

una **iglesia** **<I 1, 6>** eine Kirche

**igual** **<II 8, 10>** gleich

una **iguana** **<II GC>** ein Leguan

un **ilegal**, una **ilegal** **I 6** ein Illegaler, eine Illegale

**ilegal** **I 6** illegal

una **imagen** virtual **<I CS>** ein virtuelles Bild *(Digitalbild auf dem Computer)*

**imaginarse** **I 5A** sich vorstellen

**imagínate** **I 5A** stell dir (nur) vor

el **Imperio** inca **II 5, PP** das Incareich

la **importancia** **<II GC>** die Wichtigkeit

**importante** **I 3A, PP** wichtig

**importar**(le) algo a alguien **I 5A** jdm. etw. wichtig sein/ ausmachen

No **importa**. **I 5A** Das macht nichts.

(estar) **impresionado, -a** **I 5A, PP** beeindruckt (sein)

**impresionante** **<II 4, PP>** beeindruckend

**imprimir** algo **II 9** etw. drucken

la **Inca** Kola **<II 6, 13>** die Inca Kola *(peruanisches Erfrischungsgetränk)*

los **incas** **II 4** die Incas

**inclinado, -a** **<II 8, 7>** steil

**incluir** algo **<II 8, MA>** etw. einschließen

**incluso** **II 5** sogar

el **inconsciente** **<II 4, PP>** das Unbewusste

**independiente** **II 7** unabhängig

una **indicación** **<I 7A, 4>** ein Hinweis

**indígena** **II 5** einheimisch, indigen

un **indígena**, una **indígena** **II 7** ein Einheimischer, eine Einheimische; ein Ureinwohner, eine Ureinwohnerin

un **indio** **I 8B** ein Indio *(Ureinwohner Amerikas und deren Nachfahren)*

la **industria** **II 2, PP** die Industrie

**industrial** **<II GC>** industriell, Industrie-

**industrializado, -a** **<II GC>** industrialisiert

la **influencia** **I 8A** der Einfluss

la **información** **I 3A** die Information

**informal** **II 7, 6** unzuverlässig

**informar** a alguien (de algo) **II 5** jdn. (über etw.) informieren

**informarse** (de algo) **II 8** sich über etw. informieren

(la) **informática** **I 3A** (die) Informatik

la **infraestructura** **<II 1, 9>; II 8, PP** die Infrastruktur

(el) **inglés** **I 7A, PP** Englisch *(Schulfach)*

un **ingrediente** **<II GC>** eine Zutat

un **inmigrante**, una **inmigrante** **I 6** ein Einwanderer, eine Einwanderin

un **insecto** **II 9** ein Insekt

**insoportable** **II 4** unerträglich, unausstehlich

un **instituto** **I 3A** ein Gymnasium

tocar un **instrumento** **<I 2B, TA>** ein Instrument spielen

**intacto, -a** **<II GC>** unversehrt

**inteligente** **<I CS>** intelligent

**intentar** algo **I 6** etw. versuchen

un **intercambio** **I 5A** ein Austausch

el **interés** **<II GC>** das Interesse

**interesante** **I 3A, PP** interessant

**interesar**(le) algo a alguien **II 6** jdn. etw. interessieren

**interesarse** por algo/alguien **II 7** sich für etw./jdn. interessieren

**internacional** **<II GC>** international

navegar por **Internet** **<I 2B, TA>** im Internet surfen

**intolerante** **<I CS>** intolerant

un **invernadero** **II 3** ein Gewächshaus

el **invierno** **I 7B** der Winter

**invitar** a alguien **<I 8B, 8>; II 5** jdn. einladen

**ir** **I 3A** gehen

**va** bien **I 4** es ist ok, es ist in Ordnung

¡**Vas** a verlo! **I 7A** Du wirst schon sehen!

¡Ya **voy**! **I 3A** Ich komme schon!

**ir** a pie **I 8B** zu Fuß gehen

**ir** de compras **I 7B** einkaufen, bummeln, shoppen

**ir** en autobús **I 4, PP** mit dem Bus fahren

**ir** en coche **I 6** mit dem Auto fahren

**ir** *(+ gerundio)* **II 8** langsam etwas tun / anfangen etw. zu tun

**ir** a hacer algo **I 3B** etw. tun werden

**irregular** **<I 8A, PP>** unregelmäßig

**irse** **I 4** weggehen

una **isla** **<I 1, 6>** eine Insel

el **italiano** **<II 4, 9>** das Italienische

un **itinerario** **II 5** eine Reiseroute

a la **izquierda** de **I 5B, PP** links von

## J

el **jamón** **I 7B** der Schinken

el **jamón** ibérico **I 7B** *luftgetrockneter Schinken aus Spanien*

un **jardín** **<II GC>** ein Garten

un **jersey** (*pl.* jerséis) **I 5B, 6** ein Sweatshirt, ein Pullover

un **jornalero**, una **jornalera** **<II GC>** ein Tagelöhner, eine Tagelöhnerin

un **joven**, una **joven** (*pl.* jóvenes) **<I 7B, 11>; II 7, PP** ein Jugendlicher, eine Jugendliche

**joven** **II 5** jung

**un jubilado, una jubilada** **<II 1, 9>** ein Rentner, eine Rentnerin

un **judío**, una **judía** **<II GC>** ein Jude, eine Jüdin

un **juego** **I 1** ein Spiel

No es un **juego**. **I 1** Das ist kein Kinderspiel.

un **videojuego** **<I 2B, TA>** ein Videospiel

un **juego** de cartas **<I 2B, TA>** ein Kartenspiel

**jueves** *(m.)* **I 3B** Donnerstag

**jugar** (-ue-) **I 3B, PP** spielen

**juguetón, juguetona** **II 2** verspielt

**julio** *(m.)* **I 3B, 4** Juli

**junto, -a** **I 3B** zusammen, gemeinsam

**junto a** **<II 4, PP>; II 8** neben

**jurar**(le) algo a alguien **II 9** jdm. etw. schwören

## K

un **kilo** **I 7B** ein Kilo

un **kiosco** **<II GC>** ein Kiosk

## L

**la** **I 1** die *(bestimmter Artikel, Sg.)*

**la, las** **I 5B** sie *(Sg.)*, sie *(Pl., f., Akkusativpron.)*

un **lado** **I 5B, PP** eine Seite

por un **lado** … por otro **lado** **II 8, 11** auf der einen Seite, … auf der anderen Seite

un **lago** **II 5** ein See

**largo, -a** **I 5A, PP** lang

la **lástima** **II 7** das Bedauern

un **latifundio** **II 3** ein Großgrundbesitz

un **latifundista**, una **latifundista** **II 2** ein Großgrundbesitzer, eine Großgrundbesitzerin

el **latín** **<II 4, 9>** das Lateinische

**latino, -a** **I 8A** lateinamerikanisch

**Latinoamérica** *(f.)* **I 8B** Lateinamerika

**lavar** algo **I 5A, 5** etw. waschen

**lavar** los platos **I 5A, 5** spülen, abwaschen

**lavarse** **I 4, 5** sich waschen

**lavarse** los dientes **I 4, 5** sich die Zähne putzen

**le, les** I 5A ihm/ihr, ihnen *(Dativpron.)*
**leer** I 2B lesen
**legal** I 6 legal
**lejos** (de) I 3A weit weg (von), entfernt
una **lengua** I 7A, PP eine Sprache
una **lengua** cooficial <II 1, 3> eine Amtssprache einer Region
una **lengua** oficial <II 1, 3>; II 2, PP eine Amtssprache
una **lengua** románica <II 4, 9> eine romanische Sprache
**lengua y literatura** I 7A, PP Spanisch als Schulfach *(wie das Fach Deutsch in Deutschland)*
el **lenguaje** <II GC> die Sprache, die Ausdrucksweise
**lento, -a** <I 8A, PP> langsam
**Leo** <II 5, PP> Löwe *(Sternzeichen)*
una **letra** <II 8, 10> ein Buchstabe
**levantarse** I 4, PP aufstehen
**liberal** II 7, 6 liberal, freiheitlich
la **libertad** II 9 die Freiheit
**Libra** <II 5, PP> Waage *(Sternzeichen)*
el tiempo **libre** I 3B die Freizeit
al aire **libre** II 1 Freiluft…, open air
una **librería** I 3A, 6 eine Buchhandlung
un **libro** I 3B, PP ein Buch
un **libro** de estudio <I CS> Schulbuch
un **limeño**, una **limeña** II 7 ein Limeño, eine Limeña *(Person aus Lima)*
**limitar** con algo II 3 grenzen an etw.
**limpiar** algo I 5A, 5 etw. putzen
**lindo, -a** II 8 hübsch, nett
una **línea** II 5 eine Linie
una **lista** <I 2B, 6> eine Liste
(estar) **listo, -a** I 8B fertig, bereit (sein)
(ser) **listo, -a** II 7, 6 klug
la **literatura** I 7A, PP die Literatur
**llamar** I 2B anrufen; rufen
**llaman** I 5B es läutet
**llamarse** I 4 heißen
te **llamas** I 1, PP du heißt
una **llegada** <II GC> eine Ankunft
**llegar** I 2A ankommen
(estar) **lleno, -a** (de) II 2 voll (sein mit)
**llevar** algo I 4 etw. tragen; II 2 etw. mitnehmen, -bringen
**llevar** *(+ gerundio + tiempo)* II 8 seit *(+ Zeitangabe)* etw. tun
**llorar** II 9 weinen
**llover** (-ue-) I 7B regnen
la **lluvia** II 1, 9 der Regen
**lo** I 5B ihn *(m., Akkusativpron.)*
**lo** I 8A es *(neutrales Objektpron. für einen Sachverhalt)*
vas a ver**lo** I 7A du wirst schon sehen
**Lo** siento. I 4 Es tut mir leid.
**lo** que <I CS>; II 2 was *(Relativpron.)*
**local** I 6 örtlich, lokal
**loco, -a** I 7B verrückt
**Londres** II 1, PP London
**los, las** I 2A, PP die *(bestimmter Artikel, Pl.)*
**los** I 5B sie *(Pl., Akkusativpron.)*
una **lucha** <II GC> ein Kampf

Hasta **luego**. I 2B Bis später.
un **lugar** II 1 ein Platz, ein Ort
el **lugar** de nacimiento <I 8A, 6> der Geburtsort
la **luna** II 4, PP der Mond
**lunes** *(m.)* I 3B Montag
la **luz** I 5B das Licht
la **luz** de neón II 9 ein Neonlicht

## M

un **machete** II 8 eine Machete *(Buschmesser)*
la **madre** I 2B die Mutter
el **maíz** I 8B der Mais
**majo, -a** II 7, 6 nett
**mal** I 2B schlecht *(adv.)*
Hace **mal** tiempo. I 3B Das Wetter ist schlecht.
**malo, -a** I 5A schlecht
la **mamá** I 5A die Mama *(auch als Anrede)*
**mañana** I 2B morgen
una **mañana** I 3A ein Morgen, ein Vormittag
por la **mañana** I 3A morgens
esta **mañana** I 6 heute Morgen
**mandar**(le) algo a alguien I 5A jdm. etw. schicken
una **manifestación** II 4 eine Demonstration
una **mano** II 8 eine Hand
una **manzana** I 3B ein Apfel
un **mapa** II 3, PP eine Landkarte
una **máquina** I 7A ein (Getränke-) Automat
el **mar** I 2A, PP das Meer
el **mar Mediterráneo** II 3 das Mittelmeer
las **maracas** <I 8A, PP> die Maracas
**maravilloso, -a** II 7, PP wunderbar
**marcar** algo <II GC> etw. prägen, etw. markieren
hay **marcha** I 3A es ist etwas los
una **mariposa** II 9 ein Schmetterling
**marrón** I 5A braun
**Marruecos** *(m.)* II 3 Marokko
**martes** *(m.)* I 3B, 4 Dienstag
**marzo** *(m.)* I 3B, 4 März
**más** I 5A mehr
**más**… que I 7A, PP mehr… als
una **mascota** II 6, PP ein Haustier
(las) **matemáticas** I 7A, PP Mathematik (Schulfach)
un **matrimonio** <II GC> ein Ehepaar
el **máximo** <I CS> Maximum
**mayo** *(m.)* I 3B, 4 Mai
**mayor** II 1 älter, -e, -s; II 3 größer, größte, -r, -s *(Komparativ u. Superlativ von grande)*
**me** I 4 mich *(Reflexivpron.)*; I 5A mir *(Dativpron.)*; I 5B mich *(Akkusativpron.)*
**me** encanta I 3B es gefällt mir sehr gut

**me** gusta, **me** gustan I 2A, PP ich mag, mir gefällt/mir gefallen
**me** llamo I 1, PP ich heiße
una **medicina** II 6, 14 eine Medizin
un **médico**, una **médico** II 6, 14 ein Arzt, eine Ärztin
**medieval** <II GC> mittelalterlich
**medio, -a** I 7A halbe, -r, -s
**medir** (-i-) algo <II GC> messen, sich bemessen auf
el mar **Mediterráneo** II 3 das Mittelmeer
a lo **mejor** I 2B vielleicht
**mejor** I 5B besser
**mejorar** algo II 9 etw. verbessern
**melancólico, -a** <I 8A, PP> melancholisch
**melodioso, -a** <I 8A, PP> melodiös
**menos**… que I 7A, PP weniger… als
un **mensaje** I 2A eine Nachricht
**merecer**(se) algo II 9 (sich) etw. verdienen
un **mes** I 3B ein Monat
una **mesa** I 5A, 5 ein Tisch
poner (-g-) la **mesa** I 5A, 5 decken
**meter** algo en algo I 5B, PP etw. in etw. (hinein)stecken, etw. in etw. (hinein)legen
el **metro** I 8B, 6 die U-Bahn
**mexicano, -a** <II 8, MA> mexikanisch
una **mezcla** <II GC> eine Mischung
**mezclar** algo <II GC> etw. mischen
una **mezquita** II 3 eine Moschee
un **micrófono** II 8 ein Mikrofon
el **miedo** (a/de) II 6 die Angst (vor)
**mientras** I 7A während
**mientras** *(+ subjuntivo)* II 8 solange
**miércoles** *(m.)* I 3B Mittwoch
una **migración** II 2, PP eine Migration, eine Wanderbewegung
**mil** I 7B tausend
**militar** <II GC> militärisch
un **millón** II 3 eine Million
la **minería** <II GC> der Bergbau
el **Ministerio de Asuntos Sociales** <II 1, 9> *entspricht etwa:* Ministerium für Soziale Sicherung
un **minuto** I 7B eine Minute
**mío, -a** II 4 meine, -r, -s *(betontes Possessivpron.)*
**mirar** (algo) I 4 schauen / etw. anschauen
¡**mira**! I 4 Schau (mal)!
**mi, mis** I 2B mein, -e
la **miseria** I 6, PP die Armut, das Elend
**mismo, -a** I 4 selbst
(el/la/lo) **mismo, -a** I 4 der-, die-, dasselbe
la **mitología** II 4 die Mythologie
una **moda** <II GC> die Mode
el **modernismo** II 4 der Modernismus
**moderno, -a** I 3A, PP modern
el **modo** I 7A die Art, die Weise; die Art und Weise
de **modo** que II 7 so dass, sodass
**molestar**(le) algo a alguien II 7 jdn. etw. ärgern, jdn. stören

un **momento** **I 6** ein Moment, ein Augenblick
una **moneda** <**I 2B, TA**> eine Münze
un **monitor**, una **monitora** **II 7, PP** ein Betreuer, eine Betreuerin
un **monopolio** <**II GC**> ein Monopol
**monótono, -a** <**I 8A, PP**> monoton
una **montaña** <**I 1, 6**>; **II 1, PP** ein Berg, ein Gebirge
un **montón** (de) **II 9** ein Haufen, eine große Menge (von)
un **monumento** <**I 1, 6**>; **I 3A, PP** eine Sehenswürdigkeit, ein Denkmal
(ser) **moreno, -a** **I 5A, PP** dunkelhaarig
(estar) **moreno, -a** **II 2** braungebrannt (sein)
**morirse** (-ue-) **II 9** sterben
¡Qué **morro**! **I 2A** Ganz schön frech!
un **mosquito** **II 9** eine Mücke, eine Stechmücke
**mostrar**(le) (-ue-) algo a alguien **II 3, PP** jdm. etw. zeigen
un **motor** **II 3** ein Motor, eine Antriebskraft
**mover** algo <**II GC**> etw. bewegen
un **móvil** **I 2A, PP** ein Handy
hablar por el **móvil** **I 7A** mit dem Handy telefonieren
un **movimiento** <**II 4, PP**> eine Bewegung
**muchísimo, -a** **I 6** sehr viel
**mucho** *(adv.)* **I 2A** viel, sehr
**mucho, -a** *(adj.)* **I 3B** viel, -e
**mudarse** **II 2** umziehen
(estar) **muerto, -a** **II 1** tot (sein)
una **mujer** **II 4, PP** eine Frau
**mundial** <**II GC**> Welt-
el **mundo** **I 8B** die Welt
todo el **mundo** **I 8B** alle, jeder
una **muñeca** <**I 2B, TA**>; **I 5B** eine Puppe
un **museo** **I 1** ein Museum
la **música** **I 2A, PP** die Musik
un equipo de **música** **I 5B** eine Stereoanlage
**musical** **II 4** Musik-
un **músico** **I 8A** ein Musiker
un **musulmán**, una **musulmana** <**I CS**> ein Moslem
**muy** **I 2A** sehr

## N

**nacer** (-zco) **I 8A** geboren werden
**nada** **I 6** nichts; das macht nichts
**nadar** **I 2A, PP** schwimmen
**nadie** **I 7B** niemand
**naranja** **I 7B, PP** orange
la **nariz** (las narices, col.) **II 9** die Nase
la **naturaleza** <**II GC**> die Natur
**navegable** <**II GC**> schiffbar
un **navegante**, una **navegante** <**II GC**> ein Seefahrer, eine Seefahrerin
**navegar** por Internet <**I 2B, TA**> im Internet surfen

**necesario, -a** **II 7** notwendig
**necesitar** **I 2B** brauchen, benötigen
**negro, -a** **I 7B, PP** schwarz
un **negro**, una **negra** <**I CS**> Schwarzer
(estar) **nervioso, -a** **I 5A, PP** nervös (sein)
no… **ni** **I 7B** weder… noch
**Ni** idea. **I 2A** Keine Ahnung.
la **niebla** **I 7B** der Nebel
el **nieto**, la **nieta** **I 2B, 3** der Enkel, die Enkelin
la **nieve** **II 1, 9** der Schnee
un **niño**, una **niña** **I 4** ein Kind
una **niña** **I 4** ein Mädchen *(lat.am. auch: junge Frau)*
**ningún/ninguno, ninguna** **I 7B** keine, -r, -s
un **nivel** **II 3** ein Niveau
el **nivel** del mar <**II GC**> der Meeresspiegel
**no** **I 1** nein, nicht *(Verneinung)*
**No** es un juego. **I 1** Das ist kein Kinderspiel.
**No** es verdad. **I 2A** Das ist nicht wahr. / Das stimmt nicht.
**No** importa. **I 5A** Das macht nichts.
¿**No** te/os parece? **I 5A** Meinst du/ meint ihr nicht?
**No** te preocupes. **I 6** Mach dir keine Sorgen.
**no**… ni **I 7B** weder… noch
una **noche** **I 3A** eine Nacht
Buenas **noches**. **I 2B, 2** Guten Abend. Gute Nacht.
por la **noche** **I 3A** nachts
un **nombre** **I 2B, PP** ein Name
el **noreste** <**II GC**> der Nordosten
**normal** **I 3A, PP** normal
el **noroeste** <**II GC**> der Nordwesten
el **norte** <**I 1, 6**>; **I 3A, PP** der Norden
**nos** **I 4** uns *(Reflexivpron.)*; **I 5A** uns *(Dativpron.)*; **I 5B** uns *(Akkusativpron.)*
**nosotros** **I 2A** wir
**notar** algo **II 6** etw. bemerken
una **noticia** **I 2B** eine Nachricht
**novecientos, -as** **I 7B** neunhundert
una **novela** **II 3** ein Roman
**noveno, -a** **I 7A** neunte, -r, -s
**noventa** **I 2B, PP** neunzig
**noviembre** *(m.)* **I 3B** November
un **novio**, una **novia** **I 7A** ein (fester) Freund, eine (feste) Freundin
una **nube** **II 1, 9** eine Wolke
una central **nuclear** <**II 2, PP**> ein Atomkraftwerk
**nuestro** **I 2B** unser, unsere *(Sg.)*
**nuestros** **I 2B** unsere *(Pl.)*
**nueve** **I 2B, PP** neun
**nuevo, -a** **I 3A** neu
un **número** **I 2B, PP** eine Zahl, eine Nummer
**nunca** **I 7B** niemals

## O

**o** **I 2B** oder
**o** sea <**II 3, TA**> das heißt
**obligar** a alguien a hacer algo **II 2** jdn. zwingen, etw. zu tun
una **obra** <**II GC**> ein Werk
**obtener** algo <**II GC**> etw. erhalten, etw. bekommen
**occidental** <**II GC**> westlich
el **océano** Atlántico **II 3** der Atlantische Ozean
**ochenta** **I 2B, PP** achtzig
**ocho** **I 2B, PP** acht
**ochocientos, -as** **I 7B** achthundert
**octavo, -a** **I 7A** achte, -r, -s
**octubre** *(m.)* **I 3B** Oktober
una **ocupación** <**II GC**> eine Besetzung
**ocuparse** de algo/alguien **I 4** sich um etw./ jdn. kümmern
el **oeste** <**I 1, 6**>; <**II 5, TA**> der Westen
una **oferta** <**II GC**> ein Angebot
una lengua **oficial** <**II 1, 3**> eine Amtssprache
**ofrecer**(le) algo a alguien <**II 1, 9**> jdm. etw. anbieten
**oír** (-g-) algo **I 5B** etw. hören
un **ojo** **I 5A** ein Auge
**oler** (huele, olemos) **II 9** riechen
un **olivo** **II 2** ein Olivenbaum
un **olluco** <**II 6, 13**> Olluco *(Knollenfrucht)*
**olvidarse** de algo / alguien; **olvidar** algo / a alguien **II 1** etw. / jdn. vergessen
**once** **I 2B, PP** elf
una **ópera** **II 3** eine Oper
una **oportunidad** **II 5** eine Gelegenheit
una **optativa** **I 7A, PP** ein Wahlpflichtfach
una **orden** <**II GC**> ein Befehl
un **ordenador** **I 2A, PP** ein Computer
un fanático de los **ordenadores** **I 3A** ein Computerfan
**ordenar** algo **I 5A, 5** etw. aufräumen
**organizado, -a** **II 7, 6** (gut) organisiert
**organizar** algo <**II GC**> etw. organisieren
el **origen** <**II GC**> der Ursprung
**original** <**II GC**> neuartig, originell
una **orilla** <**II GC**> ein Ufer
una **orquesta** <**I 8A, 6**> ein Orchester
**os** **I 4** euch *(Refelexivpron.)*; **I 5A** euch *(Dativpron.)*; **I 5B** euch *(Akkusativpron.)*
**oscuro, -a** **I 8B** dunkel
el **otoño** **II 1** der Herbst
**otro, -a** **I 4** (ein, e) andere, -r, -s; noch ein, -e
el **oxígeno** **II 9** der Sauerstoff
¡**Oye**! **I 2B** Hör mal!

## P

la **paciencia** **II 9, PP** die Geduld
un **paciente**, una **paciente** **II 6, 14** ein Patient, eine Patientin
el **Pacífico** <**II GC**> der Pazifik
el **padre** **I 2B** der Vater

los **padres** **I 2B** die Eltern
una **paella** **I 1** eine Paella *(span. Reisgericht)*
**pagar** algo **I 7B** etw. (be)zahlen
una **página** **I 3A** eine Seite
una **página** Web **I 3A** eine Web-Seite
un **país** **I 4** ein Land
un **paisaje** **II 2** eine Landschaft
un **pájaro** **II 4, PP** ein Vogel
una **palabra** **I 4** ein Wort
un **palacio** **II 3** ein Palast
**pálido, -a** **II 8** blass
el **pan** **I 7B, 8** das Brot
una **panadería** **I 3A, 6** eine Bäckerei
**Panamá** **I 8B** Panama *(Land in Mittelamerika)*
**panameño, -a** **I 8B** panamaisch, aus Panama
un **panel** de timbres **<I 7A, 7>** ein Klingelschild
un **pantalón** **I 5B, 6** eine Hose
una **papa** **I 8B** eine Kartoffel *(lat.am.)*
el **papá** **I 5A** der Papa *(auch als Anrede)*
los **papás** **II 8** die Eltern
una **papaya** **<II 6, 13>** eine Papaya *(tropische Frucht)*
un **papel** **I 2B** ein Papier
**para** **I 3A** für
**para** hacer algo **I 6** um etw. zu tun
**para** terminar **I 6** zum Schluss
**para** que **II 8** damit
¿**para qué?** **II 1** wozu?
**parar** **II 9** aufhören
**pararse** **II 8** anhalten, stehen bleiben
una **parcela** **<I CS>** eine Parzelle *(kleines Stück Land)*
**parecer**(le) (-zco) a alguien **I 5A** jdm. (er)scheinen
¿No te **parece**? **I 5A** Meinst du nicht?
ser **parecido, -a** (a algo) **II 3, 3** ähnlich sein (wie etw.)
una **pareja** **<II GC>** ein Paar
un **parque** **I 3A, 6** ein Park
un **parque** nacional **<II GC>** ein Nationalpark
un **parque** zoológico **<I CS>** ein Zoo
un **párrafo** **II 8, 11** ein Absatz
una **parte** **I 5B** ein Teil
**parte** de **I 5B** ein Teil von
en todas **partes** **II 6** überall
un **participante**, una **participante** **II 5** ein Teilnehmer, eine Teilnehmerin
**participar** en algo **<I 5A, 11>; II 4** an etw. teilnehmen
**partir** **II 5** abreisen, aufbrechen
a **partir** de **<II GC>** ab *(+ Zeitangabe)*
**pasado, -a** **I 8A** vergangene, -r, -s
**pasar** **I 2A** verbringen
**pasárselo** bien/mal **II 1, PP** Spass haben, sich gut/nicht gut amüsieren
**pasar**(le) algo a alguien **I 6** etw. jdn. passieren
¿qué **pasa**? **I 2A** Was ist los? Was passiert?
**pasar**(le) algo a alguien **I 8B** jdm. etw. (hinüber)reichen
**pasar** **II 5** vergehen, vorbei gehen
**pasar** la aspiradora **I 5A, 5** staubsaugen
**pasar** por **I 8B, PP** durchgehen, -fahren
**pasear** (por) **II 3** spazieren gehen
un **pasillo** **I 5B** ein Flur, ein Korridor
un **paso** **<II GC>** ein Schritt
la **Patagonia** **II 7** Patagonien
una **patata** **I 7B, 8** eine Kartoffel
un **patio** **II 2** ein Innenhof
la **paz** **II 9** der Frieden
**PD** *(posdata)* **I 3B** PS *(Postskript)*
el **pecho** **II 6, 14** die Brust
**pedir** (-i-/-i-) algo a alguien **I 7B** jdn. um etw. bitten
**pedir** (-i-/-i-) algo **II 4** etw. bestellen
una **película** **I 3A** ein Film
una **película** de terror **II 9** ein Horrorfilm
**peligroso, -a** **II 6** gefährlich
el **pelo** **I 5A, PP** die Haare
¡Qué **pena**! **II 2** Wie schade!
una **peña** **I 3A** eine Clique
una **pendiente** **<II 8, 7>** ein Hang
la **Península** Ibérica **II 3** die Iberische Halbinsel
**pensar** (-ie-) hacer algo **I 3B, PP** etw. vorhaben
**pensar** (-ie-) en algo **I 3B** an etw. denken
**peor** **I 7B** schlechter; schlimmer
un **pepino** **<II GC>** eine Gurke
**pequeño, -a** **I 3A, PP** klein
**perder** (-ie-) algo **II 5, 4** etw. verlieren
el **perdón** **<I CS>** die Vergebung
**Perdón.** **I 4** Entschuldigung.
**perdonar**(le) algo a alguien **II 6** jdm. etw. verzeihen
**perfeccionar** algo **I 3B** etw. verbessern, perfektionieren
**perfecto, -a** **I 5B** perfekt
un **periódico** **II 3, PP** eine Zeitung
un **periodista**, una **periodista** **II 4** ein Journalist, eine Journalistin
un **período** **<II GC>** eine Periode, ein Zeitabschnitt
**permanecer** en **II 6** bleiben in
el **permiso** de residencia **I 6** die Aufenthaltsgenehmigung
**pero** **I 2A, PP** aber
una **persona** **I 5A** eine Person
un **personaje** **II 3** eine Figur *(in einem Roman/Film)*
**personalmente** **II 7** persönlich
una **perspectiva** **II 7, PP** eine Aussicht, eine Perspektive
(el) **Perú** **II 5** Peru
un **peruano**, una **peruana** **II 5, PP** ein Peruaner, eine Peruanerin
una **pesadilla** **II 9** ein Albtraum
**pesado, -a** **II 6** schwer
la **pesquera** **<II GC>** der Fischfang, die Fischwirtschaft
el **petróleo** **<II 6, 12>** das Erdöl
un **pez** (*pl.* peces) **<II GC>** ein Fisch
un **piano** **<I 8A, PP>** ein Klavier
un **pie** **II 6, 14** ein Fuß
la **piel** **I 8B** die Haut
una **pierna** **II 5, 4** ein Bein
una **pieza** **<II GC>** ein Stück, ein Teil
el **pimiento** **<II GC>** der Pfeffer
**pintar** **<I 2B, TA>** malen
un **pintor**, una **pintora** **II 4, PP** ein Maler, eine Malerin
la **pintura** **<II 4, PP>** die Malerei
**pirata** **I 6** Raub-
una **piscina** **I 3A, 6** ein Schwimmbad, -becken
**Piscis** **<II 5, PP>** Fische *(Sternzeichen)*
un **piso** **I 5A** eine Wohnung, ein Stockwerk
una **pista** de hielo **<I CS>** eine Eislaufbahn
un **plan** **II 4** ein Plan, ein Vorhaben
**planchar** algo **I 5A, 5** etw. bügeln
el **plancton** **<II GC>** das Plankton
un **plano** **<II GC>** ein (Bau)Plan
en primer **plano** **<II 4, PP>** im Vordergrund
una **planta** **II 9** eine Pflanze
la **plata** **<II GC>** das Silber; **II 8** das Geld
un **plátano** **I 7B, 8** eine Banane
un **plato** **I 5A, 5** ein Teller; **<II GC>** ein Gericht
lavar los **platos** **I 5A, 5** spülen, abwaschen
la **playa** **I 1** der Strand
en la **playa** **I 1** am Strand
una **plaza** **I 2B, PP** ein Platz
una **plaza** de toros **I 8A** eine Stierkampfarena
una **población** **II 5** eine Bevölkerung
**poblar** (-ue-) algo **<II GC>** etw. besiedeln
**pobre** **I 6, PP** arm
**poco** *(adv.)* **I 2A** wenig
un **poco** **I 3A** ein bisschen
**poco, -a** *(adj.)* **I 3B** wenig
**poder** (-ue-) hacer algo **I 3B** etw. tun können
el **poder** **<II 8, MA>** die Macht
un **poema** **I 8B** ein Gedicht
la **poesía** **<II 4, PP>** die Poesie
un **poeta**, una **poetisa** **<II GC>** ein Dichter, eine Dichterin
un **policía**, una **policía** **I 4** ein Polizist, eine Polizistin
la **policía** **I 4** die Polizei
un **polideportivo** **I 3A, 6** ein Sportzentrum *(für verschiedene Sportarten)*
**polinesio, -a** **<II 8, MA>** polynesisch
**político, -a** **I 8A** politisch
quitar el **polvo** **I 5A, 5** abstauben
un **poncho** **<II 6, 12>** ein Poncho *(Umhang)*
**poner** (-g-) algo **I 5B, PP** etw. setzen, stellen, legen

**poner**(le) algo a alguien **I 7B** jdm. etw. geben
**poner** una cara **II 9** ein Gesicht machen
**poner** (-g-) la mesa **I 5A, 5** den Tisch decken
**ponerse** algo (me pongo) **I 7B** (sich) etw. anziehen
**ponerse** *(+ adj.)* **II 8** werden
**ponerse** enfermo, -a **II 6, 14** krank werden, erkranken
**popular** <**II GC**> verbreitet, beliebt
**por** **I 4** wegen, aufgrund
von; **I 7B** durch, in
gracias **por** **I 3A** danke für
preguntar **por** **I 7A** nach etw./jdm. fragen
**por** un lado ... **por** otro lado **II 8, 11** auf der einen Seite, ... auf der anderen Seite
**por** ciento (%) **II 5, PP** Prozent
**por** cierto **I 3A** apropos, übrigens
**por** desgracia **II 3** leider
**por** ejemplo **I 5A** zum Beispiel
**por** eso **I 2B** deswegen, deshalb
**por** favor <**I 2A, 5**>; **I 5B** bitte
**por** la mañana **I 3A** morgens, vormittags
**por** la noche **I 3A** abends, nachts
**por** la tarde **I 3A** nachmittags
¿**por** qué? **I 2A** Warum?
**por** si acaso **II 6** für alle Fälle
**por** su cuenta **II 7** allein, auf eigene Faust
**por** teléfono **I 8B** am Telefon, telefonisch
**porque** **I 2A** weil
**poseer** algo **II 2** etw. besitzen
una **posibilidad** **II 7, PP** eine Möglichkeit
**posible** **II 7** möglich
una **postal** **II 1, PP** eine Postkarte
un **póster** **I 5B, PP** ein Poster
un **postre** **I 8B** ein Nachtisch
una **potencia** <**II GC**> eine Macht
**practicar** deporte <**I 2B, TA**> Sport treiben
el **precio** **I 7B** der Preis
**precioso, -a** **I 3A, PP** wunderschön
**preferir** (-ie-/-i-) algo (a algo), **preferir** hacer algo **I 3B** etw. lieber mögen (als), etw. lieber tun
una **pregunta** **I 8A** eine Frage
**preguntar** algo a alguien **I 4** jdn. etw. fragen
**preguntar** por algo / alguien **I 7A** nach etw./jdm. fragen
**prehispánico, -a** <**II 8, 7**> prähispanisch *(vor der Entdeckung Amerikas)*
un **prejuicio** **II 7** ein Vorurteil
un **premio** <**II GC**> ein Preis
(estar) **preocupado, -a** **I 7A** besorgt (sein)
**preocuparse** por algo/alguien **II 6** sich Sorgen machen
no te **preocupes** **I 6** mach dir keine Sorgen
**preparar** algo **I 5A, 5** etw. vorbereiten, zubereiten
los **preparativos** **II 6** die Vorbereitungen
**presentarse** (a alguien) **II 7** sich (jdm.) vorstellen
un **primo**, una **prima** **I 1** ein Cousin, eine Cousine
la **primavera** **I 7B** der Frühling
**primero** **I 2B** zuerst *(adv.)*
**primer(o), -a** **I 7A** erste, -r, -s
un **primo**, una **prima** **I 1** ein Cousin, eine Cousine
**principal** <**II GC**> wichtigste, -r, -s, Haupt-
el **principio** **II 4** der Anfang, der Beginn
al **principio** **II 4** am Anfang, am Beginn
a **principios** de <**II GC**> am Anfang
**probar** (-ue-) algo **II 4** etw. probieren
un **problema** *(m.)* **I 3B** ein Problem
la **producción** <**II GC**> die Herstellung
**producir** algo <**II 8, TA**> etw. produzieren
un **producto** **II 8** ein Erzeugnis, ein Produkt
un **profe**, una **profe** *(col.) (abrev. de profesor, -a)* **I 7A** ein Lehrer, eine Lehrerin
un **profesor**, una **profesora** **I 2A** ein Lehrer, eine Lehrerin
un **profesor** de español **I 2A** ein Spanischlehrer
una **profesora** de español **I 2A** eine Spanischlehrerin
un **programa** **II 4** ein Programm
**pronto** **I 3B** bald
hasta **pronto** **I 3B** bis bald
**pronunciar** algo **II 2** etw. aussprechen
**propio, -a** **II 7** eigene, -r, -s
**proponer**(le) (-g-) algo a alguien **I 5B** jdm. etw. vorschlagen
la **protección** **II 9** der Schutz
**proteger** algo / a alguien **II 9** schützen, beschützen
**provenir** de <**II 4, 9**> stammen aus
una **provincia** **I 7B** eine Provinz
**próximo, -a** **II 1** nächste, -r, -s
un **proyecto** **II 1** ein Projekt
una **publicación** <**II GC**> die Veröffentlichung
un **público** **I 8A** ein Publikum
un **pueblecito** <**I CS**> ein Dörfchen
un **pueblo** **I 1** ein Dorf, ein kleiner Ort
un **puente** **II 7, PP** eine Brücke
la **puerta** **I 2B** die Tür
un **puerto** **II 4** ein Hafen
**pues** **I 6** also, nun
un **puesto** **II 6** ein Verkaufsstand
el **pulmón** <**II 6, 15**> die Lunge
un **punto** <**I 2B, 10**>; **II 9, PP** ein Punkt
un **punto** de vista <**II GC**> die Sichtweise, der Standpunkt

## Q

**que** **I 3B** der, die, das *(Relativpronomen)*
es **que** **I 3B** das kommt daher, dass...
**que** **I 6** dass
ya **que** **II 7** da (ja), denn
¿**Qué**? **I 1** Was?
¿**por qué**? **I 2A** Warum?
¿..., **qué**? **I 5A** Was ist mit...?
¡**Qué**...! **I 3B** Wie...!; Was für...!
¡**Qué** bien! **I 3B** Wie toll!
¿**Qué** es? **I 1** Was ist das?
¿**Qué** hora es? **I 4** Wie viel Uhr ist es?
¡**Qué** lástima! **I 3B** Wie schade!
¿**Qué** pasa? **I 2A** Was ist los?; Was passiert?
¡**Qué** pena! **II 2** Wie schade!
¿**Qué** tal? **I 2B** Wie geht's?
¿**Qué** tal *(+ Subst)?* **I 3B** Wie ist/war...?
¡**Qué** va! **I 7A** Ach was! Keine Rede!
...**que** viene **I 3B, PP** kommende, -r, -s... nächste, -r, -s...
(el) **quechua** **II 8** Quechua *(Sprache)*
**quedar** con alguien **I 7A** sich mit jdm. verabreden
**quedarse** **II 1** bleiben
**quedarse** *(+ adj.)* **II 1, PP** werden
**quedarse** *(+ gerundio)* **II 8** länger etw. tun
**quejarse** de algo/alguien **I 6, PP** sich über etw./jdn. beschweren
**querer** (-ie-) (hacer) algo **I 3B, PP** etw. (tun) wollen
**Quisiera**... **II 5** Ich möchte / würde gerne...
el **queso** **I 7B, 8** der Käse
¿**quién**? (¿quiénes?, *pl.*) **I 2A** wer?
(la) **química** **I 7A, PP** Chemie *(Schulfach)*
**quince** **I 2B, PP** fünfzehn
**quinientos, -as** **I 7B** fünfhundert
**quinto, -a** **I 7A** fünfte, -r, -s
la **quinua** <**II 6, 13**> Perureis *(Art Fuchsschwanzgewächs)*
**Quisiéramos**... <**II 5, TA**> Wir würden gerne...
**quitar** algo **I 5B, PP** etw. wegnehmen, etw. wegtun, etw. entfernen
**quitar** el polvo **I 5A, 5** abstauben
**quitársele** algo a alguien **II 4** jdm. etw. vergehen
**quizá** **II 8** vielleicht

## R

**radial** <**II GC**> strahlenförmig
una **radio** **I 6** ein Radio
un **ramo** **II 2** ein Strauß
un **ramo** de flores **II 2** ein Blumenstrauß
**rápido** *(adv.)* **I 2B** schnell
**rápido, -a** *(adj.)* **I 3B** schnell
**raro, -a** **I 7A** seltsam
un **rascacielos** <**II GC**> ein Wolkenkratzer
un **rato** **I 2A** ein Augenblick, eine Weile
tener **razón** **I 5A** Recht haben
**real** <**II 4, PP**> wirklich, echt

**realizar** algo <I 5A, 4>; II 7 etw. ausführen, etw. durchführen
**realmente** I 8A wirklich, tatsächlich
una **receta** I 3B ein Rezept
**recibir** algo I 5A etw. empfangen, bekommen
la **Reconquista** II 3 die Reconquista, die Wiedereroberung
**reconquistar** algo <II GC> etw. wiedererobern
**recorrer** algo <II GC> durchlaufen
el **recreo** I 4 die Pause
los **recursos** naturales II 9 die Naturschätze, die natürlichen Ressourcen
una **reforma** <II GC> eine Reform
un **refresco** I 7A ein (Erfrischungs-) Getränk
**regalar**(le) algo a alguien I 7B jdm. etw. schenken
un **regalo** I 7B ein Geschenk
una **región** II 5 eine Region
**regresar** (a) II 5 zurückkommen, zurückkehren (nach)
un **regreso** II 5 eine Rückkehr
**regular** I 2B, 2 mittelmäßig, es geht so
**regularmente** <II 2, TA> regelmäßig
el **reinado** <II GC> eine Regentschaft
un **reino** <II GC> ein (König)Reich
**reírse** II 2 lachen
una **relación** II 9, PP eine Beziehung
(la) **religión** I 7A, PP Religion *(Schulfach)*
un **reloj** II 4, PP eine Uhr
la **renta** per cápita II 3 das Pro-Kopf-Einkommen
**replicar** <I CS> entgegnen, antworten
**representar** algo <II 4, PP> etw. darstellen
con **respecto** a II 6 hinsichtlich, bezüglich
**respetar** a alguien <I CS> jdn. respektieren
el **respeto** <II 8, MA> der Respekt
**respirar** II 8 atmen
**responder** (algo) I 8A antworten / etw. beantworten
una **respuesta** I 2A eine Antwort
un **restaurante** I 2B ein Restaurant
un **resto** <I CS>; II 6 ein Rest
un **resultado** II 9, PP ein Ergebnis
un **resumen** II 5 eine Zusammenfassung
una **reunión** II 5 ein Treffen, eine Versammlung
**reunirse** (con alguien) II 5 sich versammeln, sich (jdm.) anschließen
una **revista** I 3B eine Zeitschrift
un **rey**, una **reina** II 3 ein König, eine Königin
los **Reyes** Católicos II 3 die Katholischen Könige
**rico, -a** I 6, PP reich; I 7B lecker, gut
un **riesgo** II 5, 4 ein Risiko
  correr **riesgos** II 5, 4 Gefahr laufen, ein Risiko eingehen
un **riñón** <II 6, 15> eine Niere
un **río** <I 1, 6>; II 3 ein Fluss
un **ritmo** <II GC> ein Rhythmus
el **robo** II 9 der Raub, der Diebstahl
el **rock** duro <II 8, MA> der Hard Rock
**rojo, -a** I 7B, PP rot
una lengua **románica** <II 4, 9> eine romanische Sprache
**romano, -a** <II GC> römisch
**romperse** algo II 5, 4 sich etw. brechen
**ronco, -a** <I 8A, PP> rau, heiser
la **ropa** I 2A, PP die Kleidung
  una tienda de **ropa** I 7B ein Bekleidungsgeschäft
**rosa** I 7B, PP rosa
**rubio, a** I 5A, PP blond
un **ruido** II 8 ein Geräusch, der Lärm
una **ruina** II 5 eine Ruine
una **ruta** <II GC> eine Route, eine Strecke

## S

**sábado** *(m.)* I 3B Samstag
**saber** (sé) I 2B wissen
**sacar** algo I 7A etw. (heraus)nehmen, etw. (heraus)holen
**sacar** fotos II 4 Fotos machen
**Sagitario** <II 5, PP> Schütze *(Sternzeichen)*
**sagrado, -a** <II 8, TA> heilig
la **sal** <II 6, 12> das Salz
una **sala de estar** I 5B, 9 ein (kleines) Wohnzimmer
tener **salero** II 2 hübsch sein, süß sein
**salir** (-g-) I 3A ausgehen; I 4, PP weggehen, rausgehen; I 6 abfahren, abreisen; I 8A herauskommen
**saltar** II 4 springen, hüpfen
la **salud** II 5, 4 die Gesundheit
un **saludo** I 2B, 2 ein Gruß
las **sandalias** II 1, 7 die Sandalen
una **sandía** I 7B, 8 eine Wassermelone
**sano, -a** II 5, 4 gesund
  (estar) **sano, -a** y salvo, -a II 5, 4 gesund und munter (sein)
el día del **santo** <I 3B, 5> der Namenstag
un **sargento** II 3 ein Unteroffizier *(Dienstgrad)*
una **sartén** I 8B eine Pfanne
un **saxofón** <I 8A, PP> ein Saxofon
o **sea** <II 3, TA> das heißt
**se** I 4 sich *(Sg., Pl., Reflexivpron.)*
un **sector** <II GC> ein Sektor, ein Teilgebiet
**seguir** I 8B, PP weitergehen, -fahren
**seguir** (-i-) *(+ gerundio)* I 8B fortfahren, weiterhin etw. tun
**seguir** con/sin algo II 1 etw. immer noch/weiterhin haben/nicht haben
**según** I 3B laut, nach
**segundo, -a** I 7A zweite, -r, -s
**seguro** *(adv.)* II 6 sicherlich, bestimmt
**seis** I 2B, PP sechs
**seiscientos, -as** I 7B sechshundert
un **sello** <I 2B, TA> eine Briefmarke
una **selva** II 5, PP ein Urwald, ein Regenwald
una **semana** I 3A eine Woche
  un fin de **semana** I 3A ein Wochenende
**sencillamente** II 4 einfach, schlichtweg
**sencillo, -a** <I 8A, PP> einfach
un **señor** *(abrev. Sr.)*, una **señora** *(abrev. Sra.)* I 3B ein Herr, eine Frau
un **señorito** <II 2, 11> ein junger Dienstherr
**sensual** <I 8A, PP> sinnlich
estar **sentado, -a** II 8 sitzen
**sentarse** (-ie-) I 8B sich setzen
**sentimental** <I 8A, PP> sentimental
lo **siento** I 4 es tut mir leid
**sentirse** (-ie-/-i-) I 4 sich fühlen
  **sentirse** bien I 4 sich wohl fühlen
**separarse** de algo/alguien II 2 sich von etw./jdm. trennen
**septiembre** *(m.)* I 3B, 4 September
**séptimo, -a** I 7A siebte, -r, -s
**ser** I 1, PP sein
  **ser** de I 1, PP kommen aus, stammen aus
**serio, -a** II 4 ernst
  en **serio** I 3B ernsthaft, wirklich
  ¿Hablas en **serio?** I 3B Meinst du das ernst?
**sesenta** I 2B, PP sechzig
**setecientos, -as** I 7B siebenhundert
**setenta** I 2B, PP siebzig
una **sevillana** II 2 eine Sevillana
**sexto, -a** I 7A sechste, -r, -s
**si** I 8B ob
**sí** I 1 ja; I 5B doch
**siempre** I 1 immer
una **siesta** II 2 eine Siesta
  echarse la **siesta** II 2 Siesta machen
**siete** I 2B, PP sieben
un **siglo** II 3 ein Jahrhundert
el **significado** I 4 die Bedeutung
**significar** I 2A bedeuten
un **signo** <I 2B, 10> ein Zeichen
  un **signo** zodiacal <II 5, PP> ein Sternzeichen
una **silla** I 5B, PP ein Stuhl
**simbolizar** algo <II 8, MA> etw. symbolisieren
un **símbolo** <II GC> ein Symbol, ein Wahrzeichen
la **simpatía** II 3 die Sympathie, die Warmherzigkeit
**simpático, -a** I 5A sympathisch, nett
**simplemente** II 1 einfach *(adv.)*
**sin** I 3B ohne
  **sin** duda I 8B zweifellos
  **sin** parar II 9 ununterbrochen
**sino** <II 2, 11>; II 4 sondern
un **sinónimo** II 3, 3 ein Synonym
un **síntoma** II 6, 14 Symptom, Anzeichen
un **sistema** <II GC> ein System

**bleiben** in **II 6** permanecer en
**blond** **I 5A, PP** rubio, a
eine **Blume** **II 2** una flor
ein **Blumenstrauß** **II 2** un ramo de flores
eine **Bluse** **I 5B** una camisa
eine **Bohne** **I 8B** un fríjol
eine **Bombe** **II 8** una bomba
eine **Botschaft** *(Vertretung eines Landes)* <**II GC**> una embajada
ein **Boulevard** **I 2B, PP** una avenida
ein **Brauch** **II 3, PP** una costumbre
**brauchen** **I 2B** necesitar
**braun** **I 5A** marrón
**braungebrannt** (sein) **II 2** (estar) moreno, -a
sich etw. **brechen** **II 5, 4** romperse algo
**breit** **II 7, PP** amplio, -a; <**II GC**> ancho, -a
ein **Brett** **II 1, PP** una tabla
ein **Brief** **I 8B** una carta
eine **Briefmarke** <**I 2B, TA**> un sello
die **Brille** **I 5A, PP** las gafas *(pl.)*
(mit)**bringen** **I 8B** traer (traigo)
das **Brot** **I 7B, 8** el pan
ein belegtes **Brötchen** **I 7A** un bocadillo
eine **Brücke** **II 7, PP** un puente
ein **Bruder** **I 1** un hermano
ein **Brunnen** <**II GC**> una fuente
die **Brust** **II 6, 14** el pecho
ein **Buch** **I 3B, PP** un libro
eine **Bücherei** **I 3A, 6** una biblioteca
eine **Buchhandlung** **I 3A, 6** una librería
ein **Buchstabe** <**II 8, 10**> una letra
etw. **bügeln** **I 5A, 5** planchar algo
**bummeln** **I 7B** ir de compras
der Spanische **Bürgerkrieg** <**II GC**> la Guerra Civil
ein **Bus** **I 4, PP** un autobús
mit dem **Bus** fahren **I 4, PP** ir en autobús

## C

eine **Cafeteria** **I 7A** una cafetería
**campen** **II 6, PP** acampar
eine **CD** **I 5B** un cedé; **I 8A** un disco
ein **Cent** **I 7B** un céntimo
**Ceviche** *(rohe Fischstücke mit Limettensaft und Zwiebeln)* <**II 6, 13**> el ceviche
der **Charakter** <**II 1, 8**> el carácter
mit jdm. **chatten** **II 6** chatear con alguien
**Chemie** *(Schulfach)* **I 7A, PP** (la) química
**chilenisch** **II 7** chileno, -a
der **Chili** <**II 6, 13**> el ají *(en Perú)*
ein **Christ**, eine **Christin** <**II GC**> un cristiano, una cristiana
**Christoph** Kolumbus **II 3** Cristóbal Colón
eine **Clique** **I 3A** una peña
ein **Computer** **I 2A, PP** un ordenador
ein **Computerfan** **I 3A** un fanático de los ordenadores
die **Costa** Brava **I 1** la Costa Brava
ein **Cousin**, eine **Cousine** **I 1** un primo, una prima

## D

**da (ja)** **II 7** ya que
**da** ist/sind **I 3A, PP** hay
**da** **I 5B** ahí
**da** (weil) **II 2** como
**dabeihaben** **I 8B** traer (traigo)
**dafür** sein **II 8, 11** (estar) a favor (de algo)
**dagegen** sein **II 8, 11** (estar) en contra (de algo)
**damals** **I 8A** entonces; **II 2, 7** en aquella época
**damit** **II 8** para que
**danach** **I 2A** después
**dank** **I 7B** gracias a
**danke** (für) <**I 2A, 5**>; **I 3A** gracias (por)
jdm. für etw. **danken** **II 7** agradecer(le) algo a alguien
**dann** **I 2A** entonces
der **Darm** <**II 6, 15**> la tripa
etw. **darstellen** <**II 4, PP**> representar algo
**das** heißt <**II 3, TA**> es decir; <**II 3, TA**> o sea
**dass** **I 6** que
den Tisch **decken** **I 5A, 5** poner (-g-) la mesa
die Kosten **decken** **II 5, 4** cubrir los gastos
**dein, -e** *(Sg.)* **I 2B** tu
**deine** *(Pl.)* **I 2B** tus
**deine, -r, -s** *(betontes Possessivpron.)* **II 4** tuyo, -a
die **Dekoration** <**II GC**> la decoración
eine **Demonstration** **II 4** una manifestación
an etw. **denken** **I 3B** pensar (-ie-) en algo
ein **Denkmal** <**I 1, 6**>; **I 3A, PP** un monumento
**denn** **II 7** ya que
**deprimiert** (sein) **I 8B** (estar) deprimido, -a
**der / die / das** *(best. Artikel, Sg.)* **I 1** el / la
**der, die, das** *(Relativpron.)* **I 3B** que
**der-, die-, dasselbe** **I 4** (el, la, lo) mismo, -a
**der / die** ganze … **I 7A** todo el …, toda la …
**deshalb** **I 2B** por eso
**deswegen** **I 2B** por eso
ein **Detail** **II 5** un detalle
**deutsch** **I 5A** alemán, -a
ein **Deutscher**, eine **Deutsche** **I 2A** un alemán, una alemana
**Deutschland** **I 2B** Alemania
**Dezember** **I 3B, 4** diciembre *(m.)*
ein **Dialekt** **II 2** un dialecto
**dich** **I 4** te *(Reflexivpron.)* **I 5B** te *(Akkusativpron.)*
ein **Dichter**, eine **Dichterin** <**II GC**> un poeta, una poetisa
**dick** **I 5A, PP** gordo, -a
**die** *(bestimmter Artikel, Pl.)* **I 2A, PP** los, las
ein **Diener**, eine **Dienerin** <**II 2, 11**> un criado, una criada
**Dienstag** **I 3B, 4** martes *(m.)*
ein junger **Dienstherr** <**II 2, 11**> un señorito
**dies** ist… **I 1** éste es…, ésta es…
**dies** **I 3B** eso
**diese, -r, -s dort** **I 7B** ese, esa, esos, esas *(adj.)*; **I 7B** ése, ésa, ésos, ésas *(pron.)*
**diese, -r, -s hier** **I 7B** este, esta, estos, estas *(adj.)*
eine **Digitalkamera** **II 5** una cámara digital
ein **Ding** **I 3B** una cosa
**diplomatisch** <**II GC**> diplomático, -a
**dir** **I 5A** a ti
**dir** auch **I 5B** a ti también
**direkt** **II 4** directamente
eine **Direktion** **II 5** una dirección
eine **Disko(thek)** **I 2A, PP** una discoteca
mit jdm. **diskutieren** **II 6** discutir con alguien
**doch** **I 5B** sí
ein **Dokumentarfilm** <**I CS**> un documental
ein **Dollar** **II 6** un dólar
**Donnerstag** **I 3B** jueves *(m.)*
ein **Dorf** **I 1** un pueblo
ein **Dörfchen** <**I CS**> un pueblecito
**dort** **I 5B** allí
**drei** **I 2B, PP** tres
**dreihundert** **I 7B** trescientos, -as
**dreißig** **I 2B, PP** treinta
**dreizehn** **I 2B, PP** trece
**dringend** **I 5B** urgente
**dritte, -r, -s** **I 7A** tercero, -a
etw. **drucken** **II 9** imprimir algo
sich (an jdn.) **drücken** **II 8** apretarse (-ie-) (contra alguien)
**du** **I 2A** tú
ein **Dudelsack** <**I 8A, PP**> una gaita
**dumm** **II 4** tonto, -a
**dunkel** **I 8B** oscuro, -a
**dunkelhaarig** **I 5A, PP** moreno, -a
ein **Duo** <**II GC**> un dúo
**durch** **I 7B** por
**durchfahren** **I 8B, PP** pasar por
der **Durchfall** **II 6** la diarrea
etw. **durchführen** **II 7** realizar algo
**durchgehen** **I 8B, PP** pasar por
**durchlaufen** <**II GC**> recorrer algo
**duschen** **I 4, PP** ducharse
jdn. **duzen** **I 7A** tutear a alguien

## E

**ebenso** sehr/ viel… wie **I 7A, PP** tanto, -a … como
**echt** <**I CS**> verdadero, -a
eine **Ecke** **I 5B, PP** una esquina
ein **Ehepaar** <**II GC**> un matrimonio
die **Ehre** <**I CS**> el honor

zu **Ehren** von jdm. <**II 1, 1**> en honor a alguien
ein **Ei** **II 9** un huevo
**eigene, -r, -s** **II 7** propio, -a
es **eilig** haben **I 4** tener prisa
**ein, eine** *(unbestimmter Artikel, Sg.)* **I 1** un, una
**einfach** **I 3B** fácil; <**I 8A, PP**> sencillo, -a
**einfach** *(adv.)* **II 1** simplemente; **II 4** sencillamente
der **Einfluss** **I 8A** la influencia
**einige** **I 7B** unos, unas
**einheimisch** **II 5** indígena
ein **Einheimischer**, eine **Einheimische** **II 7** un indígena, una indígena
**einige** **I 4** algunos, -as; **I 7B** unos, unas
die **Einkäufe** **I 7B** las compras
**einkaufen** gehen *(Lebensmittel)* **I 5A, 5** hacer la compra
**einkaufen** gehen **I 7B** ir de compras
das Pro-Kopf-**Einkommen** **II 3** la renta per cápita
jdn. **einladen** <**I 8B, 8**>; **II 5** invitar a alguien
die **Einnahme** <**II GC**> la toma
**eins** **I 2B, PP** uno
**einschlafen** **I 4, 5** dormirse (-ue-/-u-)
etw. **einschließen** <**II 8, MA**> incluir algo
**eintreten** **I 2B** entrar (en)
eine **Eintrittskarte** **I 7B** una entrada
mit etw./jdm. **einverstanden** sein <**II 7, TA**> estar de acuerdo con algo/alguien
**Einverstanden.** <**II 4, TA**> De acuerdo.
ein **Einwanderer**, eine **Einwanderin** **I 6** un inmigrante, una inmigrante
ein **Einwohner**, eine **Einwohnerin** **II 2, PP** un habitante, una habitante
eine **Einzelheit** **II 5** un detalle
**einzige, -r, -s** **II 8** único, -a
ein **Eis** **I 1** un helado
eine **Eislaufbahn** <**I CS**> una pista de hielo
**elektronisch** **I 8A** electrónico, -a
ein **Element** <**II 8, MA**> un elemento
das **Elend** **I 6, PP** la miseria
**elf** **I 2B, PP** once
die **Eltern** **I 2B** los padres; **II 8** los papás
eine **E-Mail** **I 2B** un correo electrónico; **I 2B** un e-mail
eine **E-Mail-Adresse** **I 2B** una dirección de correo electrónico
etw. **empfangen** **I 5A** recibir algo
ein **Ende** <**I CS**>; **II 1** un final
am **Ende** <**II 8, MA**> a finales de
**Ende** *(+ Subst.)* <**II 8, MA**> a finales de
zu **Ende** gehen **I 2B** terminar
**eng** <**II GC**> estrecho, -a
**Englisch** *(Schulfach)* **I 7A, PP** (el) inglés
der **Enkel**, die **Enkelin** **I 2B, 3** el nieto, la nieta
etw. **entdecken** **II 9, PP** descubrir algo
eine **Entdeckung** **II 3** un descubrimiento
etw. **entfernen** **I 5B, PP** quitar algo
**entfernt** **I 3A** lejos
**entgegnen** <**I CS**> replicar
etw. **entscheiden** **II 1** decidir algo
sich **entschließen** (etw. zu tun) **II 1** decidir (hacer) algo
**Entschuldigung.** **I 4** Perdón.
etw. **entsprechen** **II 9, PP** corresponder a algo
etw. **entwerfen** <**II GC**> concebir algo
sich **entwickeln** <**II GC**> desarrollarse
die menschliche **Entwicklung** **II 3** el desarrollo humano
eine **Epoche** <**I CS**>; **II 3** una época
**er** **I 2A** él
jdm. **(er)scheinen** **I 5A** parecer(le) (-zco) a alguien
das **Erbrechen** **II 6** el vómito
ein **Erdbeben** <**II GC**> un terremoto
die **Erde** **II 8** la tierra
**Erdkunde** *(Schulfach)* **I 7A, PP** (la) geografía
das **Erdöl** <**II 6, 12**> el petróleo
das **Erdreich** **II 8** la tierra
ein **Erdrutsch** **II 8** un desprendimiento de tierra
etw. **erfahren** **II 9** enterar(se) de algo
eine **Erfahrung** **II 5** una experiencia
der **Erfolg** **I 8A** el éxito
ein **(Erfrischungs)Getränk** **I 7A** un refresco
ein **Ergebnis** **II 9, PP** un resultado
etw. **erhalten** <**II GC**> obtener algo; <**II GC**> conservar algo
sich an etw./jdn. **erinnern** **I 4** acordarse (-ue-) de algo/alguien
etw. **erklären** **I 8B** explicar algo
eine **Erklärung** **II 9** una explicación
**erkranken** **II 6, 14** enfermarse
**erleichtert** (sein) **II 8** (estar) aliviado, -a
jdn. **ermuntern** **II 5** animar a alguien
sich **ermuntern** etw. zu tun **II 1** animarse a hacer algo
etw. **ernennen** <**II GC**> declarar algo
**ernst** **II 4** serio, -a
Meinst du das **ernst?** **I 3B** ¿Hablas en serio?
**ernsthaft** **I 3B** en serio
die **Ernte** **II 2** la cosecha
ein **Eroberer**, eine **Eroberin** <**II GC**> un conquistador, una conquistadora
etw. **erobern** <**II GC**> conquistar algo
eine **Eroberung** **II 3** una conquista
etw. **erreichen** **I 6** conseguir (-i-) (hacer) algo
das **Errichten** <**II GC**> la construcción
etw. **erschaffen** <**II GC**> crear algo
**erscheinen** <**II 4, PP**> aparecer
etw. **erschweren** <**II GC**> dificultar algo
**erste, -r, -s** **I 7A** primer(o), -a
sich **erstrecken** <**II GC**> extenderse
ein **Erwachsener**, eine **Erwachsene** **II 7** un adulto, una adulta
**(er)warten** **I 2A** esperar
eine **Erwartung** **II 7** una expectativa
**erzählen** **I 8A** contar (-ue-)
ein **Erzeugnis** **II 8** un producto
die **Erziehung** **II 7, PP** la educación
**es** *(Akkusativpron.)* **I 5B** lo/ la
**es** *(neutrales Objektpron. für einen Sachverhalt)* **I 8A** lo
**es** ist (nämlich) so, dass… **I 3B** es que
**es** ist etwas los **I 3A** hay marcha
**essen** **I 2B** comer; **II 4** comerse algo
(Eis) **essen** **I 2A** tomar (un helado)
zu Abend **essen** **I 4, 5** cenar
das **Essen** **I 5A, 5** la comida
der **Essig** <**II GC**> el vinagre
ein **Esszimmer** **I 5B, 9** un comedor
**Ethik** *(Schulfach)* <**I CS**> la ética
**etwas** **I 3A** algo
**euch** **I 4** os *(Reflexivpron.)* **I 5A** os *(Dativpron.)* **I 5B** os *(Akkusativpron.)*
**euer, eure** *(Sg.)* **I 2B** vuestro
**eure** *(Pl.)* **I 2B** vuestros
ein **Euro** <**I 2A, 5**>; **I 7B** un euro
**Europa** **I 8A** Europa *(f.)*
**europäisch** <**II 4, PP**> europeo, -a
**existieren** **II 3** existir
eine **Exkursion** <**I CS**>; **II 6** una excursión
eine **Explosion** **II 8** una explosión
etw. **exportieren** **II 9** exportar algo

## F

eine **Fabrik** **II 3** una fábrica
ein (Schul)**Fach** **I 7A, PP** una asignatura
mit dem Bus **fahren** **I 4, PP** ir en autobús
mit dem Auto **fahren** **I 6** ir en coche
ein **Fahrrad** **I 8B, 6** una bicicleta
für alle **Fälle** **II 6** por si acaso
eine **Familie** **I 5A** una familia
die **Familie** Alonso **I 5B** los Alonso
ein **Familienname** <**I 2B, 3**> un apellido
ein **Fan** **I 3A** un fanático; <**II GC**> un aficionado, una aficionada
**fantastisch** **II 5** fantástico, -a
eine **Farbe** **I 7B, PP** un color
**fast** **I 5A** casi
**fasziniert** **II 7** (estar) fascinado, -a (por algo)
**faul** **II 7, 6** vago, -a
die **Fauna** **II 5, PP** la fauna
auf eigene **Faust** **II 7** por su cuenta
**Februar** **I 3B, 4** febrero *(m.)*
jdm. **fehlen** **I 5A** faltar(le) a alguien
das **Fehlen** **II 9** la falta
ein **Fehler** <**I 6, 1**> un error
eine **Feier** **I 3A, PP** una fiesta
etw. **feiern** <**II 1, 1**> celebrar algo
ein **Feldherr**, eine **Feldherrin** <**II GC**> un capitán, una capitana
ein **Fenster** **I 5B, PP** una ventana
die **Fensterscheibe** **II 8** el cristal
die **Ferien** **I 2A** las vacaciones
das **Fernsehen** <**I 2B, TA**>; **I 3B, PP** la televisión
ein **Fernsehfilm** <**I CS**> un telefilme

eine **Fernsehserie** **II 9** una telenovela
**fertig** (sein) **I 8B** (estar) listo, -a
ein **Fest** <**I 1, 6**>; **I 3A, PP** una fiesta
ein **Festival** **I 3A** un festival
jdn. **festnehmen** **I 6** detener (-g-) a alguien
das **Feuer** **II 6, PP** el fuego
eine **Figur** *(in einem Roman/Film)* **II 3** un personaje
die **Fiktion** **II 3** la ficción
ein **Film** **I 3A** una película
ein **Filmfestival** **I 3A** un festival de cine
**finanziell** <**II GC**> financiero, -a
etw. **finden** <**I 4, 8**>; **I 8A** encontrar (-ue-) algo
ein **Fisch** <**II GC**> un pez (*pl.* peces)
**Fische** *(Sternzeichen)* <**II 5, PP**> Piscis
der **Fischfang**, die **Fischwirtschaft** <**II GC**> la (industria) pesquera
ein **Fitnessstudio** **II 1** un gimnasio
der **Flamenco** **II 3** el flamenco
der **Flamencogesang** <**II GC**> el cante
ein **Flamencokleid** <**II 3, MA**> un traje de flamenca
eine **Flasche** **I 8B** una botella
**fleißig** **II 7, 6** trabajador, -a
**fliegen** **II 5** volar (-ue-)
**flink** **II 6** veloz
**flirten** **II 9, PP** coquetear
die **Flora** **II 5, PP** la flora
ein **Flug** **II 5** un vuelo
ein **Flughafen** **I 6** un aeropuerto
ein **Flugzeug** **I 8B, 6** un avión
ein **Flur** **I 5B** un pasillo
ein **Fluss** <**I 1, 6**>; **II 3** un río
eine **Form** **II 7, PP** una forma
**fortfahren** **I 7A** continuar con algo; **I 8B** seguir (-i-) *(+ gerundio)*; **II 4** continuar *(+ gerundio)*
eine **Fortsetzung** <**I 5A, PP**> una continuación
ein **Foto** <**I 2B, TA**>; **I 3A** una foto
  **Fotos** machen **II 4** sacar fotos
die **Fotografie** <**II 4, PP**> la fotografía
eine **Frage** **I 8A** una pregunta
jdn. etw. **fragen** **I 4** preguntar algo a alguien
  nach etw./jdm. **fragen** **I 7A** preguntar por algo / alguien
**Frankreich** **I 8A** Francia *(f.)*
das **Französische** <**II 4, 9**> el francés
eine **Frau** **II 4, PP** una mujer
Ganz schön **frech!** **I 2A** ¡Qué morro!
die **Freiheit** **II 9** la libertad
**freiheitlich** **II 7, 6** liberal
**Freiluft**… **II 1** al aire libre
**Freitag** **I 3B, 4** viernes *(m.)*
die **Freizeit** **I 3B** el tiempo libre
die **Freude** **II 2** la alegría
ein **Freund**, eine **Freundin** **I 2A** un amigo, una amiga; **II 1, PP** un colega, una colega *(col.)*
ein (fester) **Freund**, eine (feste) **Freundin** **I 7A** un novio, una novia
**freundlich** **I 4** amable
der **Frieden** **II 9** la paz
**froh, fröhlich** (sein) **I 5A, PP** (estar) contento, -a
**fröhlich** <**I 8A, PP**>; **II 2** alegre
**fröhlich** (sein) **I 5A, PP** (estar) animado, -a
**früh** **II 7** temprano
der **Frühling** **I 7B** la primavera
das **Frühstück** **I 7A** el desayuno
etw. **frühstücken** **I 4, PP** desayunar algo
sich **fühlen** **I 4** sentirse (-ie-/-i-)
  sich wohl **fühlen** **I 4** sentirse bien
**fünf** **I 2B, PP** cinco
**fünfhundert** **I 7B** quinientos, -as
**fünfte, -r, -s** **I 7A** quinto, -a
**fünfzehn** **I 2B, PP** quince
**fünfzig** **I 2B, PP** cincuenta
ein **Funke** **II 4** una chispa
**für** **I 3A** para
  **für** etw. sein **II 8, 11** (estar) a favor (de algo)
  **für** alle Fälle **II 6** por si acaso
ein **Fuß** **II 6, 14** un pie
  zu **Fuß** gehen **I 8B** ir a pie
(der) **Fußball** **I 2A, PP** el fútbol
ein**Fußballspieler**, eine **Fußballspielerin** <**I CS**> un/una futbolista
der **Fußboden** **I 5A, 5** el suelo
jdn. **füttern** **II 6, PP** dar(le) de comer a alguien

## G

das **Galizische** <**II 1, 3**> el gallego
ein **Garten** <**II GC**> un jardín
der **Gazpacho** *(kalte Gemüsesuppe)* **II 2** el gazpacho
ein **Gebäude** <**II GC**> un edificio
jdm. etw. **geben** **I 5A** dar(le) (doy) algo a alguien; **I 7B** poner(le) algo a alguien
es **gibt** **I 3A, PP** hay
**gebildet** <**II GC**> culto, -a
ein **Gebirge** **II 1, PP** una montaña
eine **Gebirgskette** <**II GC**> una cordillera
**geboren** werden **I 8A** nacer (-zco)
etw. **gebrauchen** **I 4** usar algo
das **Geburtsdatum** <**I 8A, 6**> la fecha de nacimiento
der **Geburtsort** <**I 8A, 6**> el lugar de nacimiento
der **Geburtstag** **I 3B** el cumpleaños
ein **Gedicht** **I 8B** un poema
die **Geduld** **II 9, PP** la paciencia
Sehr **geehrter** … / Sehr **geehrte** … **II 5** Estimado …, Estimada …
**Gefahr** laufen **II 5, 4** correr riesgos
**gefährlich** **II 6** peligroso, -a
jdm. etw. **gefallen** **I 5A** gustar(le) algo a alguien
  mir **gefällt**/mir **gefallen** **I 2A, PP** me gusta, me gustan
  dir **gefällt**/dir **gefallen** **I 2A, PP** te gusta/te gustan
jdm. etw. sehr gut **gefallen** **I 5A** encantar (le) algo a alguien
  es **gefällt** mir sehr gut **I 3B** me encanta
**geführt** **II 5** guiado, -a
**gegen** etw. sein **II 8, 11** (estar) en contra (de algo)
eine **Gegend** **II 5, PP** una zona
ein **Gegensatz** **II 3** un contraste
das **Gegenteil** von etw. **II 3, 3** el contrario de algo
  im **Gegenteil** **II 6** al contrario
**gehen** **I 3A** ir
  zu **Fuß** gehen **I 8B** ir a pie
eine **Geige** <**I 8A, PP**> un violín
**geizig** **II 7, 6** tacaño, -a
**gelangweilt** (sein) **I 5A, PP** (estar) aburrido, -a
**gelb** **I 7B, PP** amarillo, -a
das **Geld** **I 6, PP** el dinero; **II 8** la plata *(lat.am., col.)*
ein **Geldschein** **II 6** un billete
eine **Gelegenheit** **II 5** una oportunidad
ein **Gemälde** **II 4, PP** un cuadro
**gemeinsam** **I 3B** junto, -a
das **Gemüse** <**II GC**> la verdura
**genau** **II 7** concretamente
  **genauso** viel/sehr… wie **I 7A, PP** tanto, -a … como
**generell** <**II 2, TA**> generalmente
**genial** **I 3A** genial
etw. **genießen** **II 7, PP** disfrutar de algo
**geöffnet** **I 7A** abierto, -a
das **Gepäck** **II 5, 4** el equipaje
  das **Gepäck** abfertigen **II 5, 4** facturar el equipaje
ein **Gespräch** <**I 5A, 11**> una conversación
**gerade** etw. getan haben **I 5A** acabar de hacer algo
**geradeaus** **I 8B, PP** todo recto
ein **Geräusch** **II 8** un ruido
ein **Gericht** <**I 1, 6**>; **I 5A, 5** una comida; <**II GC**> un plato
ein **Geschäft** **I 3A, PP** una tienda
**geschäftlich** <**II GC**> comercial
ein **Geschenk** **I 7B** un regalo
**Geschichte** *(Schulfach)* **I 7A, PP** (la) historia
die **Geschichte** **II 9** la historia
**geschichtlich** <**II GC**> histórico, -a
der **Geschmack** **II 9, PP** el gusto
die **Geschwister** **I 2B** los hermanos
**gesellschaftlich**, **gesellschaftskritisch** **I 8A** social
ein **Gesicht** **II 1** una cara
  ein **Gesicht** machen **II 9** poner una cara
**gesprächig** **II 6** comunicativo, -a
**gestern** **I 8B** ayer
**gesund** **II 5, 4** sano, -a
  **gesund** und munter (sein) **II 5, 4** (estar) sano, -a y salvo, -a
die **Gesundheit** **II 5, 4** la salud

ein (Erfrischungs)**Getränk** **I 7A** un refresco
ein **(Getränke)Automat** **I 7A** una máquina
das **Getreide** **<II GC>** el cereal
ein **Gewächshaus** **II 3** un invernadero
**gewerblich** **<II GC>** comercial
ein **Gewitter** **II 1, 9** una tormenta
**gewöhnlich** **<II 4, PP>** común
**gewöhnt** (sein) **II 6** (estar) acostumbrado, -a
ein **Gewürz** **II 6** un condimento
die Meeresenge von **Gibraltar** **II 3** el Estrecho de Gibraltar
eine **Gitarre** **<I 8A, PP>; II 2** una guitarra
ein **Glas** **I 8B** un vaso
das **Glas** **II 8** el cristal
etw. **glauben** **I 6** creer algo
**gleich** **<II 8, 10>** igual
ein **Gletscher** **<II GC>** un glaciar
ein **Glockenschlag** **<II GC>** una campanada
das **Glück** **I 6, PP** la suerte
**Glück** haben **I 6, PP** tener suerte
**glücklich** **<II 4, PP>** feliz
**gotisch** **<II GC>** gótico, -a
das **Grab** **<II GC>** una tumba
ein **Gramm** **I 7B** un gramo
**grau** **I 7B, PP** gris
eine **Grenze** **II 3** una frontera
**grenzen** an etw. **II 3** limitar con algo
die **Grippe** **II 6, 14** la gripe
**grob** **II 7, 6** bruto, -a
**groß** **I 3A, PP** grande; **I 3A, PP** alto, -a; **I 7A** enorme
**groß, großartig** **II 8** gran *(+ subst.) (apócope de grande)*
**großartig** **I 3A** fenomenal; **II 7, PP** estupendo, -a
die **Großeltern** **I 2B** los abuelos
**größer, größte, -r, -s** *(Komparativ u. Superlativ von grande)* **II 3** mayor
ein **Großgrundbesitz** **II 3** un latifundio
ein **Großgrundbesitzer**, eine **Großgrundbesitzerin** **II 2** un latifundista, una latifundista
der **Großvater**, die **Großmutter** **I 2B** el abuelo, la abuela
**großzügig** **II 7, 6** generoso, -a
**grün** **I 4** verde
etw. **gründen** **<II GC>** fundar algo
ein **Gründer**, eine **Gründerin** **<II GC>** un fundador, una fundadora
**grundlegend** **II 7, PP** fundamental
eine **Grundschule** **<I 8A, 6>** una escuela primaria
ein **Grundstock** **<II GC>** una base
ein **Grundstück** **II 2** una tierra
eine **Gruppe** **I 7A** un grupo
ein **Gruß** **I 2B, 2** un saludo
Mit freundlichen **Grüßen** *(in Briefen)* **<II 5, TA>** Atentamente
eine **Gurke** **<II GC>** un pepino
**gut** **I 3A, PP** bueno, -a; **I 7B** rico, -a *(Essen)*; **I 2A** bien
**Guten** Abend. **Gute** Nacht. **I 2B, 2** Buenas noches.
**Guten** Tag. *(vormittags)* **I 2B** Buenos días.
**Guten** Tag. *(nachmittags)* **I 2B, 2** Buenas tardes.
die **Güterbeförderung** **<II GC>** el transporte
ein **Gymnasium** **I 3A** un instituto

## H

die **Haare** **I 5A, PP** el pelo
etw. **haben** **I 3B** tener (-ie-) (tengo) algo
Glück **haben** **I 6, PP** tener suerte
**haben** *(als Hilfsverb)* **I 6** haber
ein **Hafen** **II 4** un puerto
**halbe, -r, -s** **I 7A** medio, -a
die Iberische **Halbinsel** **II 3** la Península Ibérica
**Hallo!** **I 1, PP** ¡Hola!; **I 4** ¡Aló! (lat.am.)
der **Hals** **<II 6, 15>** la garganta
ein **Hamburgerrestaurant** **<I CS>** una hamburguesería
eine **Hand** **II 8** una mano
der **Handel** **II 3** el comercio
von etw. **handeln** **II 3, PP** tratar de algo; **<II 4, PP>** tratarse de algo
ein **Handy** **I 2A, PP** un móvil
mit dem **Handy** telefonieren **I 7A** hablar por el móvil
ein **Hang** **<II 8, 7>** una pendiente
der **Hard Rock** **<II 8, MA>** el rock duro
**hart** **I 6, PP** duro, -a
**hässlich** **I 5A, PP** feo, -a
ein **Haufen** (von) **II 9** un montón (de)
ein **Hauptkommissariat** **I 6** una comisaría central
eine **Hauptstadt** **II 3** una capital
ein **Haus** **I 3A, PP** una casa
zu **Hause** **I 3A** en casa
eine **Hausangestellte** **II 7** una empleada de hogar
die **Hausaufgaben** **I 3B, PP** los deberes
der **Haushalt** **II 7** el hogar
ein **Hausschuh** **<II 2, 11>** una zapatilla
ein **Haustier** **II 6, PP** una mascota
die **Haut** **I 8B** la piel
ein **Heft** **I 7A** un cuaderno
**heilig** **<II 8, TA>** sagrado, -a
der **Haushalt** **II 7** el hogar
**heiß** **I 7B** caliente
es ist **heiß** **I 3B** hace calor
**heißen** **I 4** llamarse
ich **heiße** **I 1, PP** me llamo
jmd. **helfen** (etw. zu tun) **I 5A** ayudar a alguien *(Akk.!)* (a hacer algo)
**hell** **<II 4, PP>** claro, -a
ein **Hemd** **I 5B** una camisa
**herankommen** **II 5** acercarse a algo/alguien
**herauskommen** **I 8A** salir (-g-)
etw. **(heraus)holen** **I 7A** sacar algo
etw. **(heraus)nehmen** **I 7A** sacar algo
der **Herbst** **II 1** el otoño
ein **Herr** **I 3B** un señor *(abrev. Sr.)*
die **Herrschaft** **<II 3, PP>** la dominación
ein **Herrscher**, eine **Herrscherin** **<II GC>** un emperador, una emperatriz
die **Herstellung** **<II GC>** la producción
das **Herz** **<II 6, 15>** el corazón
**herzlich** **II 5** cordial
ein **Herzog**, eine **Herzogin** **II 2** un duque, una duquesa
**heute** **I 2B** hoy
**heute** Morgen **I 6** esta mañana
**heutzutage** **II 2, 7** hoy en día
**hier** **I 2B** aquí
die **Hilfe** **I 2B** la ayuda
**Hilfe!** **II 9** ¡Socorro!
der **Himmel** **II 4, PP** el cielo
**hinaufgehen, -steigen, -fahren** **I 8B** subir
**hineingehen** **I 2B** entrar
etw. in etw. **(hinein)stecken**, etw. in etw. **(hinein)legen** **I 5B, PP** meter algo en algo
sich **hinlegen** **I 4, PP** acostarse (-ue-); **II 2** echarse
**hinsichtlich** **II 6** con respecto a
**hinter** **I 5B, PP** detrás de
im **Hintergrund** **<II 4, PP>** al fondo
jdm. etw. **(hinüber)reichen** **I 8B** pasar(le) algo a alguien
ein **Hinweis** **<I 7A, 4>** una indicación
ein **Historiker**, eine **Historikerin** **<II GC>** un historiador, una historiadora
die **Hitze** **I 3B** el calor
**hoch** *(Stimme, Ton)* **<I 8A, PP>** agudo, -a
eine **Hochebene** **II 5, PP** un altiplano
ein **Hohheitsgebiet** **<II GC>** un territorio
der (königliche) **Hof** **<II GC>** la corte
die **Höhe** **II 6** la altitud
**Höhenkrankheit** *(in Peru)* **II 6, 14** el soroche *(en Perú)*
etw. **(heraus)holen** **I 7A** sacar algo
etw. **hören** **I 5B** oír (-g-) algo
**Hör** mal! **I 2B** ¡Oye!
(zu)**hören** **I 2A, PP** escuchar
ein **Horoskop** **II 5, PP** un horóscopo
ein **Horrorfilm** **II 9** una película de terror
eine **Hose** **I 5B, 6** un pantalón
ein **Hotel** **I 8B** un hotel
**hübsch** **I 5A, PP** guapo, -a; **II 8** lindo, -a; **I 7B, 8** bonito, -a
**hübsch** sein **II 2** tener salero
der **Humboldtstrom** **II 5, PP** la corriente de Humboldt
**hundert** **I 7B** cien, ciento
der **Hunger** **I 6, PP** el hambre (f.)
ein typisch andalusischer **Hut** **<II 3, MA>** un sombrero rociero

## I

**iberisch** **I 7B** **ibérico, -a**
die **Iberische** Halbinsel **II 3** la Península Ibérica
**ich** **I 2A** yo

**ich** auch nicht I 4 yo tampoco
**Ich** komme schon! I 3A ¡Ya voy!
eine **Idee** I 2A una idea
**ihm** *(Dativpron.)* I 5A le
**ihn** *(Akkusativpron.)* I 5B lo
**ihnen** *(Dativpron.)* I 5A les
**ihr** *(Dativpron.)* I 5A le
**ihr** *(Subjektpron.)* I 2A vosotros
**ihr, ihre** *(Sg., Possessivpron.)* I 2B su
**ihre** *(Pl., Possessivpron.)* I 2B sus
**ihre, -r, -s** *(betontes Possessivpron.)* II 4 suyo, -a
**illegal** I 6 ilegal
ein **Illegaler**, eine **Illegale** I 6 un ilegal, una ilegal
**immer** I 1 siempre
**immer** mehr <I CS> cada vez más
etw. immer noch haben/nicht haben II 1 seguir con/sin algo
sich **impfen** (lassen) II 6, 14 vacunarse
eine **Impfung** II 6, 14 una vacuna
**in** I 1 en
**in** der Nähe (von) I 3A cerca (de)
**in** Ordnung I 2B vale
es ist **in** Ordnung I 4 va bien
die **Inca** Kola *(peruanisches Erfrischungsgetränk)* <II 6, 13> la Inca Kola
das **Incareich** II 5, PP el Imperio inca
die **Incas** II 4 los incas
**indigen** II 5 indígena
ein **Indio** *(Ureinwohner Amerikas und deren Nachfahren)* I 8B un indio
die **Industrie** II 2, PP la industria
**industriealisiert** <II GC> industrializado, -a
**industriell, Industrie-** <II GC> industrial
(die) **Informatik** I 3A (la) informática
eine (private) **Informatikschule** I 3A una academia de informática
die **Information** I 3A la información
jdn. (über etw.) **informieren** II 5 informar a alguien (de algo)
sich über etw. **informieren** II 8 informarse (de algo)
die **Infrastruktur** <II 1, 9>; II 8, PP la infraestructura
ein **Innenhof** II 2 un patio
ein **Insekt** II 9 un insecto
eine **Insel** <I 1, 6> una isla
eine **Inselgruppe** <II GC> un archipiélago
ein **Instrument** spielen <I 2B, TA> tocar un instrumento
**intelligent** <I CS> inteligente
**interessant** I 3A, PP interesante
das **Interesse** <II GC> el interés
jdn. etw. **interessieren** II 6 interesar(le) algo a alguien
sich für etw./jdn. **interessieren** II 7 interesarse por algo/alguien
**international** <II GC> internacional
im **Internet** surfen <I 2B, TA> navegar por Internet
ein **Internet-Café** I 3A un cíber
ein **Interview** I 8A una entrevista
**intolerant** <I CS> intolerante
**(irgend)jemand** I 7A alguien
**irgendein, -e, -r** I 4 algún/alguno, alguna
**irgendwann** I 8B algún día
das **Italienische** <II 4, 9> el italiano

## J

**ja** I 1 sí
eine **Jacke** I 5B, 6 una cazadora; <II 3, MA> una chaqueta
die **Jagd** (von) II 9 la caza (de)
ein **Jahr** I 5A un año
...**Jahre** alt sein I 5A tener... años
ein **Jahrhundert** II 3 un siglo
ein **Jahrzehnt** II 3 una década
**Januar** I 3B, 4 enero *(m.)*
etw. jdm. **schwören** II 9 jurar(le) algo a alguien
jdn. **zurechtweisen** I 7A echar una bronca a alguien
die **Jeans** I 5B, 6 los vaqueros
**jede, -r, -s** II 3 cada
**jeder** I 8B todo el mundo
**(irgend)jemand** I 7A alguien
**jene, -r, -s** I 7B aquel, aquella, aquellos, -as *(adj.)*
**jene, -r, -s** I 7B aquél, aquélla, aquéllos, -as *(pron.)*
**jetzig** <II GC> actual
**jetzt** I 3A ahora
ein **Journalist**, eine **Journalistin** II 4 un periodista, una periodista
ein **Jude**, eine **Jüdin** <II GC> un judío, una judía
ein **Jugendlicher**, eine **Jugendliche** II 7, PP un joven, una joven
**Juli** I 3B, 4 julio *(m.)*
**jung** II 5 joven
ein **Junge** I 1 un chico; II 1 un chaval *(col.)*
eine **junge** Frau *(lat.am.)* I 4 una niña
der **Junge** mit dem Eis I 1 el chico del helado
**Jungfrau** *(Sternzeichen)* <II 5, PP> Virgo
**Juni** I 3B, 4 junio *(m.)*

## K

ein **Kaffee** II 2 un café
ein **Kaiman** II 9 un caimán
ein **Kalif** <II GC> un califa
das **Kalifat** von Córdoba II 3 el Califato de Córdoba
es ist **kalt** I 3B hace frío
(gefühls)**kalt** II 7, 6 frío, -a
die **Kälte** I 3B el frío
ein **Kampf** <II GC> una lucha
ein **Kanu** II 9 una canoa
eine **Karte** II 6 una tarjeta
ein **Kartenspiel** <I 2B, TA> un juego de cartas
eine **Kartoffel** I 7B, 8 una patata; I 8B una papa *(lat.am.)*
der **Käse** I 7B, 8 el queso
eine **Kastagnette** <II 3, MA> una castañuela
**kastilisch** *(in der heutigen Bedeutung: spanisch)* I 8B castellano, -a
das **Katalanische** <II 1, 1> el catalán
**Katalonien** II 2 Cataluña *(f.)*
eine **Katastrophe** I 1 un desastre
eine **Kathedrale** <II GC> una catedral
die **Katholischen** Könige II 3 los Reyes Católicos
eine **Katze** II 2 un gato
**kaufen** I 2A, PP comprar
ein**kaufen** gehen *(Lebensmittel)* I 5A, 5 hacer la compra
ein **Kaugummi** I 7A un chicle
die **Kehle** <II 6, 15> la garganta
**Keine** Ahnung. I 2A Ni idea.
**Keine** Rede! I 7A ¡Qué va!
**keine, -r, -s** I 7B ningún/ninguno, ninguna
ein **Kellner** I 8B un camarero
**kennen** I 4 conocer (-zco)
sich **kennen** lernen I 4 conocerse (-zco)
ein **Kerl** I 3A un tío *(col.)*; II 1 un chaval *(col.)*
das **Keyboard** <I 8A, PP> los teclados
ein **Kilo** I 7B un kilo
ein **Kind** I 4 un niño, una niña
das ist kein **Kinderspiel** I 1 no es un juego
ein **Kino** <I 2B, TA>; I 3A un cine
ein **Kiosk** <II GC> un kiosco
eine **Kirche** <I 1, 6> una iglesia
**kitschig** <I 8A, PP> cursi
**klar** I 2B claro
eine **Klarinette** <I 8A, PP> un clarinete
**klasse** I 3B guay *(col.)*
eine **Klasse** I 7A una clase
ein **Klassenkamerad**, eine **Klassenkameradin** I 7A un compañero, una compañera (de clase)
die **Klassenleiterstunde** I 7A, PP la tutoría
ein **Klavier** <I 8A, PP> un piano
ein **Kleid** I 5B un vestido
ein **(Kleider)Schrank** I 5B, PP un armario
die **Kleidung** I 2A, PP la ropa
**klein** I 3A, PP pequeño, -a; I 5A, PP bajo, -a
das **Klima** <II GC> el clima
**klingeln** I 4 sonar (-ue-)
ein **Klingelschild** <I 7A, 7> un panel de timbres
**klug** II 7, 6 listo, -a
eine **Kneipe** I 2A, PP un bar
der **Knoblauch** <II GC> el ajo
etw. **kochen** I 3B cocinar algo
**kolonial** II 5 colonial
der **Kolonialismus** <II GC> el colonialismo
eine **Kolonie** II 3 una colonia

ein **Kolumbianer**, eine **Kolumbianerin** **I 4** un colombiano, una colombiana
**Kolumbien** **I 4** Colombia *(f.)*
Christoph **Kolumbus** **II 3** Cristóbal Colón
**kommen** **I 3B** venir (vengo) (-ie-/-i-)
**komm** (her) **I 7B** ven
**Komm** schon! **I 2B** ¡Venga!
ich **komme** schon **I 3A** ya voy
das **kommt** daher, dass… **I 3B** es que
**kommen** von **I 1, PP** ser de
**kommende, -r, -s…** **I 3B, PP** …que viene
ein **Kommentar** **II 9** un comentario
ein **König**, eine **Königin** **II 3** un rey, una reina
ein **(König)Reich** **<II GC>** un reino
die Katholischen **Könige** **II 3** los Reyes Católicos
**konkret** **II 7** concretamente
etw. tun **können** **I 3B** poder (-ue-) hacer algo
**konservativ** **II 7, 6** conservador, -a
etw. **konservieren** **<II GC>** conservar algo
ein **Konsonant** **<II 8, 10>** una consonante
der **Kontakt** **II 6** el contacto
ein **Kontinent** **<II GC>** un continente
ein **Kontrast** **II 3** un contraste
sich auf etw. **konzentrieren** **<II GC>** concentrarse en algo
ein **Konzert** **I 3B, PP** un concierto
ein **Kopf** **II 4** una cabeza
ein **Körper** **<II GC>** un cuerpo
ein **Korridor** **I 5B** un pasillo
etw. **kosten** **I 7B** costar (-ue-) algo; **I 7B** valer (-g-) algo
die **Kosten** decken **II 5, 4** cubrir los gastos
**kräftig** **<I 8A, PP>** fuerte
**krank** sein **II 6** estar malo
**krank** werden **II 6, 14** enfermarse *(lat.am.)*, ponerse enfermo, -a
ein **Krankenhaus** **II 6** un hospital
eine **Krankenschwester** **I 5A** una enfermera
eine **Krankheit** **II 5, 4** una enfermedad
**Krebs** *(Sternzeichen)* **<II 5, PP>** Cáncer
eine **Küche** **I 5B, 9** una cocina
eine **Kugel** **<I 2A, 5>** una bola
Wie viele **Kugeln**? **<I 2A, 5>** ¿Cuántas bolas?
ein **Kugelschreiber** **I 7A** un bolígrafo
eine **Kuh** **<II 6, 12>** una vaca
eine **Kultur** **<II GC>** una civilización; **II 3** una cultura
**kulturell** **<II GC>** cultural
sich um etw. / jdn. **kümmern** **I 4** ocuparse de algo / alguien
sich um etw. **kümmern** **<II GC>** encargarse de algo
ein **Kumpel** **II 1, PP** un colega *(col.)*
die **Kunst** **II 4, PP** el arte *(pl. las artes)*
(die) **Kunsterziehung** **I 7A, PP** (la) educación plástica y visual
**Kunsthandwerks-** **<II GC>** artesano, -a
ein **Künstler**, eine **Künstlerin** **<II GC>** un artista, una artista
**künstlerisch**, **Künstler-** **<II 4, PP>** artístico, -a
ein **Kurs** **II 1** un curso
**kurz** **I 5A, PP** corto, -a; **II 7** brevemente *(adv.)*
ein **Kuss** *(auch Grußformel)* **I 3A** un beso
jdn. **küssen** **II 9** besar a alguien
die **Küste** **I 1** la costa

## L

**lachen** **II 2** reírse
ein **Laden** **I 3A, PP** una tienda
ein **Land** **I 4** un país
das **Land** **II 2** el campo
eine **Länderei** **II 2** una tierra
ein **Landgut** **<II GC>** una finca
eine **Landkarte** **II 3, PP** un mapa
eine **Landschaft** **II 2** un paisaje
eine **Landstraße** **II 8** una carretera
die **Landwirtschaft** **<II GC>** la agricultura
**lang** **I 5A, PP** largo, -a
**längere** Zeit etw. tun **II 8** quedarse *(+ gerundio)*
**langsam** **<I 8A, PP>** lento, -a
**langsam** etwas tun **II 8** ir *(+ gerundio)*
sich **langweilen** **II 1** aburrirse
**langweilig** **I 5A, PP** aburrido, -a
(jdn.) etw. (tun) **lassen** **I 5B** dejar (hacer) algo (a alguien)
**Lateinamerika** **I 8B** Latinoamérica *(f.)*
**lateinamerikanisch** **I 8A** latino, -a
das **Lateinische** **<II 4, 9>** el latín
**laut** **I 3B** según
ein **Laut** **<II 2, 8>** un sonido
**läuten** **I 4** sonar (-ue-)
es **läutet** **I 5B** llaman
**leben** **I 2B, PP** vivir
das **Leben** **I 6, PP** la vida
die **Lebendigkeit** **<II GC>** la viveza
die **Lebensbedingungen** **II 9** las condiciones de vida
die **Lebenserwartung** **II 3** la esperanza de vida
die **Leber** **<II 6, 15>** el hígado
**lebhaft** **I 5A, PP** animado, -a
**lecker** **I 7B** rico, -a
**leer** (sein) **II 1, PP** (estar) vacío, -a
**legal** **I 6** legal
ein **Leguan** **<II GC>** una iguana
ein **Lehmziegel** *(in Peru)* **<II GC>** el adobe
ein **Lehrer**, eine **Lehrerin** **I 7A** un profe, una profe *(col.) (abrev. de profesor, -a)*; **I 2A** un profesor, una profesora
**leicht** **I 3B** fácil
Es tut mir **leid**. **I 4** Lo siento.
**leider** **II 3** por desgracia
eine **Leier** **<I 8A, PP>** una zanfona
eine **Leitstelle** **II 5** una dirección
**lernen** **I 2A, PP** estudiar; **I 2B** aprender
**lesen** **I 2B** leer
**letzte, -r, -s** **II 3** último, -a
die **Leute** **I 3B** la gente
**liberal** **II 7, 6** liberal
das **Licht** **I 5B** la luz
die **Liebe** **<I CS>**; **II 4** el amor
**lieber** mögen (als) **I 3B** preferir (-ie-/-i-) algo (a algo)
etw. **lieber** tun **I 3B** preferir hacer algo
**Lieblings-** **II 3** favorito, -a
ein **Lied** **I 8A** una canción
ein **Lieferwagen** **II 8** una camioneta
ein **Limeño**, eine **Limeña** *(Person aus Lima)* **II 7** un limeño, una limeña
eine **Linie** **II 5** una línea
**links** von **I 5B, PP** a la izquierda de
eine **Liste** **<I 2B, 6>** una lista
die **Literatur** **I 7A, PP** la literatura
**lokal** **I 6** local
**London** **II 1, PP** Londres
**Los.** **II 4** Anda.
eine **Lösung** **<II 8, 7>** una solución
**Löwe** *(Sternzeichen)* **<II 5, PP>** Leo
die **Lunge** **<II 6, 15>** el pulmón
die **Lust** **II 6** la gana *(meist im Pl. las ganas)*
auf etw. **Lust** haben **<II 4, TA>** apetecer(le) algo a alguien
**Lust** haben, etw. zu tun **<II 4, TA>**; **II 6** tener ganas de hacer algo
**lustig** **I 3A** divertido, -a; **I 4** gracioso, -a
sich über etw./jdn. **lustig** machen **II 2** burlarse de algo/alguien

## M

**machen** **I 2B** hacer (hago)
**Mach** dir keine Sorgen. **I 6** No te preocupes.
Das **macht** nichts. **I 5A** No importa.
eine **Machete** *(Buschmesser)* **II 8** un machete
eine **Macht** **<II GC>** una potencia
die **Macht** **<II 8, MA>** el poder
ein **Mädchen** **I 1** una chica
ein **Mädchen** *(lat.am. auch: junge Frau)* **I 4** una niña
ich **mag** **I 2A, PP** me gusta/me gustan
der **Magen** **II 6** el estómago
du **magst** **I 2A, PP** te gusta/te gustan
**Mai** **I 3B, 4** mayo *(m.)*
der **Mais** **I 8B** el maíz
ein **Mal** **I 6** una vez
**malen** **<I 2B, TA>** pintar
ein **Maler**, eine **Malerin** **II 4, PP** un pintor, una pintora
die **Malerei** **<II 4, PP>** la pintura
die **Mama** *(auch als Anrede)* **I 5A** la mamá
**man** muss **I 5A** hay que
**manche** **I 4** algunos, -as
**manchmal** **I 3B** a veces
**Maniok** *(Wurzelfrucht)* **<II 6, 13>** una yuca
ein **Mann** **II 1** un hombre
eine **Mannschaft** **I 8B** un equipo

ein (leichter) **Mantel** **I 5B, 6** un abrigo
die **Maracas** **<I 8A, PP>** las maracas
**María** voll der Gnaden **<II 1, 1>** la Virgen de la Merced
etw. **markieren** **<II GC>** marcar algo
**Marokko** **II 3** Marruecos *(m.)*
**März** **I 3B, 4** marzo *(m.)*
**Mathematik** *(Schulfach)* **I 7A, PP** (las) matemáticas
**Maximum** **<I CS>** el máximo
eine **Medizin** **II 6, 14** una medicina
das **Meer** **I 2A, PP** el mar
das Mittel**meer** **II 3** el mar Mediterráneo
eine **Meeresenge** **<II GC>** un estrecho
der **Meeresspiegel** **<II GC>** el nivel del mar
ein **Meerschweinchen** **II 6** un cuy (*pl.* cuyes); **II 6** un conejillo de indias
**mehr** **I 5A** más
**mehr**… als **I 7A, PP** más… que
**mehrere** **I 4** algunos,-as; **I 6** varios,-as
**mehrmals** **I 6** varias veces
**mein, -e** **I 2B** mi, mis
**Meinst** du/**meint** ihr nicht? **I 5A** ¿No te/os parece?
**meine, -r, -s** *(betontes Possessivpron.)* **II 4** mío,-a
**Meinst** du das ernst? **I 3B** ¿Hablas en serio?
**melancholisch** **<I 8A, PP>** melancólico,-a
**melodiös** **<I 8A, PP>** melodioso,-a
**Mensch!** **II 1** ¡hombre!
die **menschliche** Entwicklung **II 3** el desarrollo humano
**messen** **<II GC>** medir (-i-) algo
eine **Metzgerei** **I 3A, 6** una charcutería
**mexikanisch** **<II 8, MA>** mexicano,-a
**mich** **I 4** me *(Reflexivpron.)*; **I 5B** me *(Akkusativpron.)*
eine **Migration** **II 2, PP** una migración
ein **Mikrofon** **II 8** un micrófono
**militärisch** **<II GC>** militar
eine **Million** **II 3** un millón
das **Mineralwasser** **I 7B, 8** el agua mineral
*entspricht etwa:* **Ministerium** für Soziale Sicherung **<II 1, 9>** el Ministerio de Asuntos Sociales
eine **Minute** **I 7B** un minuto
**mir** **I 5A** me
**mir** auch **I 2A, PP** a mí también
etw. **mischen** **<II GC>** mezclar algo
eine **Mischung** **<II GC>** una mezcla
**mit** **I 2A** con
  **mit** dem Auto fahren **I 6** ir en coche
  **mit** dem Handy telefonieren **I 7A** hablar por el móvil
  **mit** dir **I 7B** contigo
  **Mit** freundlichen Grüßen *(in Briefen)* **<II 5, TA>** Atentamente
  **mit** mir **I 7B** conmigo
etw. **(mit)bringen** **I 8B** traer algo; **II 2** llevar algo
in der **Mitte** **<II 4, PP>** en el centro
**mittelalterlich** **<II GC>** medieval
**mittelmäßig** **I 2B, 2** regular
das **Mittelmeer** **II 3** el mar Mediterráneo
**Mittwoch** **I 3B** miércoles *(m.)*
ein **Mobiltelefon** **I 2A, PP** un móvil
ich **möchte** / du **möchtest** **II 8** te/me gustaría
die **Mode** **<II GC>** la moda
**modern** **I 3A, PP** moderno,-a
der **Modernismus** **II 4** el modernismo
Ich **möchte** … **II 5** Quisiera …
**möglich** **II 7** posible
eine **Möglichkeit** **II 7, PP** una posibilidad
ein **Moment** **I 6** un momento
**momentan** **<II GC>** actual
ein **Monat** **I 3B** un mes
der **Mond** **II 4, PP** la luna
ein **Monopol** **<II GC>** un monopolio
**monoton** **<I 8A, PP>** monótono,-a
**Montag** **I 3B** lunes *(m.)*
**morgen** **I 2B** mañana
ein **Morgen** **I 3A** una mañana
**morgens** **I 3A** por la mañana
eine **Moschee** **II 3** una mezquita
ein **Moslem** **<I CS>** un musulmán, una musulmana
ein **Motor** **II 3** un motor
eine **Mücke** **II 9** un mosquito
eine **Mückenschutzcreme** **II 9** una crema antimosquitos
**müde** (sein) **I 5A, PP** (estar) cansado,-a
der **Mund** **I 7A** la boca
eine **Münze** **<I 2B, TA>** una moneda
ein **Museum** **I 1** un museo
die **Musik** **I 2A, PP** la música
**Musik-** **II 4** musical
ein **Musiker** **I 8A** un músico
etw. tun **müssen** **I 5A** tener que hacer algo
die **Mutter** **I 2B** la madre
die **Mythologie** **II 4** la mitología

## N

**na** ja, **na** gut **I 2A** bueno
**nach** **I 3A** a; **I 3B** según; **I 6** hacia
ein **Nachbar**, eine **Nachbarin** **I 6** un vecino, una vecina
**Nachbar-** **II 7** vecino,-a
**nachdem** **I 6** después de
der **Nachmittag** **I 3A** la tarde
**nachmittags** **I 3A** por la tarde
eine **Nachricht** **I 2A** un mensaje
**nächste, -r, -s** **II 1** próximo,-a
**nächste, -r, -s…** **I 3B, PP** …que viene
eine **Nacht** **I 3A** una noche
  Gute **Nacht** **I 2B, 2** Buenas noches.
ein **Nachtisch** **I 8B** un postre
**nachts** **I 3A** por la noche
sich **nähern** **II 5** acercarse a algo/alguien
eine **Nahrung**, ein **Nahrungsmittel** **II 5** un alimento
ein **Name** **I 2B, PP** un nombre
der **Namenstag** **<I 3B, 5>** el día del santo
die **Nase** **II 9** la nariz (las narices, *col.)*
ein **Nationalpark** **<II GC>** un parque nacional
die **Natur** **<II GC>** la naturaleza
**natürlich** **I 2B** claro
die **Naturschätze**, die **natürlichen** Ressourcen **II 9** los recursos naturales
der **Nebel** **I 7B** la niebla
**neben** **I 5B, PP** al lado de; **<II 4, PP>**; **II 8** junto a
der **Neffe** **I 2B, 3** el sobrino
**nehmen** **I 2A** tomar
  etw. (heraus)**nehmen** **I 7A** sacar algo
  etw. **nehmen** *(nur in Spanien gebrauchen! In Lat.am. vulgär!)* **II 4** coger (cojo) algo
  zu sich **nehmen** **I 2A** tomar
der **Neid** **II 5** la envidia
**nein** **I 1** no
ein **Neonlicht** **II 9** la luz de neón
**nervös** (sein) **I 5A, PP** (estar) nervioso,-a
**nett** **I 4** amable; **II 7, 6** majo,-a; **II 8** lindo,-a
**neu** **I 3A** nuevo,-a
**neuartig** **<II GC>** original
**neun** **I 2B, PP** nueve
**neunhundert** **I 7B** novecientos,-as
**neunte, -r, -s** **I 7A** noveno,-a
**neunzig** **I 2B, PP** noventa
**nicht** *(Verneinung)* **I 1** no
  auch **nicht** **I 7B** tampoco
  **nicht** wahr? **I 2A** ¿verdad?
die **Nichte** **I 2B, 3** la sobrina
**nichts**; das macht **nichts** **I 6** nada
**nicken** **II 4** asentir (-ie-/-i-)
**niemals** **I 7B** nunca
**niemand** **I 7B** nadie
eine **Niere** **<II 6, 15>** un riñón
ein **Niveau** **II 3** un nivel
(immer) **noch** **I 2A** todavía
**noch** ein, -e **I 4** otro,-a
**noch** einmal **I 6** otra vez
der **Norden** **<I 1, 6>**; **I 3A, PP** el norte
der **Nordosten** **<II GC>** el noreste
der **Nordwesten** **<II GC>** el noroeste
**normal** **I 3A, PP** normal
etw. **notieren** **I 4** apuntar algo
eine **Notiz** **<I 5A, 9>** un apunte
**notwendig** **II 7** necesario,-a
**November** **I 3B** noviembre *(m.)*
**null** **I 2B, PP** cero
eine **Nummer** **I 2B, PP** un número
**nun** **I 6** pues
**nur** **I 8A** solamente; **I 2B** sólo
**nützlich** **<I CS>** útil

## O

**ob** **I 8B** si
das **Obst** **<II GC>** la fruta
**obwohl** **II 6** aunque
**oder** **I 2B** o
**offen** **I 7A** abierto,-a
**öffnen** **I 2B** abrir
**oft** **I 6** varias veces
**ohne** **I 3B** sin
**ok** **I 2B** vale
  es ist **ok** **I 4** va bien
**okay** **I 6** está bien

die **Ökologie** <II GC> la ecología
**ökologisch** **II 9** ecológico, -a
ein **Ökosystem** <II GC> un ecosistema
**Oktober** **I 3B** octubre *(m.)*
ein **Olivenbaum** **II 2** un olivo
das **Olivenöl** <II GC> el aceite de oliva
**Olluco** *(Knollenfrucht)* <II 6, 13> un olluco
die **Oma** **I 2B** la abuela
ein **Omelett** mit Kartoffeln und Zwiebeln **II 4** una tortilla
der **Onkel** **I 2B, 3** el tío
der **Opa** **I 2B** el abuelo
**open** air **II 1** al aire libre
eine **Oper** **II 3** una ópera
**orange** **I 7B, PP** naranja
ein **Orchester** <I 8A, 6> una orquesta
es ist in **Ordnung** **I 4** va bien
in **Ordnung** **I 6** está bien
etw. **organisieren** <II GC> organizar algo
(gut) **organisiert** **II 7, 6** organizado, -a
ein **Ort** **I 5B, PP** un sitio; **II 1** un lugar
ein kleiner **Ort** **I 1** un pueblo
**örtlich** **I 6** local
der **Osten** <I 1, 6>; **II 3** el este
der Atlantische **Ozean** **II 3** el océano Atlántico

## P

ein **Paar** <II GC> una pareja
eine **Paella** *(span. Reisgericht)* **I 1** una paella
ein **Palast** **II 3** un palacio
**Panama** *(Land in Mittelamerika)* **I 8B** Panamá
**panamaisch**, aus **Panama** **I 8B** panameño, -a
der **Papa** *(auch als Anrede)* **I 5A** el papá
eine **Papaya** *(tropische Frucht)* <II 6, 13> una papaya
ein **Papier** **I 2B** un papel
ein **Pappkarton** <I CS> un cartón
luftgetrocknete **Paprikawurst** **I 7B** el chorizo
ein **Park** **I 3A, 6** un parque
eine **Parzelle** *(kleines Stück Land)* <I CS> una parcela
**Pass** auf! **I 5B** ¡Ten cuidado!
etw. jdm. **passieren** **I 6** pasar(le) algo a alguien
**Patagonien** **II 7** la Patagonia
ein **Patient**, eine **Patientin** **II 6, 14** un paciente, una paciente
die **Pause** **I 4** el recreo
der **Pazifik** <II GC> el Pacífico
**perfekt** **I 5B** perfecto, -a
etw. **perfektionieren** **I 3B** perfeccionar algo
eine **Periode** <II GC> un período
eine **Person** **I 5A** una persona
**persönlich** **II 7** personalmente
eine **Perspektive** **II 7, PP** una perspectiva
**Peru** **II 5** (el) Perú
ein **Peruaner**, eine **Peruanerin** **II 5, PP** un peruano, una peruana
**Perureis** *(Art Fuchsschwanzgewächs)* <II 6, 13> la quinua
eine **Pfanne** **I 8B** una sartén
der **Pfeffer** <II GC> el pimiento
eine **Pflanze** **II 9** una planta
etw. / jdn. **pflegen** **II 9** cuidar algo / a alguien
**pharmazeutisch** <II GC> farmacéutico, -a
**Physik** *(Schulfach)* **I 7A, PP** (la) física
ein (Bau)**Plan** <II GC> un plano
ein **Plan** **II 4** un plan
das **Plankton** <II GC> el plancton
eine (Schall)**Platte** **I 8A** un disco
ein **Platz** **I 2B, PP** una plaza; **I 5B, PP** un sitio; **II 1** un lugar
**plötzlich** **II 8** de repente
die **Poesie** <II 4, PP> la poesía
**politisch** **I 8A** político, -a
die **Polizei** **I 4** la policía
ein **Polizist**, eine **Polizistin** **I 4** un policía, una policía
**polynesisch** <II 8, MA> polinesio, -a
ein **Poncho** *(Umhang)* <II 6, 12> un poncho
ein **Poster** **I 5B, PP** un póster
eine **Postkarte** **II 1, PP** una postal
die **Pracht** <II GC> el esplendor
etw. **prägen** <II GC> marcar algo
**prähispanisch** *(vor der Entdeckung Amerikas)* <II 8, 7> prehispánico, -a
der **Preis** **I 7B** el precio; <II GC> un premio
eine **Privatschule** <I 8A, 6> una escuela privada
etw. **probieren** **II 4** probar (-ue-) algo
ein **Problem** **I 3B** un problema *(m.)*
ein **Produkt** **II 8** un producto
etw. **produzieren** <II 8, TA> producir algo
ein **Programm** **II 4** un programa
ein **Projekt** **II 1** un proyecto
das **Pro-Kopf-Einkommen** **II 3** la renta per cápita
ein **Prospekt** **II 3, PP** un folleto
eine **Provinz** **I 7B** una provincia
**Prozent** **II 5, PP** por ciento *(%)*
eine **Prüfung** **I 4** un examen (*pl.* exámenes)
**PS** *(Postskript)* **I 3B** PD *(posdata)*
ein **Publikum** **I 8A** un público
ein **Pullover** **I 5B, 9** un jersey (*pl.* jerséis)
ein **Punkt** <I 2B, 10>; **II 9, PP** un punto
eine **Puppe** <I 2B, TA>; **I 5B** una muñeca
etw. **putzen** **I 5A, 5** limpiar algo

## Q

die **Qualität** <II GC> la calidad
**Quechua** *(Sprache)* **II 8** (el) quechua
eine (**Quer)flöte** <I 8A, PP> una flauta

## R

ein **Radio** **I 6** una radio
**rätselhaft** <II GC> enigmático, -a
**rau** <I 8A, PP> ronco, -a
**Raub-** **I 6** pirata
der **Raub** **II 9** el robo
**rausgehen** **I 4, PP** salir (-g-)
**Recht** haben **I 5A** tener razón
**rechts** von **I 5B, PP** a la derecha de
die **Reconquista** **II 3** la Reconquista
ein **Referat** **II 2** una exposición
eine **Reform** <II GC> una reforma
ein **Regal** **I 5B, PP** una estantería
**regelmäßig** <II 2, TA> regularmente
der **Regen** **II 1, 9** la lluvia
eine **Regentschaft** <II GC> el reinado
ein **Regenwald** **II 5** una selva
eine **Region** **II 5** una región
eine autonome **Region** **II 3** una comunidad autónoma
**regnen** **I 7B** llover (-ue-)
**reich** **I 6, PP** rico, -a
ein (König)**Reich** <II GC> un reino
jdm. etw. (hinüber)**reichen** **I 8B** pasar(le) algo a alguien
Es **reicht**! **I 2B** ¡Basta!
an der **Reihe** sein **I 7B** tocar(le) a alguien
der **Reis** **I 8B** el arroz
eine **Reise** **I 8B** un viaje
ein **Reiseführer**, eine **Reiseführerin** **II 5** un guía, una guía
**reisen** **II 3** viajar
ein **Reisender**, eine **Reisende** <II GC> un viajero, una viajera
eine **Reiseroute** **II 5** un itinerario
ein **Reiseziel** **II 5** un destino
**Religion** *(Schulfach)* **I 7A, PP** (la) religión
**rennen** **II 5, 4** correr
ein **Rentner**, eine **Rentnerin** <II 1, 9> jubilado, -a
der **Respekt** <II 8, MA> el respeto
jdn. **respektieren** <I CS> respetar a alguien
natürliche **Ressourcen** **II 9** los recursos naturales
ein **Rest** <I CS>; **II 6** un resto
ein **Restaurant** **I 2B** un restaurante
ein **Rezept** **I 3B** una receta
ein **Rhythmus** <II GC> un ritmo
**riechen** **II 9** oler (huele, olemos)
**riesig** **I 7A** enorme; **II 9** gigantesco, -a
ein **Risiko** **II 5, 4** un riesgo
ein **Risiko** eingehen **II 5, 4** correr riesgos
ein **Rock** **I 5B, 5** una falda
ein **Roman** **II 3** una novela
eine **romanische** Sprache <II 4, 9> una lengua románica
**römisch** <II GC> romano, -a
**rosa** **I 7B, PP** rosa
**rot** **I 7B, PP** rojo, -a
eine **Route** <II GC> una ruta

der **Rücken** **II 6, 14** la espalda
die **Rückkehr** **II 5** el regreso; **II 6** la vuelta
ein **Ruf** **II 7** una fama
jdn. **rufen** **I 2B** llamar a alguien
**ruhig** **I 3A, PP** tranquilo, -a
eine **Ruine** **II 5** una ruina

## S

eine **Sache** **I 3B** una cosa
der **Saft** **I 7B, 8** el zumo
jdm. etw. **sagen** **I 4** decir(le) (digo) algo a alguien
ein **Salat** **II 2** una ensalada
das **Salz** **<II 6, 12>** la sal
**sammeln** **<I 2B, TA>** coleccionar
eine **Sammlung** **<II GC>** una colección
**Samstag** **I 3B** sábado *(m.)*
die **Sandalen** **II 1, 7** las sandalias
ein **Sänger**, eine **Sängerin** **<II GC>** un cantante, una cantante
eine **Sardelle** **II 2** un boquerón
**Sardinien** **<II 4, 9>** Cerdeña *(f.)*
ein **Satz** **II 8** una frase
der **Sauerstoff** **II 9** el oxígeno
ein **Saxofon** **<I 8A, PP>** un saxofón
Wie **schade**! **I 3B** ¡Qué lástima!; **II 2** ¡Qué pena!
ein **Schal** **I 5B, 6** una bufanda
eine **(Schall)Platte** **I 8A** un disco
**Schau** (mal)! **I 4** ¡Mira!
**schauen** **I 4** mirar (algo)
jdm. (er)**scheinen** **I 5A** parecer(le) (-zco) a alguien
ein **Schema** **<I CS>** un esquema
jdm. etw. **schenken** **I 7B** regalar(le) algo a alguien
jdm. etw. **schicken** **I 5A** mandar(le) algo a alguien
das **Schicksal** **I 6, PP** la suerte
**schiffbar** **<II GC>** navegable
eine **Schildkröte** **II 9** una tortuga
der **Schinken** **I 7B** el jamón
*luftgetrockneter* **Schinken** *aus Spanien* **I 7B** el jamón ibérico
**schlafen** **I 3B, PP** dormir (-ue-/-u-)
ein **Schlafzimmer** **I 5B, 9** un dormitorio
ein **Schlagzeug** **<I 8A, PP>** una batería
**schlank** **I 5A, PP** delgado, -a
**schlecht** **I 5A** malo, -a; **I 2B** mal *(adv.)*
**schlechter** **I 7B** peor
sehr **schlecht** **II 6** fatal
Das **Wetter** ist schlecht. **I 3B** Hace mal tiempo.
**schlecht** organisiert **II 7, 6** desorganizado, -a
**schließen** **I 8A** cerrar (-ie-)
**schließlich** **I 8A** al final
**schlimm** **II 8** grave
**schlimmer** **I 7B** peor
**Schluss!** **I 2B** ¡Basta!
zum **Schluss** **I 6** para terminar
eine **Schlussfolgerung** **II 8, 11** una conclusión

der **Schmerz** **II 6** el dolor
**schmerzen** **II 6, 14** doler(le) (-ue-) algo a alguien
ein **Schmetterling** **II 9** una mariposa
der **Schmuck** **<II GC>** la decoración
**schmutzig** **II 8** sucio, -a
der **Schnee** **II 1, 9** la nieve
**schnell** **I 3B** rápido, -a; **I 2B** rápido *(adv.)*; **II 6** veloz
**schon** **I 2B** ya
**schön** **I 7B, 8** bonito, -a; **II 3** bello, -a
Das Wetter ist **schön.** **I 3B** Hace buen tiempo.
ein (Kleider)**Schrank** **I 5B, PP** un armario
ein **Schreck** **II 9** un susto
**schrecklich** **<I CS>** terriblemente
Wie **schrecklich**! **II 9** ¡Qué horror!
ein **Schrei** **II 8** un grito
**schreiben** **I 2B** escribir
ein **Schreibtisch** **I 5B, PP** un escritorio
(etw.) **schreien** **II 4** gritar (algo)
ein **Schriftsteller**, eine **Schriftstellerin** **II 3** un escritor, una escritora
ein **Schritt** **<II GC>** un paso
die **Schuhe** **I 5B, 6** los zapatos
**Schulbuch** **<I CS>** un libro de estudio
jdm. etw. **schulden** **II 6** deber(le) algo a alguien
eine **Schule** **II 2** una escuela
ein **Schüler**, eine **Schülerin** **I 7A** un alumno, una alumna
die **Schullaufbahn** **<I 7A, PP>** la carrera escolar
der **Schutz** **II 9** la protección
**Schütze** *(Sternzeichen)* **<II 5, PP>** Sagitario
**schützen** **II 9** proteger algo / a alguien
**schwarz** **I 7B, PP** negro, -a
ein **Schwarzer**, eine **Schwarze** **<I CS>** un negro, una negra
**schwer** **II 6** pesado, -a
**schwerwiegend** **II 8** grave
die **Schwester** **I 1** la hermana
**schwierig** **I 4** difícil; **<I 8A, PP>** complicado, -a
ein **Schwimmbad, -becken** **I 3A, 6** una piscina
**schwimmen** **I 2A, PP** nadar
in **Schwung** kommen **II 1** animarse a hacer algo
**sechs** **I 2B, PP** seis
**sechshundert** **I 7B** seiscientos, -as
**sechste, -r, -s** **I 7A** sexto, -a
**sechzig** **I 2B, PP** sesenta
ein **See** **II 5** un lago
ein **Seefahrer**, eine **Seefahrerin** **<II GC>** un navegante, una navegante
etw. **sehen** **I 3B, PP** ver algo
mal **sehen** **I 2A** a ver
sich **sehen** **I 4** verse
Ich **sehe** worauf du hinaus willst. **I 5A** Te veo venir.

Du wirst es schon **sehen.** **I 7A** Vas a verlo. **II 5** Te vas a enterar.
eine **Sehenswürdigkeit** **<I 1, 6>**; **I 3A, PP** un monumento
**sehr** **I 2A** mucho *(adv.)*
**Sehr** geehrter … / **Sehr** geehrte … **II 5** Estimado …, Estimada …
jmd. **sehr** gut gefallen **I 5A** encantar(le) a alguien
**sehr** viel **I 6** muchísimo, -a
**sein** **I 1, PP** ser; **I 5A** estar *(+ adj.)*
da **ist/sind** **I 3A, PP** hay
es **ist** etwas los **I 3A** hay marcha
es **ist** (nämlich) so, dass… **I 3B** es que
**sein, seine** *(Sg.)* **I 2B** su
**seine** *(Pl.)* **I 2B** sus
**seine, -r, -s** *(betontes Possessivpron.)* **II 4** suyo, -a
**seit** **II 1** desde
**seit** *(+ Zeitangabe)* etw. tun **II 8** llevar *(+ gerundio + tiempo)*
eine **Seite** **I 3A** una página; **I 5B, PP** un lado
auf der einen **Seite**, … auf der anderen **Seite** **II 8, 11** por un lado … por otro lado
der **Sekt** **<II 2, PP>** el cava
ein **Sektor** **<II GC>** un sector
**selbst** **I 4** mismo, -a
**selbst** wenn **II 6** aunque
**seltsam** **I 7A** raro, -a; **<II 4, PP>** extraño, -a
**sentimental** **<I 8A, PP>** sentimental
**September** **I 3B, 4** septiembre *(m.)*
**seriös** **II 7, 6** formal
sich **setzen** **I 8B** sentarse (-ie-)
etw. **setzen** **I 5B, PP** poner (-g-) algo
eine **Sevillana** **II 2** una sevillana
**shoppen** **I 7B** ir de compras
**sich** *(Reflexivpron.)* **I 4** se
**sicherlich** **II 6** seguro *(adv.)*
die **Sichtweise** **<II GC>** un punto de vista
**Sie** *(Höflichkeitsform Sg./Pl.)* **I 6** usted, ustedes
**sie** *(Pl., Subjektpronomen)* **I 2A** ellos, ellas
**sie** *(Sg., Subjektpronomen)* **I 2A** ella
**sie** *(Sg., Akkusativpron.)* **I 5B** la
**sie** *(Pl., Akkusativpron.)* **I 5B** las / los
**sieben** **I 2B, PP** siete
**siebenhundert** **I 7B** setecientos, -as
**siebte, -r, -s** **I 7A** séptimo, -a
**siebzig** **I 2B, PP** setenta
ein **Sieg** **<II GC>** un triunfo
eine **Siesta** **II 2** una siesta
**Siesta** machen **II 2** echarse la siesta
das **Silber** **<II GC>** la plata
**singen** **<I 2B, TA>** cantar
**sinnlich** **<I 8A, PP>** sensual
eine **Situation** **I 6** una situación
**sitzen** **II 8** estar sentado, -a
der **Skisport** **<II GC>** el esquí
eine **Skistation** **<II GC>** una estación de esquí

**Skorpion** *(Sternzeichen)* <**II 5, PP**> Escorpión
**so** **I 3B** así; **I 5A** tan
**so** dass, **sodass** **II 7** de modo que
**so**... wie... **I 7B** tan... como...
die **Socken** **I 5B, 6** los calcetines (*sg.* calcetín)
**sogar** **II 5** incluso
der **Sohn** **I 2B, 3** el hijo
**solange** **II 8** mientras *(+ subjuntivo)*
der **Sommer** **I 5B** el verano
**sondern** <**II 2, 11**>; **II 4** sino
die **Sonne** **I 2A, PP; II 6** el sol
sich **sonnen** **I 2A, PP** tomar el sol
eine **Sonnencreme** **II 9** una crema solar
**Sonntag** **I 3B** domingo *(m.)*
sich **Sorgen** machen **II 6** preocuparse por algo/alguien
Mach dir keine **Sorgen**. **I 6** No te preocupes.
eine **Sorte** <**II GC**> un género
**Spanien** **I 3B** España
ein **Spanier**, eine **Spanierin** **I 2A** un español, una española
**spanisch** **I 3B** español,-a
**Spanisch** *(wie das Fach Deutsch in Deutschland)* **I 7A, PP** lengua y literatura
das **Spanische**, die **spanische** Sprache **I 2A** el español
ein **Spanischlehrer**, eine **Spanischlehrerin** **I 2A** un profesor de español, una profesora de español
**spannend** **II 9** emocionante
**Spass** haben **II 1, PP** pasárselo bien/mal
**spät** **I 4** tarde
**spazieren** gehen **II 3** pasear (por)
**speziell** **II 4** especial
ein **Spiel** **I 1** un juego
das ist kein Kinder**spiel** **I 1** no es un juego
**spielen** **I 3B, PP** jugar (-ue-)
**spielen** *(Instrument)* **I 8A** tocar
eine **Spinne** **II 9** una araña
der **Sport** **I 1** el deporte
**Sport** treiben <**I 2B, TA**> practicar deporte
die **Sportschuhe** **II 1, 7** las zapatillas de deporte
ein **Sportzentrum** *(für verschiedene Sportarten)* **I 3A, 6** un polideportivo
eine **Sprache** **I 4** un idioma; **I 7A, PP** una lengua; <**II GC**> un lenguaje
eine romanische **Sprache** <**II 4, 9**> una lengua románica
**sprechen** **I 2A** hablar
**springen** **II 4** saltar
**spülen** **I 5A, 5** lavar los platos
etw. **stabilisieren** <**II GC**> estabilizar algo
eine **Stachelannone** *(tropische Frucht)* <**II 6, 13**> una guanábana
eine **Stadt** <**I 1, 6**>; **I 3A, PP** una ciudad
ein **Stadtviertel** **I 3A, PP** un barrio
das **(Stadt)Zentrum** **I 3A, PP** el centro
**stammen** aus **I 1, PP** ser de; <**II 4, 9**> provenir de
**stark** <**II GC**> fuerte
die **Stärke** <**II 8, MA**> la fuerza
**staubsaugen** **I 5A, 5** pasar la aspiradora
**stehen** bleiben **II 8** pararse
**steil** <**II 8, 7**> inclinado,-a
**Steinbock** *(Sternzeichen)* <**II 5, PP**> Capricornio
**stell** dir (nur) vor **I 5A** imagínate
etw. **stellen** **I 5B, PP** poner (-g-) algo
eine **Steppe** <**II GC**> una estepa
**sterben** **II 9** morirse (-ue-)
eine **Stereoanlage** **I 5B, PP** un equipo de música
ein **Stern** **II 4, PP** una estrella
ein **Sternzeichen** <**II 5, PP**> un signo zodiacal
**Stier** *(Sternzeichen)* <**II 5, PP**> Tauro
eine **Stierkampfarena** **I 8A** una plaza de toros
eine **Stiftung** <**II GC**> una fundación
ein **Stil** <**II GC**> un estilo
eine **Stimme** <**I 8A, PP**> una voz
Das **stimmt** nicht. **I 2A** No es verdad.
die **Stimmung** **I 3A** el ambiente
ein **Stipendiat**, eine **Stipendiatin** **II 5** un becario, una becaria
ein **Stockwerk** **I 5A** un piso
jdn. **stören** **I 8A** molestar(le) a alguien
**strahlenförmig** <**II GC**> radial
der **Strand** **I 1** la playa
eine **Straße** **I 2B, PP** una calle
die **Straße** von Gibraltar *(Meeresenge)* **II 3** el Estrecho de Gibraltar
**Straßen-** <**II GC**> callejero,-a
**strategisch** <**II GC**> estratégico,-a
ein **Strauß** **II 2** un ramo
eine **Strecke** <**II GC**> una ruta
ein **Streik** <**II GC**> una huelga
mit jdm. **streiten** **II 6** discutir con alguien
eine **Strömung** <**II GC**> una corriente
ein **Stück** <**II GC**> una pieza
ein **Student**, eine **Studentin** **I 4** un estudiante, una estudiante
**Studien-** **II 5** académico,-a
**studieren** **I 2A, PP** estudiar
das **Studium** <**I 8A, 6**> los estudios
ein **Stuhl** **I 5B, PP** una silla
eine **Stunde** **I 4, PP** una hora
ein **Stundenplan** **I 7A, PP** un horario
sich auf etw. **stützen** <**II GC**> basarse en algo
**suchen** **I 2A** buscar
**Südamerika** **II 7, PP** Sudamérica *(f.)*
der **Süden** <**I 1, 6**>; **II 3** el sur
der **Südwesten** <**II GC**> el suroeste
**super** **II 9** súper
ein **Supermarkt** **I 3A, 6** un supermercado
eine **Suppe** <**II GC**> una sopa
ein **Surfbrett** **II 1, PP** una tabla (de surf)
das **Surfen** **I 2A, PP** el surf
im Internet **surfen** <**I 2B, TA**> navegar por Internet
der **Surrealismus** <**II 4, PP**> el surrealismo
**süß** sein **II 2** tener salero
ein **Sweatshirt** **I 5B, 6** un jersey (*pl.* jerséis)
ein **Symbol** <**II GC**> un símbolo
etw. **symbolisieren** <**II 8, MA**> simbolizar algo
die **Sympathie** **II 3** la simpatía
**sympathisch** **I 5A** simpático,-a
**Symptom** **II 6, 14** un síntoma
ein **Synonym** **II 3, 3** un sinónimo
die **Syntaxanalyse** <**I CS**> el análisis sintáctico
ein **System** <**II GC**> un sistema

## T

der **Tabak** **II 3** el tabaco
ein **Tag** **I 2B** un día
Guten **Tag**. *(nachmittags)* **I 2B, 2** Buenas tardes.
ein **Tagelöhner**, eine **Tagelöhnerin** <**II GC**> un jornalero, una jornalera
die **Tante** **I 2B, 3** la tía
ein **Tanz** <**II GC**> un baile
**tanzen** <**I 2B, TA**>; **I 8A** bailar
die **Tanzschuhe** <**II 3, MA**> los zapatos de baile
eine **Tapa** **II 4** una tapa
eine **Tätigkeit** <**II GC**> una actividad
eine **Tatsache** <**II GC**> un hecho
**tausend** **I 7B** mil
**Technikunterricht** **I 7A, PP** (la) tecnología
ein **Teil** **I 5B** una parte; <**II GC**> una pieza
ein **Teil** von **I 5B** parte de
etw. **teilen** **I 5A** compartir algo
ein **Teilgebiet** <**II GC**> un sector
an etw. **teilnehmen** <**I 5A, 11**>; **II 4** participar en algo
ein **Teilnehmer**, eine **Teilnehmerin** **II 5** un participante, una participante
das **Telefon** **I 2B, PP** el teléfono
am **Telefon**, **telefonisch** **I 8B** por teléfono
mit dem Handy **telefonieren** **I 7A** hablar por el móvil
die **Telefonnummer** **I 2B, PP** el teléfono
eine **Telenovela** **II 9** una telenovela
ein **Teller** **I 5A, 5** un plato
(das) **Tennis** **I 2A, PP** el tenis
ein **Termin** **II 1** una cita
eine **Terrasse** **II 4** una terraza
der **Terrorismus** **II 7, PP** el terrorismo
ein **Terrorist**, eine **Terroristin** **II 8** un terrorista, una terrorista
**teuer** **I 7B** caro,-a
ein **Text** **I 8A; II 8, 11** un texto

**Textil-** <II GC> textil
**Theater** <I CS> un teatro
ein **Thema** **II 1** un tema
**tief** *(Stimme, Ton)* <**I 8A, PP**> grave
ein **Tier** **II 4, PP** un animal
ein **Tisch** **I 5A, 5** una mesa
ein (akademischer) **Titel** <**I 8A, 6**> un título
ein **Titel** **II 8, 11** un título
die **Tochter** **I 2B, 3** el hijo, la hija
**toll** **I 3A** fenomenal; **I 1** genial; **II 5** fantástico, -a; **II 9** alucinante
Wie **toll!** **I 3B** ¡Qué bien!
eine **Tomate** **I 7B, 8** un tomate
der **Töpfer**, die **Töpferin** <**II GC**> un ceramista, una ceramista
ein **Torero** **II 3** un torero
eine **Torte** **I 3B** una tarta
**tot** (sein) **II 1** (estar) muerto, -a
der **Tourismus** <**II 2, PP**>; **II 3, PP** el turismo
ein **Tourist** **II 1** un turista, una turista
**touristisch** <**II 1, 9**> turístico, -a
eine **Tradition** <**II GC**> una tradición
**traditionell** **II 5** tradicional
etw. **tragen** **I 4** llevar algo
der **Transport** <**II GC**> el transporte
eine **Traube** <**II GC**> una uva
ein **Traum** **II 5** un sueño
(von) etw./jdn. **träumen** **I 6** soñar (-ue-) con algo/alguien
**traurig** (sein) **I 5A, PP** (estar) triste
**traurig** werden <**I CS**> deprimirse
sich (mit jdm.) **treffen** **II 3** encontrarse (con alguien)
sich **treffen** **I 4** verse
ein **Treffen** **II 5** una reunión
Sport **treiben** <**I 2B, TA**> practicar deporte
sich von etw./jdm. **trennen** **II 2** separarse de algo/alguien
etw. **trinken** **I 2A** tomar; **II 6** beber algo
eine **Trompete** <**I 8A, PP**> una trompeta
ein **T-Shirt** **I 5B** una camiseta
**tun** **I 2B** hacer
gerade etw. **getan** haben **I 5A** acabar de hacer algo
etw. **tun** werden **I 3B** ir a hacer algo
die **Tür** **I 2B** la puerta
eine **Tüte** **I 5B** una bolsa
ein **Typ** **I 3A** un tío *(col.)*; **II 5** un tipo
**typisch** **I 8B** típico, -a

## U

die **U-Bahn** **I 8B, 6** el metro
**über** **I 3A** sobre
**überall** **II 6** en todas partes
etw. **überprüfen** <**I 3B, 8**> controlar algo
etw. **überqueren** **I 8B, PP** cruzar algo
eine **Überraschung** **I 5B** una sorpresa
ein **Übersetzer**, eine **Übersetzerin** <**II GC**> un traductor, una traductora
**überzeugt** (sein) **I 5A** (estar) convencido, -a
die **übrigen** **II 5** los/las demás
**übrigens** **I 3A** por cierto
ein **Ufer** <**II GC**> una orilla
eine **Uhr** **II 4, PP** un reloj
Um wie viel **Uhr**…? **I 4, PP** ¿A qué hora…?
Wie viel **Uhr** ist es? **I 4** ¿Qué hora es?
**um** etw. zu tun **I 6** para hacer algo
eine **Umarmung** **I 3B** un abrazo
**umkehren** **II 8** dar la vuelta
ein **Umstand** <**II 4, PP**> una circunstancia
etw. in etw. **umwandeln** <**II GC**> convertir algo (en algo)
**Umwelt-** <**II GC**> ambiental
die **Umweltforschung** <**II GC**> la ecología
**umziehen** **II 2** mudarse
**unabhängig** **II 7** independiente
**unangenehm** <**II 4, PP** >; **II 7, 6** desagradable
**unaufgeräumt** **I 5A** desordenado, -a
das **Unbewusste** <**II 4, PP**> el inconsciente
**und** **I 1** y
**und** *(vor i- oder hi-)* **I 5A** e
die **Unehre** <**I CS**> el deshonor
**unerträglich** **II 4** insoportable
**unfreundlich** <**II 4, PP**> desagradable
**ungefähr** **I 7B** unos, -as *(+ Zahl)*; <**II GC**> aproximadamente
**ungefähr** um halb sieben <**I CS**> sobre las 6 y media
eine **Uniform** **I 4** un uniforme
eine **Universität** **I 4** una universidad
**unordentlich** (sein) **I 5A** (estar) desordenado, -a
**unregelmäßig** <**I 8A, PP**> irregular
**uns** *(Reflexivpron.)* **I 4** nos
*(Dativpron.)* **I 5A** nos
*(Akkusativpron.)* **I 5B** nos
**unser, unsere** *(sg.)* **I 2B** nuestro, -a
**unsere** *(pl.)* **I 2B** nuestros, -as
**unsympathisch** **II 7, 6** antipático, -a
**unter** **I 5B, PP** debajo de
(mitten) **unter** **I 6** entre
**unter** <**I CS**> bajo *(adv.)*
sich **unterhalten** **I 8A** charlar
ein **Unteroffizier** *(Dienstgrad)* **II 3** un sargento
eine **Unterrichtsstunde**, der **Unterricht** **I 3A** una clase
sich in etw. **unterscheiden** <**II 2, 8**> diferenciarse en algo
etw. **unterstützen** <**II 1, 9**> apoyar algo
ein **Untertitel** **II 8, 11** un subtítulo
**ununterbrochen** **II 9** sin parar
**unversehrt** <**II GC**> intacto, -a
**unzuverlässig** **II 7, 6** informal
der **Ureinwohner**, die **Ureinwohnerin** **II 7** un indígena, una indígena
der **Ursprung** <**II GC**> el origen
ein **Urwald** **II 5, PP** una selva
die **USA** **II 8** (los) EE. UU. (Estados Unidos)

## V

das **Valenzianische** *(Sprache)* <**II 1, 3**> el valenciano
der **Vater** **I 2B** el padre
sich mit jdm. **verabreden** **I 7A** quedar con alguien
eine **Verabredung** **II 1** una cita
sich **verabschieden** **I 4** despedirse (-i-)
etw. **(ver)ändern** **I 5A** cambiar algo
eine **(Ver)Änderung** **I 8A** un cambio
**verärgert** (sein) **I 5A, PP** (estar) enfadado, -a
etw. **verbessern** **I 3B** perfeccionar algo; **II 9** mejorar algo
etw. **verbinden** <**II GC**> unir algo
**verbreitet** <**II GC**> popular
**verbringen** **I 2A** pasar
etw. **verdienen** **I 6, PP** ganar algo
(sich) etw. **verdienen** **II 9** merecer(se) algo
etw. **vereinigen** <**II GC**> unificar algo
**vergangene, -r, -s** **I 8A** pasado, -a
die **Vergebung** <**I CS**> el perdón
jdm. etw. **vergehen** **II 4** quitársele algo a alguien
**vergehen** **II 5** pasar
etw. / jdn. **vergessen** **II 1** olvidarse de algo / alguien; olvidar algo / alguien
sich **vergnügen** **I 8A** divertirse (-ie-/-i-)
jdn. **verhaften** **I 6** detener a alguien
jdm. etw. **verkaufen** **I 6** vender algo a alguien
ein **Verkäufer**, eine **Verkäuferin** **I 7B** un dependiente, una dependienta
ein **Verkaufsstand** **II 6** un puesto
**verletzt** (sein) **II 8** (estar) herido, -a
sich in jdn. **verlieben** **II 3** enamorarse de alguien
**verliebt** (sein) **I 5A, PP** (estar) enamorado, -a
etw. **verlieren** **II 5, 4** perder (-ie-) algo
etw. (zu tun) **vermeiden** **II 6** evitar (hacer) algo
**vermissen** **I 8B** echar de menos
etw. **vermuten** **II 1** suponer (-g-) algo
die **Veröffentlichung** <**II GC**> una publicación
**verrückt** **I 7B** loco, -a (loco)
sich **versammeln** **II 5** reunirse (con alguien)
eine **Versammlung** **II 5** una reunión
**verschiedene, -r, -s** **II 5, PP** diverso, -a
**verschiedene** **I 6** varios, -as
**verschlossen** **II 7, 6** cerrado, -a
**verschwinden** **II 7** desaparecer
eine **Version** **II 3** una versión
jdn. **versorgen** **II 5, 4** atender a alguien
**verspielt** **II 2** juguetón, juguetona
etw./jdn. **verstehen** **I 2B** comprender; **I 3B** entender (-ie-) algo/a alguien

Ich **verstehe** schon. **I 4** Ya veo.
**verstört** (sein) **II 4** (estar) alterado, -a
etw. **versuchen** **I 6** intentar algo
die **Vertreibung** <**II GC**> la expulsión
die **Verwaltung** <**II GC**> la administración
*Verwaltungseinheit in Peru (ähnlich wie Bundesland)* <**II GC**> un departamento
etw. in etw. **verwandeln** <**II GC**> convertir algo (en algo)
etw. **verwenden** **I 4** usar algo
jdm. etw. **verzeihen** **II 6** perdonar(le) algo a alguien
**verzweifelt** <**II 4, PP**> desesperado, -a
ein **Video(film)** **I 1** un vídeo
ein **Videospiel** <**I 2B, TA**> un videojuego
die **Viehzucht** <**II GC**> la ganadería
**viel** **I 2A** mucho
**viel, -e** **I 3B** mucho, -a *(adj.)*
**viel, sehr** **I 2A** mucho *(adv.)*
sehr **viel** **I 6** muchísimo, -a
die **Vielfalt** <**II GC**> la diversidad
**vielfältig** <**II GC**> variado, -a
**vielleicht** **I 2B** a lo mejor; **II 8** quizá
**vier** **I 2B, PP** cuatro
**vierhundert** **I 7B** cuatrocientos, -as
**vierte, -r, -s** **I 7A** cuarto, -a
**vierzehn** **I 2B, PP** catorce
**vierzig** **I 2B, PP** cuarenta
ein **virtuelles** Bild *(digitales Bild auf dem Computer)* <**I CS**> una imagen virtual
ein **Vizekönigreich** <**II GC**> un virreinato
ein **Vogel** **II 4, PP** un pájaro
**voll** (sein mit) **II 2** (estar) lleno, -a (de)
**völlig** **II 8** completamente
**von** **I 1, PP** de
**Von** wo? **I 1, PP** ¿De dónde?
**vor** **I 5B, PP** delante de; **I 8A** hace *(+ Zeitangabe)* que; **I 6** antes de
**vor** allem **I 6** sobre todo
**vorbeigehen** **II 5** pasar
etw. **vorbereiten** **I 5A, 5** preparar algo
die **Vorbereitungen** **II 6** los preparativos
im **Vordergrund** <**II 4, PP**> en primer plano
etw. **vorhaben** **I 3B, PP** pensar (-ie-) hacer algo
**vormittags** **I 3A** por la mañana
jdm. etw. **vorschlagen** **I 5B** proponer(le) (-g-) algo a alguien
die **Vorsicht** **I 5B** el cuidado
**Vorsicht!** **I 5B** ¡Ten cuidado!
sich **vorstellen** **I 5A** imaginarse
sich (jdm.) **vorstellen** **II 7** presentarse (a alguien)
ein **Vorurteil** **II 7** un prejuicio
ein **Vulkan** <**II GC**> un volcán
ein **Vulkanausbruch** <**II GC**> una erupción volcánica

## W

**Waage** *(Sternzeichen)* <**II 5, PP**> Libra
eine **Waffe** <**II GC**> un arma
etw./jdn. **wählen** **II 4** elegir (-i-/-i-) algo/a alguien
ein **Wahlpflichtfach** **I 7A, PP** una optativa
Das ist nicht **wahr.** **I 2A** No es verdad.
**während** **I 6** durante; **I 7A** mientras
die **Wahrheit** **I 2A** la verdad
ein **Wahrzeichen** <**II GC**> un símbolo
ein **Wald** <**II GC**> un bosque
eine **Wanderbewegung** **II 2, PP** una migración
**wann?** **I 3B** ¿cuándo?
**warm** **I 7B** caliente
**warmherzig** **II 7, 6** cariñoso, -a
die **Warmherzigkeit** **II 3** la simpatía
**warten** **I 2A** esperar
**Warum?** **I 2A** ¿Por qué?
**was** *(Relativpron.)* <**I CS**>; **II 2** lo que
**Was?** **I 1** ¿Qué?
**Was** für...! **I 3B** ¡Qué...!
**Was** ist das? **I 1** ¿Qué es?
**Was** ist los? **I 2A** ¿Qué pasa?
**Was** passiert? **I 2A** ¿Qué pasa?
etw. **waschen** **I 5A, 5** lavar algo
sich **waschen** **I 4, 5** lavarse
das **Wasser** **I 7B, 8** el agua *(f.)*
ein **Wasserfall** **II 9** una catarata
ein **Wasserhahn** **II 6** un grifo
**Wassermann** *(Sternzeichen)* <**II 5, PP**> Acuario
eine **Wassermelone** **I 7B, 8** una sandía
eine **Web-Seite** **I 3A** una página Web
**weder**... noch **I 7B** no... ni
ein **Weg** **I 8B** un camino
**wegen** **I 4** por
**weggehen** **I 4** irse; **I 4, PP** salir (-g-)
etw. **wegnehmen** **I 5B, PP** quitar algo
etw. **wegtun** **I 5B, PP** quitar algo
**weh** tun **II 6, 14** doler (-ue-)
**weich** <**II 8, 10**> suave
**weil** **I 2A** porque; **II 2** como
eine **Weile** **I 2A** un rato
der **Wein** **I 7B** el vino
der **Weinbau** <**II 2, PP**> la (industria) vinícola
**weinen** **II 9** llorar
die **Weise**; die Art und **Weise** **I 7A** el modo
in gewisser **Weise** <**I CS**> en cierta forma
auf irgendeine **Weise** <**I CS**> de alguna manera
**weiß** **I 7B, PP** blanco, -a
**weit** **II 7, PP** amplio, -a
**weit** weg (von) **I 3A** lejos (de)
**weitergehen, -fahren** **I 8B, PP** seguir
**weiterhin** etw. tun **I 8B** seguir (-i-) *(+ gerundio)*
etw. **weiterhin** haben/nicht haben **II 1** seguir con/sin algo
**weitermachen** **I 7A** continuar con algo
**welche, -r, -s** *(Fragepron.)* **II 7** cuál, cuáles
die **Welt** **I 8B** el mundo
**Welt-** <**II GC**> mundial
sich an jdn. **wenden** **II 6** dirigirse a alguien
**wenig** **I 3B** poco, -a; **I 2A** poco *(adv.)*
**weniger**... als **I 7A, PP** menos... que
(dann) **wenn** **I 7A** cuando
**wer?** **I 2A** ¿quién? (¿quiénes?)
**werden** **I 8A** hacerse (-g-)
**werden** **II 1, PP** quedarse *(+ adj.)*; **II 8** ponerse *(+ adj.)*
ein **Werk** <**II GC**> una obra
etw. **wert sein** **I 7B** valer (-g-) algo
der **Westen** <**I 1, 6**> el oeste
**westlich** <**II GC**> occidental
das **Wetter** **I 3B** el tiempo
Das **Wetter** ist schlecht. **I 3B** Hace mal tiempo.
**wichtig** **I 3A, PP** importante
jdm. etw. **wichtig** sein **I 5A** importar(le) algo a alguien
die **Wichtigkeit** <**II GC**> la importancia
**wichtigste, -r, -s,** <**II GC**> principal
**Widder** *(Sternzeichen)* <**II 5, PP**> aries
**wie?** **I 1, PP** ¿cómo?
**Wie** alt ist er/sie? **I 5A** ¿Cuántos años tiene?
**Wie** geht's? **I 2B** ¿Qué tal?
**Wie** heißt du? **I 1, PP** ¿Cómo te llamas?
**Wie** ist/war...? **I 3B** ¿Qué tal *(+ Subst.)*?
**Wie** schade! **I 3B** ¡Qué lástima!; **II 2** ¡Qué pena!
**Wie** toll! **I 3B** ¡Qué bien!
**Wie** viel Uhr ist es? **I 4** ¿Qué hora es?
**Wie** viel, -e? **I 8A** ¿Cuánto, -a? / ¿Cuántos, -as?
**Wie** viele Kugeln? <**I 2A, 5**> ¿Cuántas bolas?
**wie** **I 3B** como
**Wie...!** **I 3B** ¡Qué...!
**wieder** **I 6** otra vez
etw. **wiedererobern** <**II GC**> reconquistar algo
**willkommen** **II 3** bienvenido, -a
das **Willkommen** **II 5** la bienvenida
der **Wind** **II 1, 9** el viento
der **Winter** **I 7B** el invierno
**wir** **I 2A** nosotros
**wirklich** **I 3B** en serio; **I 7A** de verdad; **II 3** verdaderamente; <**II 4, PP**> real; **I 8A** realmente
die **Wirtschaft** **II 3, PP** la economía
**wirtschaftlich** **II 3, PP** económico, -a
**wissen** **I 2B** saber (sé)
ein **Wissenschaftler**, eine **Wissenschaftlerin** <**II GC**> un científico, una científica
**witzig** **I 4** gracioso, -a
**wo** *(Rel.pron.)* **II 3** donde
**wo?** **I 2B, PP** ¿dónde?
eine **Woche** **I 3A** una semana
ein **Wochenende** **I 3A** un fin de semana
**woher?** **I 1, PP** ¿de dónde?

**wohin** *(Rel.pron.)* **I 3A ; II 3, 3** adonde
**wohl** *(+ Inf.)* müssen *(Vermutung)* **II 9** deber de *(+ inf.)*
sich **wohl** fühlen **I 4** sentirse bien
**wohlklingend** <**I 8A, PP**> sonoro, -a
**wohnen** **I 2B, PP** vivir
eine **Wohnung** <**I 5B, 9**> una vivienda; **I 5A** un piso
ein (kleines) **Wohnzimmer** **I 5B, 9** una sala de estar
eine **Wolke** **II 1, 9** una nube
ein **Wolkenkratzer** <**II GC**> un rascacielos
etw. (tun) **wollen** **I 3B, PP** querer (-ie-) (hacer) algo
ein **Workshop** **II 7, PP** un taller
ein **Wort** **I 4** una palabra
ein **Wörterbuch** **I 5B** un diccionario
**wozu**? **II 1** ¿para qué?
**wunderbar** **II 7, PP** maravilloso, -a
**wunderschön** **I 3A, PP** precioso, -a
ein **Wunsch** **II 7** un deseo
etw. (zu tun) **wünschen** **I 6** desear (hacer) algo
ich **würde** gerne / du **würdest** gerne **II 8** te/me gustaría
Ich **würde** gerne … <**II 5, TA**> Quisiera …
Wir **würden** gerne … <**II 5, TA**> Quisiéramos …
luftgetrocknete Paprika**wurst** **I 7B** el chorizo
eine **Wüste** **II 5, PP** un desierto

## Z

eine **Zahl** **I 2B, PP** un número
etw. (be)**zahlen** **I 7B** pagar algo
ein **Zahn** **I 4, 5** un diente
sich die **Zähne** putzen **I 4, 5** lavarse los dientes
**zehn** **I 2B, PP** diez
**…zehn** *(bei den Zahlen 16–19)* **I 2B, PP** dieci…
**zehnte, -r, -s** **I 7A** décimo, -a
ein **Zeichen** <**I 2B, 10**> un signo
**zeichnen** <**I 2B, TA**> dibujar
eine **Zeichnung** <**I CS**> un dibujo
jdm. etw. **zeigen** **II 3, PP** mostrar(le) (-ue-) algo a alguien; **I 5A** enseñar(le) algo a alguien
in letzter **Zeit** **I 8B** últimamente
in/zu jener **Zeit** **II 2, 7** en aquella época
die **Zeit** **I 3B** el tiempo
ein **Zeitabschnitt** <**II GC**> un período
eine **Zeitschrift** **I 3B** una revista
eine **Zeitung** **II 3, PP** un periódico
das **Zentrum** <**I 1, 6**> el centro
das (Stadt)**Zentrum** **I 3A, PP** el centro
etw. **zerstören** <**II GC**> destruir algo
die **Zerstörung** **II 9** la destrucción
**ziemlich** **I 3A, PP** bastante
**ziemlich** viel, -e **I 7B** bastante, -s
eine **Zigarette** **I 8A** un cigarrillo
ein **Zigeuner**, eine **Zigeunerin** **II 3** un gitano, una gitana
ein **Zimmer** **I 1** una habitación; **I 8A** un cuarto
ein **Zirkus** <**I CS**> un circo
eine **Zivilisation** <**II GC**> una civilización
eine **Zone** **II 5, PP** una zona
ein **Zoo** <**I CS**> un parque zoológico
(hin) **zu** **I 3A** a
**zu** (…hin) **I 6** hacia
**zu** (sehr/viel) **I 6** demasiado
**zu** Ende gehen **I 2B** terminar
**zu** Hause **I 3A** en casa
**zu** sich nehmen **I 2A** tomar
etw. **zubereiten** **I 5A, 5** preparar algo
die **Zucht** **II 9** la cría
**zuerst** *(adv.)* **I 2B** primero
ein **Zug** **I 8B, 6** un tren
**(zu)hören** **I 2A, PP** escuchar
die **Zukunft** **II 1** el futuro
**zum** Beispiel **I 5A** por ejemplo
**zum** Schluss **I 6** para terminar
ein **Zuname** <**I 2B, 3**> un apellido
**zunehmen** **II 9** aumentar
jmd. **zurechtweisen** **I 7A** echar una bronca a alguien
jdm. etw. **zurückgeben** **I 8B** devolver(le) (-ue-) algo a alguien
**zurückkehren** **I 4, PP** volver (-ue-)
**zurückkommen**, **zurückkehren** (nach) **II 5** regresar (a)
**zusammen** **I 3B** junto, -a
eine **Zusammenfassung** **II 5** un resumen
(mit jdm.) **zusammenleben** **II 7, PP** convivir (con alguien)
**zusammenzählen** **II 9, PP** sumar algo
ein **Zustand** <**II 1, 8**> un estado
eine **Zutat** <**II GC**> un ingrediente
**zuverlässig** **II 7, 6** formal
**zwanzig** **I 2B, PP** veinte
**…undzwanzig** **I 2B, PP** veinti…
**zwei** **I 2B, PP** dos
ein **Zweifel** **I 8B** una duda
**zweifellos** **I 8B** sin duda
**zweihundert** **I 7B** doscientos, -as
**zweite, -r, -s** **I 7A** segundo, -a
**Zwilling** *(Sternzeichen)* <**II 5, PP**> Géminis
jdn. **zwingen**, etw. zu tun **II 2** obligar a alguien a hacer algo
**zwischen** **I 6** entre
**zwölf** **I 2B, PP** doce

**Bildquellennachweis:**
Action Press, Hamburg: 48.1 (korpapress) • Alamy Images RF, Abingdon, Oxon: 67.10 (RF); 27.4 (Tor Eigeland) • 121.2 (Brian Atkinson); Innenumschlag(JTP Photo Comm.); 48.3 (Mireille Vautier) • 81.2 (Derrick Francis Furl) • AP, Frankfurt am Main: 94.2 (Martin Mejia) • Avenue Images GmbH, Hamburg: 9.3 (Brand X Pictures); 62.1 (stock disc) • Bananastock RF, Watlington / Oxon: 34.1 • BigStockPhoto.com, Davis, CA: 14.4 (RF /marilyna); 17.2 (RF / rj lerich) • 27.2 (RF / Barsik) • Comstock, Luxemburg: 80.1 • Corbis, Düsseldorf: 14.2 (ALBERT GEA/Reuters); 15.2 (REUTERS/ Jerry Lampen); 27.1 (JB Russell); 36.1; 37.1 (Corbis / Kimbell Art Museum / Successio Miro / VG Bild-Kunst, Bonn 2006); 37.2 (Corbis / Bettmann / Salvador Dali, Gala-Salvador Dali Foundation / VG Bild-Kunst, Bonn 2006); 37.3 (Corbis / Archivo Iconografico / Succession Picasso / VG Bild Kunst, Bonn 2006); 42.1 (Bettmann); 83.4 (Reuters); 86.3 (Reuters / Andrea Comas); 87.3 (Merrill); 91.1 (Mike Segar); 125.2 (Kevin Schafer); 126.1 (Onne van der Wal); 80.2 (BALAGUER ALEJANDRO); 80.3 (Phil Schermeister); 81.3 (zefa / Damm); 105.3 (Cozzi) • Corel Corporation, Unterschleiss-heim: 35.1; 36.2; 51.4; 61.1; 61.2; 61.3; 71.2; 125.1 • Deutsche Bahn, Berlin: 83.1 (Lautenschläger); 83.2 (Lautenschläger) • Dreamstime, Brentwood, TN: 9.1 (RF / Costa); 26.1 (RF / Soundsnaps); 85.4 (RF / Barsik); 87.4 (RF / Barsik) • Ediciones Primera Plana, S.A., Barcelona: 64.3; 88.1 • Fotolia LLC, New York: 9.2 (RF / Lavado); 9.4 (RF / Gardner); 14.5 (RF / Fux); 51.2 (RF/Andrushko); 51.6 (RF/Lombokas); 70.1 (RF /Rob Marmion); 85.3 (RF / Barskaya); 87.1 (RF / MOKreations); 87.2 (RF /Galyna Andrushko); 124.2 (RF /Robert Saul); 104.2 (RF /Michael Knüfer) • Fotosearch RF, Waukesha, WI: 27.6 (medioimages); 28.2 (medioimages); 61.4 (Digital Vision); 79.3 (Stockbyte); 94.5 (Photodisc); 103.1 (Brand X Pictures); 103.2 (Brand X Pictures); 103.3 (Brand X Pictures); 119.1 (medioimages); 81.1 (RF / Flat Earth) • Getty Images, München: 45.1 (AFP / LLUIS GENE); 102.3; 123.2 (Mike Hewitt) • Image Source, Köln: 93.1 (RF) • Imageshop RF, Düsseldorf: 72.2 (RF) • Internet / Screenshot: 101.1 (http: //www.rossywar.com.pe/ ) • Turisme de Barcelona/Espai d'Imatge/G. Foto/L. Bertran): Innenumschlag
iStockphoto, Calgary, Alberta: 17.3 (RF /Joey Nelson); 17.4 (RF /Monterotti); 23.1 (RF / Alija); 23.2 (RF /James Pauls); 27.3 (RF / naheed choudhry); 33.1 (RF / Jaimie Duplass); 33.2 (RF / Eric Simard); 33.3 (RF); 51.1 (RF/Jakob Leitner); 51.3 (RF/David Mason); 67.1 (RF / David Hughes); 67.2 (RF /Norman Eder); 67.3 (RF / Mike Liu); 67.4 (RF / Suzannah Skelton); 67.5 (RF / Monika Adamczyk); 67.6 (RF / Kristen Johansen); 67.7 (RF /Brasil2); 67.8 (RF /Claudio Gabriele Quercia); 68.1 (RF / pjjones); 89.1 (RF / diego cervo); 100.1 (RF / misha shiyanov); Cover(RF / Steve Geer); 120.1 (RF / sagayago); 81.4 (RF / Francisco Burga C.); 82.1 (RF / Christian Peeters); 105.2 (RF / Margaret and Alan Smeaton) • JupiterImages, Tucson, AZ: 17.1 (RF / photos.com); 51.5 (RF/photos.com) • Kessler-Medien, Saarbrücken: 14.3 • Klett-Archiv, Stuttgart: 7.1; 10.1; 14.1; 28.1; 39.1; 39.2; 40.1; 40.2; 40.3; 41.1; 49.3; 53.1; 56.1; 56.2; 57.1; 58.1; 58.2; 58.3; 58.4; 58.5; 58.6; 58.7; 63.1; 64.1; 64.2; 72.3; 84.1; 85.1; 85.2; 86.1; 86.2; 87.5; 96.1; 96.2; 97.1; 104.1 (Marc Javierre Kohan) • 49.1; 54.1; 71.1; 71.3; 71.4; 71.5; 71.6; 94.6; 95.3; 99.1; 99.2; 99.3; 126.2 (Noemi Zach) • 72.1; 85.5 (Thomas Gremmelspacher) • 73.1; 73.3 (Javier Navarro) • 92.1; 98.1 (Doris Wieser) • 94.1; 94.3; 94.4, 95.1; 95.2; 95.5; 95.6 (Alberto Navarro Garmendia) • laif, Köln: 83.3 (Hemis /GARDEL Bertrand); 48.2 (Cover) • Marco Polo Agence Photographique, Paris: 73.2 (F. Bouillot) • MEV, Augsburg: 11.1; 28.3; 29.1; 95.4; 114.1 • Picture-Alliance, Frankfurt: 15.3 (efe/Urquijo); 27.5 (dpa / Munoz); 46.1 (efe / Garriga); 102.1 (Jens Kalaene); 102.2 (efe / Mario Guzman) • RB-Deskart Ralf Brennemann, Hamburg: • stocktogo.com, New York, NY: 79.1 (RF / Jason); 79.2 (RF / salamanderman); 120.2 (RF / Claus Mikosch); 120.3 (RF / Denis Babenko); 120.4 (RF / Arturo Limon); 121.1 (RF / rubiphoto); 122.1 (RF / Denis Derics); 123.1 (RF / Russell Shively); Innenumschlag (RF / rubiphoto); 49.2 (RF /Joseph Calev); 104.4 (RF / faberfoto); 104.5 (RF / rubiphoto); 105.1 (RF / rubiphoto); 105.4 (RF /photooiasson) • Superbild, Unterhaching / München: 29.2 (Superstock) • The Library of Congress, Washington , D.C.: 124.1 (PD) • Turespana München, München: 15.1; 15.4; 44.1; 47.1; 47.2; 47.3; 122.2; Innenumschlag • ullstein bild, Berlin: Innenumschlag(Roger Viollet) • Wikimedia Foundation Inc., St. Petersburg FL: 67.9 (GNU / Salimfadhley); 127.1 (PD); 127.2 (PD); 104.3 (PD)

# Países, lenguas, gente

## Europa

| país | adjetivo | habitantes | lengua | capital | |
|---|---|---|---|---|---|
| **Alemania** | alemán, alemana | un alemán, una alemana | el alemán | Berlín | *Deutschland* |
| **Albania** | albanés, albanesa | un albanés, una albanesa | el albanés | Tirana | *Albanien* |
| **Austria** | austríaco, -a | un austríaco, una austríaca | el alemán | Viena | *Österreich* |
| **Bélgica** | belga *(m./f.)* | un belga, una belga | el francés, el alemán, el neerlandés | Bruselas | *Belgien* |
| **Bielorrusia** | bielorruso, -a | un bielorruso, una bielorrusa | el bielorruso, el ruso | Minsk | *Weißrussland* |
| **Bosnia** | bosnio, -a | un bosnio, una bosnia | el bosnio, el croata, el serbio | Sarajevo | *Bosnien* |
| **Bulgaria** | búlgaro, -a | un búlgaro, una búlgara | el búlgaro | Sofía | *Bulgarien* |
| **Chipre** | chipriota (m./f.) | un chipriota, una chipriota | el turco, el griego | Nicosia | *Zypern* |
| **Croacia** | croata *(m./f.)* | un croata, una croata | el croata | Zagreb | *Kroatien* |
| **Dinamarca** | danés, danesa | un danés, una danesa | el danés | Copenhague | *Dänemark* |
| **Escocia** | escocés, escocesa | un escocés, una escocesa | el inglés, el gaélico escocés, el escocés | Edimburgo | *Schottland* |
| **Eslovaquia** | eslovaco, -a | un eslovaco, una eslovaca | el eslovaco | Bratislava | *Slowakei* |
| **Eslovenia** | esloveno, -a | un esloveno, una eslovena | el esloveno | Liubliana | *Slowenien* |
| **España** | español, -a | un español, una española | el español[1] | Madrid | *Spanien* |
| **Estonia** | estonio, -a | un estonio, una estonia | el estonio | Tallin | *Estland* |
| **Finlandia** | finlandés, finlandesa | un finlandés, una finlandesa | el finlandés | Helsinki | *Finnland* |
| **Francia** | francés, francesa | un francés, una francesa | el francés | París | *Frankreich* |
| **Gran Bretaña** | británico, -a | un británico, una británica | el inglés | Londres | *Großbritannien* |

[1] En Cataluña, en la Comunidad Valenciana, en el País Vasco y en Galicia existen, además del castellano, otras lenguas cooficiales: el catalán, el valenciano, el euskera (o lengua vasca) y el gallego.

| país | adjetivo | habitantes | lengua | capital | |
|---|---|---|---|---|---|
| **Grecia** | griego, -a | un griego, una griega | el griego | Atenas | *Griechenland* |
| **Hungría** | húngaro, -a | un húngaro, una húngara | el húngaro | Budapest | *Ungarn* |
| **Inglaterra** | inglés, -a | un inglés, una inglesa | el inglés | Londres | *England* |
| **Irlanda** | irlandés, irlandesa | un irlandés, una irlandesa | el irlandés, el inglés | Dublín | *Irland* |
| **Islandia** | islandés, islandesa | un islandés, una islandesa | el islandés | Reikiavik | *Island* |
| **Italia** | italiano, -a | un italiano, una italiana | el italiano | Roma | *Italien* |
| **Letonia** | letón, letona | un letón, una letona | el letón | Riga | *Lettland* |
| **Lituania** | lituano, -a | un lituano, una lituana | el lituano | Vilna | *Litauen* |
| **Macedonia** | macedonio, -a | un macedonio, una macedonia | el macedonio, el albanés | Skopje | *Mazedonien* |
| **Malta** | maltés, maltesa | un maltés, una maltesa | el maltés, el inglés | La Valeta | *Malta* |
| **Moldavia** | moldavo, -a | un moldavo, una moldava | el rumano | Chişinău | *Moldawien* |
| **Noruega** | noruego, -a | un noruego, una noruega | el noruego | Oslo | *Norwegen* |
| **Países Bajos (Holanda)** | holandés, holandesa | un holandés, una holandesa | el holandés | Ámsterdam | *Niederlande (Holland)* |
| **Portugal** | portugués, portuguesa | un portugués, una portuguesa | el portugués | Lisboa | *Portugal* |
| **República Checa** | checo, -a | un checo, una checa | el checo | Praga | *Tschechische Republik* |
| **Rumania** | rumano, -a | un rumano, una rumana | el rumano | Bucarest | *Rumänien* |
| **Rusia** | ruso, -a | un ruso, una rusa | el ruso | Moscú | *Russland* |
| **Serbia** | serbio, -a | un serbio, una serbia | el serbio | Belgrado | *Serbien* |
| **Suecia** | sueco, -a | un sueco, una sueca | el sueco | Estocolmo | *Schweden* |
| **Suiza** | suizo, -a | un suizo, una suiza | el alemán, el francés, el italiano, el romanche[2] | Berna | *Schweiz* |
| **Turquía** | turco, -a | un turco, una turca | el turco | Ankara | *Türkei* |
| **Ucrania** | ucraniano, -a | un ucraniano, una ucraniana | el ucraniano | Kiev | *Ukraine* |



[2] **el romanche** das Rätoromanische

## Hispanoamérica[3]

| país | adjetivo | habitantes | capital | |
|---|---|---|---|---|
| **Argentina** | argentino, -a | un argentino, una argentina | Buenos Aires | *Argentinien* |
| **Bolivia** | boliviano, -a | un boliviano, una boliviana | La Paz | *Bolivien* |
| **Chile** | chileno, -a | un chileno, una chilena | Santiago de Chile | *Chile* |
| **Colombia** | colombiano, -a | un colombiano, una colombiana | Bogotá | *Kolumbien* |
| **Costa Rica** | costarricense *(m./f.)* | un costarricense, una costarricense | San José | *Costa Rica* |
| **Cuba** | cubano, -a | un cubano, una cubana | La Habana | *Kuba* |
| **Ecuador** | ecuatoriano, -a | un ecuatoriano, una ecuatoriana | Quito | *Ecuador* |
| **El Salvador** | salvadoreño, -a | un salvadoreño, una salvadoreña | San Salvador | *El Salvador* |
| **Honduras** | hondureño, -a | un hondureño, una hondureña | Tegucigalpa | *Honduras* |
| **Guatemala** | guatemalteco, -a | un guatemalteco, una guatemalteca | Ciudad de Guatemala | *Guatemala* |
| **México** | mexicano, -a | un mexicano, una mexicana | Ciudad de México | *Mexiko* |
| **Nicaragua** | nicaragüense *(m./f.)* | un nicaragüense, una nicaragüense | Managua | *Nicaragua* |
| **Panamá** | panameño, -a | un panameño, una panameña | Ciudad de Panamá | *Panama* |
| **Paraguay** | paraguayo, -a | un paraguayo, una paraguaya | Asunción | *Paraguay* |
| **Perú** | peruano, -a | un peruano, una peruana | Lima | *Peru* |
| **Puerto Rico** | puertorriqueño, -a | un puertorriqueño, una puertorriqueña | San Juan | *Puerto Rico* |
| **República Dominicana** | dominicano, -a | un dominicano, una dominicana | Santo Domingo | *Dominikanische Republik* |
| **Uruguay** | uruguayo, -a | un uruguayo, una uruguaya | Montevideo | *Uruguay* |
| **Venezuela** | venezolano, -a | un venezolano, una venezolana | Caracas | *Venezuela* |

[3] En toda Hispanoamérica la lengua oficial es el castellano. Además, existen muchísimas lenguas indígenas que todavía se hablan. Algunas de las más importantes son: el quechua (en Perú, Ecuador, Bolivia y Colombia), el guaraní (en Paraguay y Argentina), el aymara (en Perú y Bolivia), el náhuatl y el maya (en México) y el quiché (Guatemala). En Puerto Rico, las lenguas oficiales son el español y el inglés.

# Nombres y apellidos

## Nombres de chicos

Alberto
Alejandro
Ángel
Antonio
Bruno
Carlos
Cuauhtémoc *(Mex.)*
Daniel
Eduardo
Fernando
Iván
Jorge
José
Juan
Julio
Luis
Manuel
Martín
Miguel
Moctezuma *(Mex.)*
Ramón
Raúl
Ricardo
Roberto
Rubén
Sergio
Tizoc *(Mex.)*

## Nombres de chicas

Ana
Celia
Claudia
Erandi *(Mex.)*
Estefania
Gabriela
Itzia *(Mex.)*
Juana
Lucía
Lydia
Marcela
Mariana
Marisa
Marta
Mónica
Myriam
Noemí
Nora
Paula
Pilar
Raquel
Susana
Úrsula
Verónica
Victoria
Xochitl *(Mex.)*
Yolanda

## Apellidos

Álvarez
Arenas
Arroyo
Ballester
Blanco
Cadillo
Campos
Cerna
Chamarro
Chuquillanqui *(Perú)*
Cornejo
Cruz
Cruzado
Díaz
Duarte
Enríquez
Espinosa
Fernández
Flores
Fuentes
Gómez
González
Hernández
Hidalgo
Hurtado
Huyhua *(Perú)*
López
Marticorena
Martínez
Moreano
Muñoz
Navarro
Ocoxtle *(Mex.)*
Olmedo
Ortega
Paredes
Páucar *(Perú)*
Pérez
Pizarro
Pumayauli *(Perú)*
Quispe *(Perú)*
Ramírez
Ramos
Rodríguez
Ruiz
Saldarriega
Suárez
Tejero
Valbuena
Vargas
Vázquez
Villar
Zapatero

# Europa

Islandia
Noruega
Suecia
Finlandia
Rusia
Estonia
Letonia
Lituania
Dinamarca
Irlanda
Gran Bretaña
Países Bajos
Bielorrusia
Bélgica
Alemania
Polonia
R. Checa
Ucrania
Eslovaquia
Francia
Suiza
Austria
Moldavia
Hungría
Eslovenia
Croacia
Italia
Rumania
tugal
Bosnia-Herzegovina
Serbia
Bulgaria
España
Montenegro
Macedonia
Turquía
Albania
Grecia
ASIA
ÁFRICA
Malta
Chipre

España
Francia
Portugal
Marruecos
Océano Atlántico
Mar Mediterráneo
A Coruña
Santiago de Compostela
Lugo
Vigo
Miño
GALICIA
Gijón
Oviedo
ASTURIAS
Santander
CANTABRIA
Bilbao
PAÍS VASCO
Vitoria-Gastéiz
San Sebastián
NAVARRA
Pamplona
León
Burgos
Logroño
LA RIOJA
CASTILLA Y LEÓN
Valladolid
Duero
Salamanca
Huesca
Zaragoza
Ebro
ARAGÓN
CATALUÑA
Lleida
Barcelona
Tarragona
Ro
COMUNIDAD DE MADRID
Guadalajara
Madrid
Getafe
Toledo
Cuenca
Tajo
CASTILLA-LA MANCHA
Cáceres
Mérida
Badajoz
Guadiana
EXTREMADURA
Ciudad Real
Albacete
Villareal
Valencia
Júcar
COMUNIDAD VALENCIANA
Alicante
MALLORC
BALEARES
IBIZA
FORMEN
Linares
Córdoba
Jaén
Murcia
REGIÓN DE MURCIA
Cartagena
Sevilla
Guadalquivir
Granada
ANDALUCÍA
Almería
Huelva
Málaga
Cádiz
Algeciras
Ceuta
Melilla
ISLAS CANARIAS
LANZAROTE
Santa Cruz de Tenerife
LA PALMA
TENERIFE
Las Palmas
FUERTEVENTURA
GOMERA
HIERRO
GRAN CANARIA